本书得到暨南大学华文学院、暨南大学华文教育研究院专著出版经费资助

华文教育与研究丛书

HANYU ERYU XIDEZHE PUTONGHUA KOUYU YUYIN XIDE YANJIU

汉语二语习得者
普通话口语语音习得研究

王功平 著

暨南大学出版社
JINAN UNIVERSITY PRESS

中国·广州

图书在版编目（CIP）数据

汉语二语习得者普通话口语语音习得研究/王功平著. —广州：暨南大学出版
社，2017.1
（华文教育与研究丛书）
ISBN 978 - 7 - 5668 - 1451 - 7

Ⅰ. ①汉…　　Ⅱ. ①王…　　Ⅲ. ①汉语—口语—对外汉语教学—教学研究
Ⅳ. ①H195.3

中国版本图书馆 CIP 数据核字（2017）第 004428 号

汉语二语习得者普通话口语语音习得研究
HANYU ERYU XIDEZHE PUTONGHUA KOUYU YUYIN XIDE YANJIU
著　者：王功平

出 版 人：徐义雄
策划编辑：李　战
责任编辑：黄少君
责任校对：邓丽藤　黄志波
责任印制：汤慧君　周一丹

出版发行：暨南大学出版社（510630）
电　　话：总编室（8620）85221601
　　　　　营销部（8620）85225284　85228291　85228292（邮购）
传　　真：（8620）85221583（办公室）　　85223774（营销部）
网　　址：http：//www.jnupress.com　http：//press.jnu.edu.cn
排　　版：广州市天河星辰文化发展部照排中心
印　　刷：佛山市浩文彩色印刷有限公司
开　　本：787mm×1092mm　1/16
印　　张：17
字　　数：348 千
版　　次：2017 年 1 月第 1 版
印　　次：2017 年 1 月第 1 次
定　　价：42.00 元

序　言

　　王功平于 2002—2003 年来社科院语言所语音室进修语音学，之后，一直致力于第二语言语音习得研究，承担了一系列汉语二语习得者普通话语音习得的研究课题，这本书便是他多年潜心钻研的结晶。

　　实验语音学是一门交叉性很强的学科，涉及语言学、声学、数学、生理学、心理学、统计学、计算机科学等诸多自然学科。当年暨南大学保送王功平来语音室进修，作为一名文科背景的硕士二年级研究生，能否很快掌握语音学的基本理论和复杂的实验分析方法，说实话我心里没底儿。当时，他除了按时听我们实验室的专业课之外，还主动旁听语言所其他老师的课程或者专题报告，比如旁听沈家煊研究员、林茂灿研究员、顾曰国研究员、麦耘教授、徐赳赳研究员、李蓝研究员等老师的课程和报告。此外，他还主动请缨，积极参与并承担语音室的科研项目，有意识地锻炼自己的科研能力。当年非典最严重，多数人都离开了北京，但他却一直没有离开，继续专心于自己的学业。在完成整整一年的进修学习后，我的顾虑完全消除。现在收到王功平寄来的书稿时，也感到是意料之中的。

　　汉语普通话口语习得是广大留学生的首要学习目标，也是其最大的挑战。其中习得汉语辅音和声调又是其难中之难。本书以这两个难点为主要研究目标，研究了印度尼西亚、泰国、韩国、法国、智利、西班牙、俄罗斯、巴拿马、阿根廷、厄瓜多尔等国家留学生普通话辅音和声调习得问题。通过设计标准化的实验，使用现代化仪器设备，将语音感知实验与产出实验相结合，将横向习得实验与纵向习得实验相结合，总结了留学生习得汉语口语语音的偏误规律，揭示了留学生产生汉语口语语音偏误的深层机制，拟订了相关汉语语音的习得顺序和教学重点与难点，并提出了相应的教学对策。书中的研究发现不仅为教师开展对外汉语语音教学提供帮助，也可以为编写国别化的语音教材，提高教材编写的针对性、适用性提供很好的参考作用，同时还可以为我们从不同二语习得者的视角去深化汉语语音本身的研究打开另外一扇窗口。

　　该书与同类书比较有四大特色。一是全书多采用了标准化的实验研究，所得的结论具有很好的原创性。如研究发现舌尖前辅音均为发音部位上的感知偏误率显著大于发音方法上的；舌尖后辅音则要区分送气与否：送气的是发音方法上的偏误率大于发音部位上的，不送气的则是发音部位上的偏误率大于发音方法上的。二是研究过程中大量采用了多因素方差分析、聚类分析、相关分析等高级推断性统计，保证了研究结果的准确性、科学性和预测性。如考察汉语二语习得者感知普通话声调的偏误规律时，实验设计采用多因素方差分析，除了考虑声调的类别和位置差异外，同时也考虑了声母、韵母类别差异，一定程度上弥补了国内当前汉语二语口语语音研究的不足。三是实现了实验语音学、二语习得、心理语言学等多学科交叉，多种理论的有机融合。如在解释习得者的感知偏误时，融合了知觉同化模型理论、话语学习模型理论、平行分布加工理论、母语磁吸效应理论、掩蔽效应理论和区别特征理论等多种相关理论；在分析习得者的发音偏误时，融合了母语迁移理论、协同发音理论等。四是将横向静态习得研究与纵向动态发展研究有机结合，客观地揭示汉语二语习得者的习得规律及其深层机制，保证提出的教学对策更具针对性。如本书抽丝剥茧似的挖掘了汉语二语习得者普通话辅音感知偏误的深层机制。将表层一个一个辅音的感知偏误，具体到每个辅音的发音部位或者发音方法两个维度的感知偏误，进而探究出更底层的原因在于母语磁吸效应、L1 – L2 的相似距离、辅音自身区别特征等综合作用的影响。

　　本书对汉语二语习得者的普通话单音节、双音节辅音与声调的习得进行了比较精深的研究，对于普通话语句韵律的习得情况还有待加强。可喜的是，王功平正在进行相关内容的研究，期待他的相关研究成果早日与大家分享。

李爱军

2017 年 1 月 11 日于北京

目　录

第一章　绪　论

第一节　本书研究内容的选择依据

一、语音习得与教学的重要性

在语言系统中，语音是语言的物质外壳，是语言作为交际工具的重要因素。一系列的心理实验表明，语音对人们的汉字识别、文本阅读以及语言产生都具有重要的作用（Frost，1998；陈宝国、王立新、彭聃龄，2003；张清芳、杨玉芳，2006）。Li et al.（2012）以中国大陆的幼儿园儿童和小学生为被试，考察了这些儿童的语音意识能力、阅读能力以及两者之间的关系，结果发现幼儿园儿童在音节意识任务中的得分与其阅读能力之间存在显著的相关性，小学生的押韵意识与其阅读能力中度相关。秦琴、刘伟（2016）以二语短语动词为目标结构，通过隐性教学实验、隐性知识评估和多元回归模型进行微观层面的分析得出：语音加工能力通过影响输入效率、工作记忆容量和意义网络的激活，促进隐性知识的习得和熟练化，是显性知识向隐性知识转化的必要条件，为目的语体系的发展提供了有效途径。

在二语习得过程中，"发音的部分最难，也最要紧……"（赵元任，1980：156）；语音教学在第二语言教学中占有举足轻重的地位，是培养习得者听、说、读、写技能和社会交际能力的首要前提（赵金铭，2004：349）。刘颂浩（1999）对9名日本学生进行阅读研究后得出：中级学生单纯的"语音失误"占全部阅读错误的54%，如果加上"自我改正"中"语音错误"等因素，则语音错误所占的比例高达70%以上。西方学者的研究表明，语音加工在拼音文字中是预测儿童未来阅读能力发展的最好指标（Wanger & Torgesen，1987；Wagner et al.，1997）。不少有关汉语的研究也有力地证明语音加工能力对学会汉语阅读与阅读技能的形成有重要的预测作用（Chen et al.，1993；Ho et al.，1997）。

二、当前汉语国际推广的形势

至 2011 年底，除了每年来华学汉语的留学生有 20 多万之外，世界各国不包括以汉语为母语的国家和地区，习得汉语总人数已超过 4 000 万人。有 100 多个国家近 4 000 所高等学校开设了汉语课。开设汉语课的中小学数量，美国有 4 000 多所，英国有 5 200 多所，澳大利亚有 1 500 多所，泰国有 1 000 多所。中小学习得汉语人数，美国已超过 16 万人，法国超过 4.6 万人，澳大利亚超过 12 万人，泰国超过 50 万人。至 2013 年，全球共有 500 万人次参加各类汉语考试，全球汉语考试考点达 875 个，遍布 114 个国家和地区。截至 2014 年 3 月，全球汉语二语习得者已超过 1 亿人。根据王志刚、倪传斌、王际平、姜孟（2004）的调查结果，大多数汉语二语习得者中，不论是华裔还是非华裔，其习得汉语的首要目的是"便于与说汉语的人交流，结识更多的朋友"。20 多年前，高彦德、李国强、郭旭（1993：36）等组织进行的"外国人习得与使用汉语情况调查"显示：1 178 名来自不同国家、不同职业、不同汉语水平的调查对象中，70.1% 和58.5% 的受访者侧重于"说"与"听"，遥遥领先于读（30%）、写（19.5%）、译（26.3%）三项语言技能。涩谷周二（2005）对日本汉语习得者的专项调查也显示：从初级到高级，"发音"和"听力"是日本学生心目中的习得难点和习得重点。这也说明语音教学自始至终是广大汉语二语习得者的首要诉求，也是影响汉语国际推广向纵深推进的关键环节。

三、当前对外汉语语音教学与研究的现状

一方面，汉语二语习得者人数在不断增长，习得者对汉语语音习得的需求也在不断扩大；另一方面，"作为第二语言的汉语语音研究与教学，近年来因诸多原因，重视不够，有滑坡现象"（赵金铭，2006：12），众多的汉语二语习得者对汉语语音的习得效果也深感不尽如人意，甚至有"外国人说他们学语音还不如在国外"（林焘，1996）。

语音习得研究，尽管从数量上看，近年来有了成倍增长，但是从质量上看，与广大汉语习得者的实际需求和汉语国际推广形势的新发展存在不少差距。首先表现为实证研究比例偏少。据统计，近三十年来，汉语二语语音研究中，经验式研究方法在各个时期所占的比例高达 60% 以上，而准实验和标准实验研究方法在各个时期所占的比例均非常低，平均比例都不到 10%。在语言诸领域当中，语音应该是最接近自然科学的领域。因此，汉语二语语音习得研究应该更多采用

自然科学领域常用的实证研究范式。其次是仪器的总体使用率不高，借助仪器开展研究的论文所占比例偏低。因此，有研究者认为，大多数汉语二语语音习得研究，"几乎都是从对比分析和偏误分析的角度分析特定国家的习得者习得汉语语音的难点和偏误，算不上严格意义上的语音发展过程研究"（施家炜，2006）。下面将从国内和国外两个视角介绍二语语音习得研究的主要成果和不足。

第二节　二语语音习得研究现状

一、国外语音习得研究的现状

国外语音习得研究比较早，在语音感知和语音产出两方面都涌现出一系列的研究成果，并形成不少影响比较大的语音习得理论。

（一）二语语音感知

1. 知觉同化模型（Perceptual Assimilation Model）

Best 等（Best et al. , 1988；Best, 1991；Best, 1995；Best et al. , 2011）提出的知觉同化模型认为：二语习得者听到某对/个二语语音项目时，会将其与母语语音系统中相似的音位范畴进行多种模式的类比。主要的类比模式包括如下三种：一是 TC 型（Two Categories）同化模式，即习得者将二语中的两个音分别纳入到母语的两个音位范畴里，此时习得者能很容易地感知区分该两个二语语音；二是 SC 型（Single Category）同化模式，即习得者将二语中的两个音合并到母语的一个音位里，此时习得者不容易感知区分该两个二语语音；三是 UU 型（Uncategorizable Uncategorizable）同化模式，即二语的两个音在声学空间上存在，但习得者在其母语音位范畴的声学空间里找不到类似的音，此时习得者对这两个二语语音的区分难度取决于这两个二语语音在声学空间中语音分布位置的距离。

2. 语音习得模式（Speech Learning Model）

Flege 的语音习得模式（1987、1993、1999）以 L1 – L2 语音相似性为基础，把 L2 的语音从声学上分为相同音素、相似音素和陌生音素三类。相同音素是指在 L1 中能够找到声学特征完全相同对应物的 L2 音素。相似音素是指在 L1 中能够找到声学特征有一定相似性对应物的 L2 音素。陌生音素是指在 L1 中很难找到声学特征完全相同的对应物，并且与 L1 中所有音素的声学特征都存在较大差别的 L2 音素。同时认为：L1 – L2 音素相似性较大时，L1 的音素会阻碍习得者建立 L2 的语音范畴；而 L1 – L2 音素相似性较小时，习得者有可能成功建立新的 L2 范畴。Brose Low et al.（1998）研究了 L2 语音习得中的底层表达（Underlying

Representation），并研究了标记性在 L2 语音习得中的作用。

3. 母语磁吸模型（Native Language Magnet Model）

Kuhl 等（Kuhl，1991；Kuhl & Iverson，1995；Kuhl et al.，2008；Conboy & Kuhl，2011）提出的"母语磁吸模型"理论认为，人们在大脑的感知空间形成的母语语音范畴是与它的实际物理属性相对应的"原型"（Prototype）范畴。该语音原型就是"感知磁石"（Perceptual Magnets），它对外部语音发挥"感知磁吸效应"（Perceptual Magnet Effect）。人们在感知某一非母语语音时，如果非母语语音与母语音位原型在实际声学空间中的分布距离越小，则母语音位对该非母语语音的感知磁吸效应就越大，从而使听者更容易将该非母语语音感知为母语语音范畴的音位变体。反之，则母语音位原型发挥的感知磁吸效应就越小，听者就越容易将非母语语音感知为一个独立的新音位。

4. 自动选择感知模型（ASP：Automatic Selective Perception Model）

Strange 等（Strange & Shafer，2008；Strange，2011）提出的自动选择感知模型旨在解释为什么母语和二语的语音感知是那样不同。该理论认为，语音感知是一个有目的的、选择信息的活动。人们对母语语音和二语语音感知的区别在于自动化（Automatic）选择和注意性处理（Attentional Processing）之间的不同。习得者的具体语音行为方式并不是决定于成年人对不同语音的听觉能力，而是反映了听者对语音认知所依赖的声学信息的选择和整合。即使在不太理想的听觉条件下，或是听音人在关注其他语言层级，抑或是在完成其他任务时，他们对母语语音对立之间的区别都迅速而强烈；相反，二语习得者必须用更多的注意力，从话语中提取足够的信息，以便将其母语中不存在的语音对立区别开来。而这两种处理方式可以看作是一个连续统（Continuum）的两端，任务、刺激、听音人等因素将影响或决定具体的处理过程或结果。该模型还建议：应在语流中进行知觉训练，要在二语语音习得过程中培养习得者从关注"说什么"到关注"怎么说"的能力。

（二）语音产出方面的理论

1. 对比分析理论（Contrastive Analysis）

Fries（1945：29）、Lado（1957：2）等提出的对比分析理论认为母语对二语习得有极大影响，习得者会将母语的语言形式、意义及其分布，以及母语的文化带入二语习得过程中。该理论有强势说和弱势说两派。前者认为，通过对比母语和目的语，可以找到二者之间的差异，进而预测习得难点，即 L1 – L2 之间的差异同困难的关系成正比，差异越大，困难越大。强势说很难成立。弱势说认为，习得者的实际偏误才是关键。对比分析有利于确定教学中的重点和难点，有利于预测学生可能会犯的错误，也有利于发现单语研究中发现不了的问题。不过对比分析只重视学生母语对目的语的迁移作用，而忽视了语内干扰作用以及社会和心

理等其他因素所产生的干扰作用，有时对比分析对语言错误的预测也并非完全
有效。

2. 偏误分析理论（Error Analysis）

Corder（1967）等提出的偏误分析，就是对学生习得第二语言过程中所犯的
偏误进行分析，从而发现第二语言习得者产生偏误的规律，包括偏误的类型和偏
误产生的原因等。其中的偏误指第二语言习得者在使用语言时不自觉地对目的语
的偏离，是以目的语为标准表现出来的错误或不完善之处。这种错误是成系统
的、有规律的，反映了说话人的语言能力，属于语言能力范畴。该理论使人们改
变了对学生语言偏误的态度，人们不再以消极的态度来看待学生的语言偏误，从
而认为教师通过习得者的偏误可以了解习得者对目的语掌握的程度，研究者可以
透过偏误看到第二语言是如何习得的：习得者通过偏误可以验证他们对第二语言
规则的理解正确与否。不过，该理论只重视学生产生的语言偏误，而忽视了学生
正确的方面；只看到了学生不能做的方面，而没有看到学生能够做的方面。

3. 中介语理论（Interlanguage）

Nemser（1971）、Selinker（1972）、Corder（1978）等认为，中介语是一个
独立的语言系统，是一种介于习得者母语与目的语之间的一种语言变体，是一种
中间状态。它既包含母语的特征，也包含目的语的特征，但与二者又有区别。中
介语理论包括重组说和重构说两派。重组说把二语习得看作是渐进地调整母语系
统的过程，即逐步地用一个个目标语形式代替母语形式，使其越来越接近目的语
的过程。重构说认为，同母语的习得过程一样，中介语的构建过程是个复杂度不
断提高的过程，是一个语言系统重新创造的过程。

中介语理论认为习得者的语音系统具有三大属性：一是渗透性，是指中介语
可以受到来自习得者的母语和目的语的规则或形式的渗透。二是动态性，是指中
介语是不断变化的，这种变化不是从一个阶段突然跳到下一阶段，而是对目标语
逐渐产生新的假说并加以验证的循序渐进的过程。三是系统性，指从其内部组织
而言，它也是一个由内部要素构成的系统，也就是说，它有语音的、词汇的、语
法的规则系统，而且习得者能运用这套规则系统去生成他们从来没有接触到的
话语。

4. 标记区分假设（Markedness Differential Hypothesis）

该理论由 Eckman（1977）等提出，主要观点是认为中介语语音系统习得中
出现问题与错误的主要原因不是由于语音的区别本身，而是由于语音在多大程度
上具有标记性，标记性越弱，即母语语音越接近目标语，习得越早，也越容易；
反之习得越晚，也越困难。这一理论遭到质疑后，进一步发展为结构一致性假说
（Interlanguage Structural Conformity Hypothesis）。该假说认为中介语也是一种自然
语言，其习得过程中出现的错误受语言习得普遍规律的制约，而不是受母语标记

性差异的限制。

5. 相似性区别率假说（Similarity Differential Rate Hypothesis）

该理论主要探讨中介语语音习得的进度，而不是最终结果。该理论认为：目标语与母语相似程度高的语音习得较快，反之则较慢，而标记性只是一个影响习得进度的因素，即标记性和相似性是两个制约习得者习得中介语语音的影响因素，在不同情况下习得者习得中介语语音的进度是两个因素同时起作用的结果。该模式的构建更注重习得过程的研究和发展因素的探讨，在研究方法与理念上更注重普遍因素及其作用（Major，1986、1997；Major & Kim，1996）。

二、国内对外汉语界语音习得研究的现状

尽管汉语二语语音习得研究是对外汉语研究中的薄弱环节，但是经过不少学者的不懈努力，仍然取得了一系列的研究成果。鲁健骥（1984）分析外国人习得汉语的语音偏误时提出，母语的负迁移（干扰）是影响中介语语音的主要因素。赵金铭（1997：368）调查母语是声调语言的外国学生时发现，最常见的错误是调域错误，即低调域用于高声调，或高声调用于低调域。林焘（1996）认为留学生洋腔洋调形成的原因在于把注意力过早地转移到词汇和语法的习得，对如何纠正自己不正确的发音，不再像初学时那样重视。程棠（1996）提出，对于声、韵、调单项练习和会话练习之间的关系，不能为了加强趣味性而放松声、韵、调的单项训练，更反对否定声、韵、调单项训练的必要性。王韫佳（2002：7~24，2003）强调对外汉语语音研究要解决好语音教学如何吸收和处理语音研究的具体成果，语音的理论研究如何更好地与实际应用进行结合等问题，并对该领域的研究理论、研究内容、研究方法、研究手段、研究思路等进行了比较系统的梳理，促进了该领域研究的持续快速发展。

陈默、王建勤（2010）研究不同母语背景汉语二语习得者的双字组声调习得发展情况得出，声调语言非汉语母语者的汉语双字组声调特征的发展程度和四类声调的发展程度均好于无声调语言非汉语母语者。不同母语背景的非汉语母语者对五项声调特征注意力的分配不一样。声调语言非汉语母语者声调特征的发展类型不同于无声调语言非汉语母语者，但有类似的发展特点。声调所处的位置对不同母语背景汉语习得者有不同的影响。

（一）不同母语背景汉语二语习得者的语音习得研究

1. 关于英语母语者的汉语语音习得研究

针对英语母语者的汉语语音习得研究包括对美国、英国等国家的汉语习得者研究。主要有石锋、廖荣容（1986）通过实验对比分析了中美学生发汉语塞音时，在 VOT 类型、VOT 数值、浊音间隙和闭塞时长等方面的异同。从 VOT 类型

上看，中国学生 VOT < 0 的比率高于 VOT = 0 的比率；而美国学生 VOT > 0 的比率高于 VOT = 0 的比率。沈晓楠（1989）通过对 8 个美国学生的课文朗读录音进行听辨和统计分析，得出美国学生习得汉语声调时，阴、阳、上、去和轻声五个声中，去声错误率最高，阴平其次，阳平、上声和轻声的错误率相差无几。从错误类型来看，错误主要集中在调域而不是调型。倪彦、王晓葵（1992）分析了以英语为母语的汉语习得者习得汉语的语音难点。王韫佳（1995）调查分析 6 名美国人对 80 个常用双音节词发音的情况后得出，掌握较好的两个声调阴平和去声的主要错误是调型错误；而掌握得不太好的阳平和上声调型、调域错误都存在；升调和降升调对学生来说并不难学，但确定这两种声调的起点、低音点和高音点的音高却比较困难；调域是阳平和全上的主要问题。桂明超（杨吉春译，2000）着重研究了美国英语语调对美国习得者习得汉语普通话声调的干扰。朱永平（2004）以 Eckman（1977：31 ~ 330）的标记区别假设为基础，对美国两所大学一年级中文学生习得汉语声母的情况进行了调查和分析，得出他们的汉语声母习得难度等级序列为：m/m/、n/n/、f/f/、b/p/、d/t/、g/k/、s/s/ > p/pʰ/、t/tʰ/、k/kʰ/、h/x/ > j/tɕ/、q/tɕʰ/、x/ɕ/、z/ts/ > sh/ʂ/、zh/tʂ/、ch/tʂʰ/、c/tsʰ/、r/ʐ/（从左至右，难度增加）。贾琳、王建勤（2013）研究表明：零起点英语母语者感知汉语声调时，视觉、听觉双通道加工方式的效果好于听觉单一通道的加工方式，视觉加工促进了习得者的声调感知；教师的手势促进了习得者语音与符号之间映射关系的建立，进而易化声调感知过程。

2. 关于韩语母语者的汉语语音习得研究

多年来，韩国一直是来华留学生人数排名靠前的国家，因此，有关韩语母语者汉语语音习得的研究，不仅开始时间早，而且成果比较多，涉及内容比较全面，涵盖了辅音、元音和声调等各项内容。王宇（2000）根据负迁移理论，从中—韩语音音素差异着手，通过比较两种语言中辅音与元音发音部位和发音方法的异同，来揭示韩国习得者在汉语习得中发生语音偏误的根源，并结合教学实践提出了一些可行的解决办法。李丹丹、周小兵（2005）通过发音实验得出，不管是发音水平高的学生还是发音水平低的学生，都多将舌尖后音 zh/tʂ/ - ch/tʂʰ/ - sh/ʂ/对应发成舌尖前音 z/ts/ - c/tsʰ/ - s/s/；知觉与发音之间存在相关性，但是相关性比较低；这种知觉—发音之间的相关性与发音程度成正比，发音水平高的学生，其知觉—发音的相关性要比发音水平低的学生高。陈默、王建勤（2008）通过对韩、中两位发音人的韵律边界声学特征的比较发现，无声停顿和填充停顿的次数，韩国发音人远多于中国发音人；韵律边界前后音节的音域高音点和低音点设置，韩国发音人的音域设置整体高于中国发音人的；平均语流长度，中国发音人明显比韩国发音人长；而两者在无声段和韵律边界前音节时长延长量方面无显著差异。张娟（2009）的研究表明，美国留学生使用音高差以凸显焦点的能力不强，他们倾向于通过有意识地调整重音音节的音高来改变调型，强调句子的焦点。李晓朋（2012）研究发现，英语母语者表达汉语重音时，多通过加长音节的时长，而不能利用焦点位置表达疑问。王若江（2013）研究发现，韩国学生表达汉语句重音时，每一个音域均等，不能发出凸显焦点音，语调重音不明显，重音位置多与汉语母语者不同。王安红、具旼炯（2014）调查韩国学生的汉语普通话声母语音同化相关的语音偏误后得出，单音节中舌尖后音跟开口呼组合时更容易出错，舌尖前音跟合口呼组合时更容易出错；双音节的同化偏误主要跟其前一音节尾音的发音部位有关，舌尖后音前接发音部位靠前的音节时学生容易读错，舌尖前音前接发音部位靠后的音节时学生容易读错；两个合口呼音节的舌尖后音连读时，不管前接音节发音部位靠前还是靠后，后音节的 zh/tʂ/和ch/tʂʰ/都容易出现错误。王安红（2015）分析韩国学生汉语塞音、塞擦音和擦音的发音偏误，得出主要辅音声母偏误类型有：送气塞音的"送气不够"；塞擦音的"发音部位靠前""发音部位靠后"和"舌叶化"；擦音部分的"s/s/、sh/ʂ/、x/ç/舌叶化""h/x/双唇化和发音部位靠后"等。

　3. 关于日语母语者的汉语语音习得研究

　　该领域的研究成果也不少。早期主要有朱川（1981、1997）、马洪海（1992）、余维（1995）、王幼敏（1998）、马燕华（1999）等学者开展的一系列研究。其中朱川（1981、1997：41）通过实验研究得出：日本学生习惯于把不居于词语首位的送气音读成不送气音；把舌尖后音 zh/tʂ/ - ch/tʂʰ/ - sh/ʂ/和舌面音 j/tç/ - q/tçʰ/ - x/ç/相混，往往把这两组音都发成类似舌叶音；错得最多的是 zh/tʂ/、sh/ʂ/和 j/tç/三个音，其中又以 sh/ʂ/错成 x/ç/最为集中。王韫佳（2002）通过对日本习得者感知和产出汉语普通话鼻音元音之间的关系进行实验，结果表明，被试在知觉中对韵腹音值相差较远的韵母的区分率高于对韵腹音值较为相似的韵母的区分率，但在发音实验中没有发现相应的现象。习得者对韵尾 ng/ŋ/的知觉正确率高于韵尾 n/n/。实验结果还表明，知觉正确率与发音正确率之间存在正相关关系，知觉正确率高于发音正确率。王韫佳、上官雪娜（2004）设计实验对日本习得者汉语普通话不送气/送气辅音的加工模式进行研究后得出：习得者能够在发音中区分送气/不送气辅音，他们在区分不送气/送气辅音时，使用了辅音后接元音的 F0 和辅音在词里的位置作为区分不送气/送气的条件。但是所发的送气音 VOT 过短；多数情况是将两种范畴同化为不送气音，将处于词首位置阴平音节中的不送气辅音处理为弱送气，将词中位置的送气辅音处理为不送气；语音经验对日本习得者汉语送气辅音的加工起到了十分重要的作用，但这个作用仍然受到了日语音系特征的显著制约。梅丽（2005）对不同汉语水平日本习得者习得普通话舌尖后音 zh/tʂ/ - ch/tʂʰ/ - sh/ʂ/的过程进行了实验，结果表明：日本习得者习得普通话 zh/tʂ/ - ch/tʂʰ/ - sh/ʂ/的过程中存在系统语音变异，变异一定程度上受到语言语境、情景语境的影响。舌尖后音习得与后接元音之间存在一定关系，后接元音 –i/ γ/对习得有消极影响。ch/tʂʰ/是习得难点，后接元音 –i/ γ/、u/u/不利于习得者发送气音。此外，日本习得者舌尖后音的语音变异中也存在自由变异。谢小丽（2006）采用跟踪调查的方法，研究得出日本习得者汉语舌尖后音的发展途径为：zh/tʂ/、ch/tʂʰ/、sh/ʂ/与 j/tɕ/、q/tɕʰ/、x/ɕ/的感知与发音完全混同→开始能感知为两个语音范畴，但发音不能区分→能感知为两个语音范畴，发音能区分，但有偏误发生→舌尖后音系统建立并走向成熟。裴姗姗（2007）研究发现日本留学生一般能够使用中、小等级高音点音高差来表现汉语的核心重音，但是经常出现焦点错置现象。王韫佳、邓丹（2009）结合声学分析和主观评价，考察母语为日语的习得者习得汉语普通话 6 个舌面单元音的情况得出：相同音素 a/A/和 i/i/最先习得，其次是陌生音素 e/ɤ/和 ü/y/，最后是相似音素 o/o/和 u/u/；当普遍语法和习得者的母语对于 L2 语音习得的作用恰好相反时，母语的作用是第一位的。邓丹（2014）研究发现：习得汉语时间在 1 年左右的日本汉语习得者已经初步建立了汉语三组辅音范畴；他们在产出汉语/ts/、/tsʰ/、s/s/组与/tɕ/、/tɕʰ/、/ɕ/组辅音时，采用了类似日语中/ts/、/dz/、/s/组与/tɕ/、/dʑ/、/ɕ/组辅音的区分方式。

4. 关于泰语母语者的汉语语音习得研究

关于泰语母语者汉语语音的习得，李红印（1995）调查了泰国汉语习得者的语音偏误，指出其主要问题在于卷舌音 zh/tʂ/、ch/tʂʰ/、sh/ʂ/、r/ʐ/。初级阶段分不清 h/x/和 k/kʰ/，以及常带鼻音等；韵母偏误主要是混读汉语拼音的 ua/uA/与 uo/uo/，ia/iA/与 ie/iɛ/、ü/y/与 i/i/。蔡整莹、曹文（2002）通过对 22 位泰国习得者录音样本的听辨判断和部分样本的声学分析，发现在泰国汉语习得者的语音习得中，辅音的问题集中在 x/ɕ/（100%）、c/tsʰ/（67%）、ch/tʂʰ/（67%）、z/ts/（58%）、zh/tʂ/（41%）、sh/ʂ/（23%）。其中 z/ts/的发音介于 zh/tʂ/和 z/ts/之间，c/tsʰ/介于 ch/tʂʰ/和 c/tsʰ/之间，极似舌叶音/tʃ/、/tʃʰ/。发 zh/tʂ/时，舌尖多未靠后；发 ch/tʂʰ/时破擦不够，有时听起来像 sh/ʂ/；sh/ʂ/有的发成 s/s/。周宝芯（2014）的研究结果显示：在句重音产出方面，泰国汉语习得者使用音高手段凸显焦点的能力比较弱，主要体现在邻近非句焦点的压缩现象不明显，比较容易出现重音不自然、重音错置现象，整体音高范围比汉语母语者的窄，主要表现在音高下限方面（低音点位置较高）。

5. 关于越南汉语习得者的汉语语音习得研究

越南作为中国的南部周边国家的代表，随着东盟自由贸易圈联系的加强，尤其是越南改革开放的深入，近年来汉语习得者成倍增加，越南汉语习得者语音习得研究也越来越多。如吴门吉、胡明光（2004）用听辨音的方法分析了越南学生汉语声调偏误及其原因后得出：越南学生的高平调 55 念为半高 44，全降调的调域较窄，起调不够高，落点不够低；汉语的四个声调中，越南学生的去声情况最差；对降升调上声的控制不好；阳平的起调偏高，上声急促、不平滑。傅氏梅、张维佳（2004）从听觉感知和发音生理关系入手，通过测试分析越南学生习得汉语辅音的听觉和发音偏误，探讨了两种偏误的特点和成因。结果显示：越南母语者在发音上的影响大于在听觉上的影响；汉语语内音素之间的干扰对听觉的影响大于发音的影响。听觉偏误点一般也分布在相应的发音偏误点上，但发音偏误则不然，有很多发音偏误主要与习得者发音器官肌肉活动的调节能力有关，而跟听觉能力无关。随着习得时间及习得程度的增长，听觉偏误率明显下降了，但发音偏误率不一定跟着下降。刘婧（2012）调查发现，越南汉语习得者在舌尖后音 zh/tʂ/、ch/tʂʰ/、sh/ʂ/ 的发音上问题很大。其中，又以 ch/tʂʰ/ 的难度最大，容易发成越南语中的 tr/ʈ/，也有人发成类似越南语中的舌面音 ch/c/。同时，越南汉语习得者总是把送气音和不送气音相混，尤其以 z/ts/ – c/tsʰ/、zh/tʂ/ – ch/tʂʰ/、j/tɕ/ – q/tɕʰ/ 问题最大，要么是发音时没有送气的特征，要么就是气流不够强。

6. 关于印尼汉语习得者的汉语语音习得研究

尽管印尼习得汉语人数也比较多，但由于历史原因，有关印尼母语者汉语语音习得的研究还不是很多。

早期有董琳莉（1997），倪伟曼、林明贤（2000），陈延河（2001）等对印尼华裔习得者习得普通话语音的难点进行过初步调查，并提出了一些相应的教学对策。其中，倪伟曼、林明贤（2000）采用测试和录音听辨的方法，分析了 10 名在中国习得半年以上汉语的印尼华裔学生的辅音发音偏误情况，发现印尼学生发舌尖前音、舌尖后音、舌面音三组音时误读的次数较多。林奕高、王功平（2005）借助实验语音的方法，从浊音起始时间、送气时长、元音时长、闭塞时长和浊音间隔等几个方面，对印尼留学生习得汉语普通话塞音和塞擦音进行了考察。发现印尼留学生的送气音明显比中国人短，不送气音又比中国人长，闭塞时长和浊音间隔都比中国人的长。王功平（2008）通过感知实验得出，印尼汉语习得者感知普通话辅音时，4 个舌尖前/后塞擦辅音 ch/tʂʰ/、zh/tʂ/、z/ts/、c/tsʰ/ 的感知难度最大。后来，王功平（2011）通过发音实验得出：印尼汉语习得者产出普通话 6 个舌尖前/后辅音时，发音部位的偏误率显著大于发音方法的；其中发音部位偏误以偏成母语发音部位（舌叶）为主；发音方法偏误以目的语送气/不送气混淆为主。曾自卫（2015）对印尼华裔学生普通话塞音、塞擦音进行知觉实验后得出其主要偏误为：把普通话不送气塞音同化为母语的清塞音，把普通话送气塞音、送气/不送气塞擦音归入印尼语清/浊塞音两个范畴内；不能很好地区分汉语舌尖前/舌尖后塞擦音。贾楠楠（2016）研究印尼零基础汉语习得者元音习得情况得出，元音习得偏误出现率由小到大依次为：三合元音中动程不足；单元音发音时舌位前/后不到位、口型圆展混淆；二合元音的介音丢失、动程不足。

7. 关于俄罗斯母语汉语习得者的汉语语音习得研究

关于以俄罗斯语为母语的汉语习得者语音习得研究尽管起步比较晚，但是发展迅速，成果不少。柳芭（Ponomareva Liubov）（2015）分析俄罗斯留学生汉语语音的发音偏误后得出，声母的发音偏误主要在 z/ts/ 和 zh/tʂ/、c/tsʰ/ 和 ch/tʂʰ/、s/s/ 和 sh/ʂ/ 六个声母，韵母偏误主要集中在 i/i/、u/u/ 和 ü/y/ 三个韵母上，第三声的读音僵硬。卡佳（Danilchenko Ekaterina）（2016）调查俄罗斯留学生的汉语语音偏误得出，汉语舌面音 j/tɕ/、q/tɕʰ/、x/ɕ/ 经常出现偏误，俄罗斯留学生在发 j/tɕ/ 音时，听起来有点儿像英语的/dʒi/；发 q/tɕʰ/ 时，听起来像是俄语的 T/tʰ/，发 zh/tʂ/、ch/tʂʰ/ 的时候，听起来像是 j/tɕ/、q/tɕʰ/，又像是 zh/tʂ/ 和 j/tɕ/、ch/tʂʰ/ 和 q/tɕʰ/ 之间的音；常常将送气音发成不送气音。

8. 关于其他母语背景汉语习得者的汉语语音习得研究

王燕燕（1997）调查菲律宾华裔学生汉语发音偏误后得出：他们的声母偏误多集中在舌尖前音、舌尖后音以及送气音上，常常分不清 z/ts/、c/tsʰ/、zh/tʂ/、ch/tʂʰ/。对于法国学生汉语辅音的发音偏误，刘苏乔、齐冲（2004）认为：一是难以掌握［+/－送气］这一区别特征；二是难以控制［齿龈塞音+i］组合中的辅音腭化。温宝莹、冉启斌、石锋（2009）分析了 3 名德国学生的汉语塞音发音结果得出，德国习得者能够区分汉语送气音和不送气音两个音位范畴；汉语送气塞音发音好于不送气塞音；错误发音方式是用母语中的浊音特征替代汉语中的不送气特征；用母语中的较紧、较弱的送气特征替代汉语中的较松、较强的送气特征。王功平（2015）研究西班牙语区留学生感知普通话 16 种声调组合的偏误后得出如下规律：单从调类看：阳平的偏误率最大，阴平次之，去声的偏误率最小。单从位置上看：前字调的偏误率显著大于后字调的偏误率。但是，调类与位置二者的交互作用显著，四类调处于双音节前/后不同位置时的感知偏误率不同，相互之间的混淆度也不同。①后音节为上声、去声调的组合，均是前调的感知错误率大于后调的感知错误率，并且差异显著；②后音节为阴平、阳平调的组合，前后调的感知错误率相差不大，或者后调感知错误率略大于前字的；③一个组合只要包含去声，不论去声在前还是在后，前后调的感知错误率差异均达到显著水平；④一个组合只要包含上声，不论上声在前还是在后，均是前调的感知错误率大于后调的感知错误率，但是不一定达到显著水平；⑤除了上上组合外，上声处于前位时的感知错误率都很大，处于后位时的感知错误率都比较小；⑥去声处于双音节的后位时，感知错误率都很小，处于前位时的感知错误率与其他三个调类的不相上下。

（二）现有研究的成就

1. 研究的理论基础不断拓宽

20 世纪 70 年代末至 80 年代中后期，汉语作为二语的语音研究主要以 Whorf（1941：240）、Lado（1957：2）等语言学家的"对比分析"理论为基础，促成了一批汉外语音对比研究成果（程棠，1996；朱川，1981；周换琴，1982；任远，1984；金定元，1986 等）。

20 世纪 80 年代中以后，研究的理论基础逐步扩展到"偏误分析"理论与"中介语"理论，并促成了一系列的研究成果（包双喜，1989；沈晓楠，1989；王韫佳，1995；马燕华，1994；李红印，1995；王秀珍，1996；董玉国，1997；蔡整莹、曹文，2002；王功平，2004；胡晓研，2007；王茂林、孙玉卿，2007 等）。

进入 21 世纪以来，汉语作为二语的语音研究理论基础进一步拓展到语音知觉同化模型理论、语音习得模式理论、母语磁吸效应（Native – language Magnet Effect）理论、语音意识发展（Phonological Awareness Development）理论、中介语语音变异（Phonetic Variation）理论、标记区别假设理论、平行分布加工（PDP）理论等（王韫佳，2001；朱永平，2004；高立群、高小丽，2005；梅丽，2005；陈默、王建勤，2008；王功平，2008；王韫佳、邓丹，2009；陈默、王建勤，2010；贾琳、王建勤，2013；王安红、具旼炯，2014；邓丹，2014；王安红，2015 等）。

2. 研究方法的科学性不断增强

定量实证性研究所占的比例不断增加（王又民，1998；高美淑，2001；王韫佳，2002；王功平，2004；冯丽萍、胡秀梅，2005；高立群、高小丽，2005；陈默、王建勤，2008；王韫佳、邓丹，2009；陈默、王建勤，2010；贾琳、王建勤，2013；王安红、具旼炯，2014；邓丹，2014；王安红，2015 等），实验语音学研究方法的使用率持续上升，促进了 Visi – Pitch、CSL4300B、Wincecil、Mini – Speech Labs、K3700、Praat 等各种语音实验仪器和软件使用率的大量增加，使汉语作为二语的语音研究方法更加科学，结论更加可靠（朱川，1981、1997；王韫佳，1995；高美淑，2001；蔡整莹、曹文，2002；石锋、温宝莹，2004；冯丽萍、胡秀梅，2005；王韫佳、上官雪娜，2004；林奕高、王功平，2005；于辉，2008；陈默、王建勤，2008；王韫佳、邓丹，2009；陈默、王建勤，2010；王功平，2011；贾琳、王建勤，2013；王安红、具旼炯，2014；邓丹，2014；陈默，2016 等）。

3. 研究内容日臻成熟

（1）由以教学研究为中心，逐步走向教学研究与习得者研究协调发展。

早期研究主要以教学为中心，即以研究汉语作为二语的语音教学方法为主（徐世荣，1980；华超、林春，1987；米凯乐，1990 等）。1977—2007 年中后期，研究逐步转向以习得者为中心，即从习得者的角度研究汉语中介语的语音系统特征及其偏误规律（王燕燕，1997；吴门吉、胡明光，2004；王韫佳、上官雪娜，2004；陈凡凡、周小兵，2005；单韵鸣，2006；胡晓研，2007；王功平，2008；陈默、王建勤，2008；王韫佳、邓丹，2009；贾琳、王建勤，2013；王安红、具旼炯，2014；邓丹，2014；王安红，2015 等）。

（2）由静态性研究为主，逐步走向静态性研究与动态性研究协调发展。

静态性研究包括三种：一是从共时角度，将汉外两种语言进行横向对比研究（朱川，1981；刘明章，1986；金定元，1986；王彦承，1990；余维，1995；高美淑，2001；于辉，2008 等）；二是将汉语二语习得者的汉语发音同中国人的普通话发音进行横向对比研究（石锋、廖荣容，1986；王功平，2004；陈默，2007等）；三是将相同级别、不同国家留学生的汉语发音进行横向对比研究（朱川，1997：269～287；马燕华，1999；王韫佳，2001；单韵鸣，2006 等）。

动态性研究包括两种：一是从历时角度，将同一国家、不同水平汉语二语习得者的汉语发音进行纵向对比研究（傅氏梅、张维佳，2004；田靓，2003；陈默、王建勤，2010 等）；二是将同一组汉语二语习得者不同习得阶段的汉语语音习得过程进行纵向对比研究（李丹丹、周小兵，2005；谢小丽，2006；张冬红，2006 等）。

本文对所收集到的论文进行逐一查阅统计，结果显示：静态性研究所占比例逐渐下降；动态性研究所占比例逐步上升，静态性研究与动态性研究逐步趋于协调发展。

（3）由以音节内语音要素习得研究为主，逐步走向注重语流习得研究。

音节内语音要素习得研究，指对汉语辅音、元音和声调三大语音要素的习得研究，语流习得研究指对汉语语调、语气等语音内容的习得研究。20 世纪 90 年代以前，主要以音节内语音要素习得研究为主，包括辅音（陈植藩，1980）、元音（王彦承，1990）和声调（徐世荣，1980；刘艺，1998 等）。20 世纪 90 年代以后，汉语作为二语的语流研究日益受到重视（郭锦桴，1993：335～357；蒋以亮，1998；裴珊珊，2007；陈默、王建勤，2008；陈默，2012；王若江，2013；周宝芯，2014 等）。

（三）现有研究的不足

1. 研究涉及的语种不平衡

在联合国五大工作语言[①]中，论文涉及英语的比例高达 20% 以上，涉及法语、俄语和西班牙语的比例均在 2% 以下，二者相差 10 倍以上。在来华留学生最

---

① 联合国五大工作语言为汉语、英语、法语、俄语和西班牙语，这里将汉语作为目的语，故不在此列举。

多的前五大语种（韩语、日语、英语、越南语、泰语）中，① 关于母语为韩语、日语和英语的留学生汉语语音习得研究均超过了论文总量的20%，而关于母语为越南语、泰语的留学生汉语语音习得研究都不到论文总量的5%。涉及母语为印尼语的汉语习得者的语音研究则更少，还不到3%。

2. 研究涉及的内容不平衡

宏观层面上看，有关汉语二语习得者共时上静态性的语音习得偏误研究比较多；而有关习得者历时上汉语二语语音习得顺序和发展过程（Acquisition Orders and Developmental Sequences）、汉语中介语语音变异（Phonetic Variation）、汉语二语语音表征（Phonetic Representations）等动态性研究的论文相当少。微观层面上看，涉及汉语声调的研究相当多，涉及汉语辅音的研究相对比较少，涉及语流（包括汉语语调、语气等）的研究更是非常少。

3. 研究使用材料的不平衡性

首先，语言材料的使用比例偏高，言语材料的使用比例偏低。其次，研究所使用的言语材料中，朗读发音材料的比例非常高，留学生自然口语材料的比例相当低。此外，在朗读的言语材料内部，句子和文章两类朗读材料的使用率偏低。我们通常提到的留学生洋腔洋调问题，不仅包括声调问题，也包括语调问题。要研究清楚留学生汉语语调习得规律及其偏误特点，就少不了使用句子和文章材料进行研究。

4. 研究手段现代化不足

一方面，现代化仪器的总体使用率不高，借助仪器开展研究的论文比例偏低。当然，借助仪器开展研究的论文质量并不一定就高，没有借助仪器开展研究的论文质量也并不一定就低。但是不可否认，仪器的使用是提高研究质量的重要途径之一。另一方面，仪器使用的种类比较单一，使用考察语音物理性质的声学设备比较多，使用考察发音器官运动特点和语音生理特性的仪器比较少，使用可以检测发音人心、脑活动规律的核磁共振设备相当少见。

5. 研究内容上的系统性考虑不足

汉语语音系统中，相同级别的子系统之间是相互联系、相互影响的。如辅音系统对元音、声调系统的影响；不同级别的子系统之间也是相互联系、相互影响的。如汉语声调与语调之间存在着"同时叠加和连续叠加"（赵元任，2002：746）。因此，我们在研究某一个子系统时，必须系统、周密地考虑其他子系统的影响。目前，不少语音研究，对语音系统之间的影响考虑得还不够细密。如研究辅音时，没有考虑元音、声调的影响，或者考虑得不够周密。

---

① 数据来源于刘奕湛. 2007 年来华留学生人数继续增长突破 19 万人次. 新华网. http：//www. jyb. cn/lx/lxsx/t20080313_ 148379. htm, 2008 - 03 - 13。

（四）对研究发展的思考

1. 进一步加强与教学实践相结合

首先，要坚持服务于对外汉语教与学的实际需要这一核心目标，坚持从教与学的实践中开掘研究课题、收集研究资料、制订研究计划、实施研究方案。其次，要提高研究成果的实效性，即各项研究成果必须经得起教学实践的检验，确实能提高教学效果。最后，要提高研究成果的可操作性，即各项研究所提出的有关语音教学方法和对策，能方便教师和学生使用，能落实到对外汉语语音教材编写和语音测试等相关工作中。

2. 推进学科之间的融合

"语音本质上是社会现象，但是它的形成还有其生理基础，并且，它还具有一系列的物理属性。"（高名凯、石安石，1987：43）因此，汉语二语语音习得研究，要取得更大的突破性进展，就必须综合语音学、声学、心理学、统计学等多种学科的理论和方法。首先是要加强上述相关学科研究队伍的融合；其次是要加强研究人员知识结构的融合性。从事汉语二语语音习得研究的人员，除了精通语音知识外，还应该懂得心理学、统计学等方面的知识。这样才能提高汉语二语语音习得研究的科学性。

3. 尽快建立汉语二语语音语料库

上面提到的汉语二语语音研究中存在的涉及语种、研究内容、使用材料等诸方面的不平衡性，其原因是多方面的，其中关键性的原因就是数据太少。二语语音研究，尤其是二语口语语音研究，采集数据时，需要制作专门的发音语料，有规定的发音场所，还需要借助一些仪器和软件对语音信号进行标注，然后进行声学参数的提取、统计和分析。因此，整个研究工作比其他研究更为耗时费力。解决此问题的办法就是尽快建立资源共享的大规模汉语二语语音语料库，以提高研究效率，并避免不同研究者一次性小规模采样可能给研究结果带来的片面性，提高研究结论的科学性和普遍适用性，更好地为教学实践提供可靠的参考。

4. 加快国内外先进语音理论的吸收和应用

尽管对外汉语教学界在开展汉语二语语音习得与教学研究中，运用了上述多种理论，但是相对汉语二语语音习得研究的重要性、复杂性和紧迫性来说，仍然显得相当薄弱。如果我们能将其他相关语音理论，诸如语言发声（Phonation）理论、生成音系学（Generative Phonology）理论、优选论（Optimality Theory）、韵律特征（Prosody）理论、会话分析（Conversation Analysis）理论等加以综合利用，汉语二语语音习得与教学研究将会取得新的突破性发展。

第三节　国内语音本体研究的主要成果

国内汉语语音本体研究，尤其是汉语辅音方面的研究，在声学界、心理学界和实验语音学界等几大领域研究专家的共同努力下，取得了众多突出的成果。

一、语音声学实验的研究成果

张家騄、齐士钤、吕士楠（1981）采用语言清晰度实验方法，在多种传递条件下，利用多维分析方法，对汉语辅音知觉混淆数据进行处理，得出汉语辅音主要知觉特征的位次为：清/浊，送气/不送气，摩擦/非摩擦和部位（前、中、后）。吕士楠等（1981）的研究表明，不管是汉语母语者，还是汉语二语习得者，对辅音舌尖前/后发音部位的区别感知要难于对辅音送气/不送气发音方法的区别感知。齐士钤、张家騄（1982）测量得出，辅音的音长与送气状态有直接关系，不送气塞音最短，送气塞擦音最长；各种发音方式之间有一定的音长比值；音长与发音部位的关系不大；辅音音长与声调、全音节长度的关系也不大，但送气塞擦音受后接元音的影响比较大，后接元音开口度越大的音长越短；连读的前后两音节中，辅音长度与其所处的前后位置无关。

吴宗济（1986：38～42）采用实验语音方法，借助实验仪器，通过一系列实验测量出汉语普通话各个辅音在不同元音组合中的长度、强度、中心频率、下限频率、VOT 等各项声学参量。尽管该参量的获得只依靠 2 位发音人（男、女各 1 人）的发音，但其结果仍然为本实验提供了宝贵的参考价值。吴宗济、林茂灿（1989：112）采用生理、物理方法对汉语辅音进行分析，得出普通话辅音的声学特征在语图上表现为横杠、竖条（冲直条）和乱纹三种最基本纹样。其中塞音（如 b/p/、d/t/等）的语图表现为竖条（冲直条），见图 1－1；擦音（如 s/s/、x/ç/ 等）的语图表现为乱纹，见图 1－2；塞擦音（如 z/ts/、zh/tʂ/、c/tsʰ/、ch/tʂʰ/等）的语图表现为冲直条加乱纹，见图 1－3。吴宗济、林茂灿（1989：116）还通过 X 光透视和腭位照相，从侧面观察到汉语辅音的发音部位及其与口腔上腭和上齿的对应关系。如 z/ts/、c/tsʰ/、s/s/发音部位为两对门齿，zh/tʂ/、ch/tʂʰ/、sh/ʂ/、r/ʐ/、j/tɕ/、q/tɕʰ/、x/ç/的发音部位为第一前臼齿与第二臼齿之间的硬腭音区，见图 1－4。语音声学实验的结果显示，汉语普通话语音系统中，辅音的感知比元音感知要困难得多。其中，普通话送气/不送气辅音在强度上存在一定差异，但是不显著，在听感上不是主要信息；二者的主要差异在于时长（吴宗济、林茂灿，1989：112～125）。

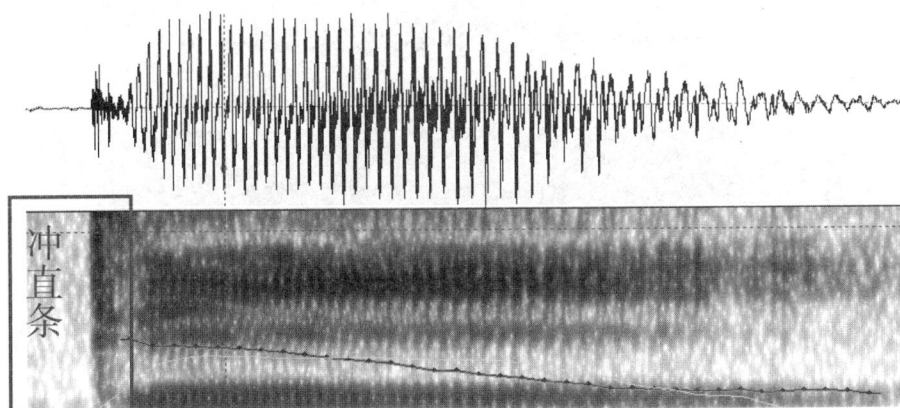

图 1-1　bì 中的辅音 b 的语图——冲直条

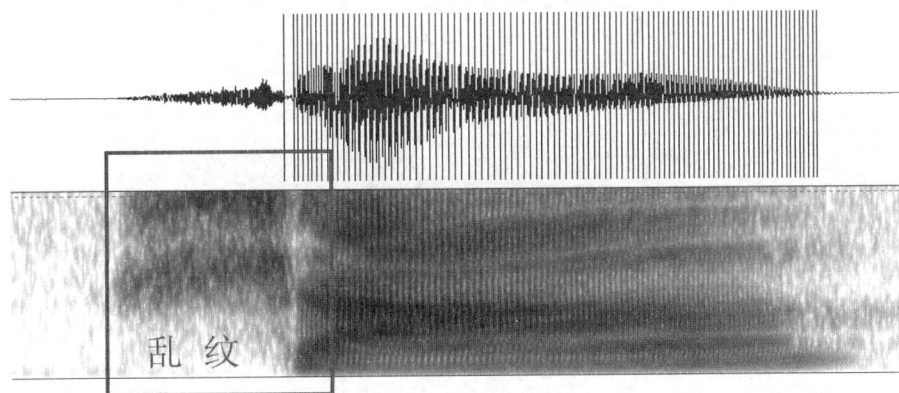

图 1-2　shá 中的辅音 sh 的语图——乱纹

李爱军（2002）对汉语韵律短语的时长、音节个数和边界前音节的时长等进行了统计分析，特别分析了不同韵律边界条件下，音高范围与重音的关系，音高上限与音长在重音和非重音条件下的关系。陈嘉猷、鲍怀翘、郑玉玲（2002）计算普通话塞音、塞擦音的浊音起始时间（VOT）的平均值从小到大依次为：不送气清塞音 b/p/、d/t/、g/k/ < 不送气清塞擦音 z/ts/、zh/tʂ/、j/tɕ/ < 送气清塞音 p/pʰ/、t/tʰ/、k/kʰ/ < 送气清塞擦音 c/tsʰ/、ch/tʂʰ/、q/tɕʰ/。即不同的发音方法，其 VOT 有着明显的差别，利用 VOT 均值能够明显地把普通话塞音（送气、不送气）、塞擦音（送气、不送气）从类别上区分开来。

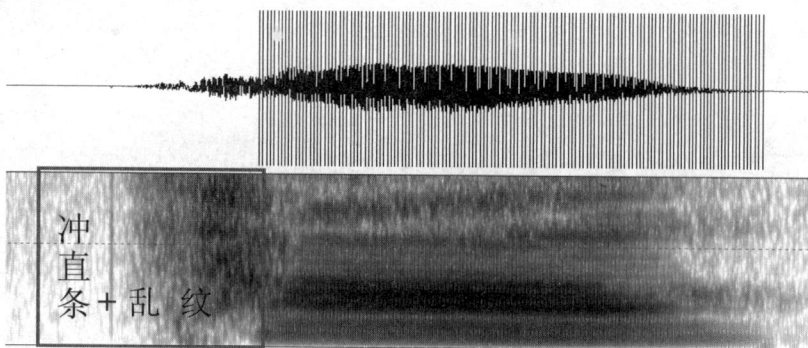

图 1-3　cā 中的辅音 c 的语图——冲直条之后接上乱纹

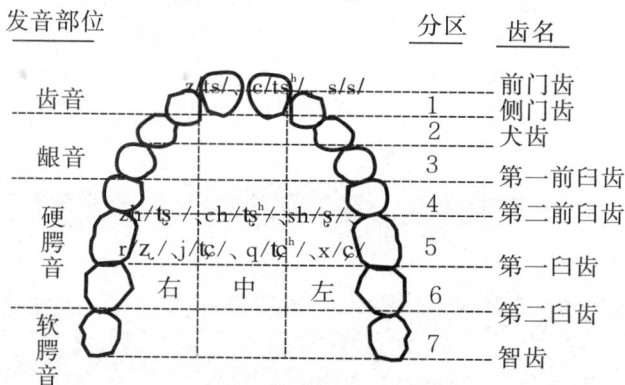

图 1-4　上腭与牙齿分区及其对应发音部位（吴宗济、林茂灿，1989：116）

　　李爱军、王霞、殷治纲（2003：68~74）利用 SPEECON 汉语语音数据库对普通话和上海普通话在音段和超音段声学特征方面进行对比后得出：上海普通话口音对声母的影响大于对韵母的影响，上海普通话和标准普通话的主要差异是声母的发音。李爱军（2005）分析汉语疑问句和陈述句两种功能语句在表达友好态度时的声学表现，得到不同重音位置下基频 FO 和时长的变化模式，以及由中性语音合成友好语音的合成参数。张家騄（2005、2006）根据 Jakobson、Fant & Halle 等（1952：3~8）提出的"区别特征"（Distinctive Features）理论归纳出了普通话声母、韵母和声调区别特征系统及其树状图。李爱军等（2007）对汉语普通话篇章语速和局部语速模式在快、中、慢三种语速中的变化情况进行了考察，揭示了语篇中不同韵律单元的语速调控策略。冉启斌（2008）用谱重心和分散程度的测量方法对普通话 5 个清擦音的声学空间进行了实验分析，结果看到，s/s/的谱重心最高，分散程度最小，分布范围最小；x/ɕ/的谱重心最低，分散程度最大，分布范围最大。鲍怀翘、郑玉玲（2011）用动态腭位仪统计了普通话辅音的靠前性指数和趋中性指数。从发音时的舌位看，舌尖前辅音最靠前，舌尖后辅音最靠后，舌面辅音位于舌尖前/后辅音之间；舌尖前辅音中，送气辅音c/ts^h/比不送气辅音 z/ts/更靠前；舌尖后辅音中，送气辅音 ch/$tʂ^h$/比不送气辅音zh/tʂ/更靠后。这些研究成果，为我们研究汉语二语习得者辅音发音上的偏误（包括发音方法和发音部位上的偏差）提供了直观的判断依据。

二、语音心理实验研究相关成果

杨玉芳、金凌娟（1988）研究塞辅音与声调之间在知觉上的相互作用后得出：①塞辅音的发音方式影响声调的知觉，不送气音使听者在辨别声调时倾向于基频曲线起点高的声调；②音节的声调也影响对塞音发音方式的判断，一、四声使听者倾向于将塞辅音听成不送气音，二、三声使听者倾向于将塞辅音听成送气音。杨玉芳（1991）探讨左右耳在辅音特征和声调识别上的优势以及声级对侧化程度的影响后得出：①右耳的辅音识别正确率明显高于左耳，声级和声调对辅音识别率有显著影响；②声级对辅音知觉的侧化程度有影响，声级越低侧化程度越高；③两耳对辅音清浊特征的识别率最高，对辅音送气/不送气特征的识别率较低，对辅音发音部位特征的识别率最低；④两耳的声调识别率相同，且不受声级的影响。席洁等（2009）研究发现，成人汉语母语者对汉语 VOT 和声调的知觉是范畴性的；汉语儿童对这两种语音特征的感知是类似范畴性的，但是两种语音特征经历了不同的发展模式，6 岁儿童的声调特征已经和成人类似，而 VOT 特征则在 7 岁时还和成人有显著差异。李爱军等（2011）分析了 20 位普通话母亲的输入语音中的动词和名词的韵律特征，发现孤立单念的名词和动词的韵律特征没有差异，但在短语中，二者在韵律特征上有差异。从而推测韵律特征是婴幼儿习得连续话语中的不同词类范畴的有效信息之一。李林等（2014）对中国和美国学生汉语双唇塞音的分辨特点进行研究发现母语者与二语习得者在语音知觉辨别线索上存在差异；VOT 的变化对两组被试的听觉辨别都产生了显著性影响；音征变量以及 VOT 与音征的交互作用，也对汉语母语者的听觉辨别产生影响，但对美国汉语二语习得者无显著性影响。

第四节 口语语音习得研究的意义

一、实践意义

（一）促进对外汉语教学和汉语国际推广事业的发展

对外汉语教学和汉语国际推广事业，是国家的事业、民族的事业。标准、流利、地道的口语沟通能力，是二语水平的重要标志，也是广大汉语习得者的最大目标。该研究成果，将为广大师生的"教"与"学"提供切实的帮助，从而巩固其习得积极性，扩大汉语习得者规模。

（二）服务于对外汉语语音教材的编写

当前的对外汉语教材，特别是口语教材，成了制约新时期对外汉语教学和汉语国际推广事业大发展的瓶颈。该课题研究的成果，将为编写出科学、实用、针对性强、趣味性高的对外汉语口语、听说等教材提供参考。

（三）优化各类汉语水平考试

通过对汉语二语习得者普通话口语语音实验，可以更好地区分出不同口语水平的语音特征，从而为切实提高 HSK、商务汉语、旅游汉语等各类汉语水平考试的科学性、规范性和标准性提供技术支持。

二、理论意义

（一）完善对外汉语教学学科理论

汉语作为外语教学这一学科与当前的发展形势不大相称。原因较多，但主要是机体不够强健，尤其是语音研究相对薄弱，其中口语研究相当滞后。语法、汉字、词汇有比较完善的教学大纲，但语音没有。本研究的成果将为制定语音教学大纲提供支持。

（二）推进汉语语音本体研究

汉语语音研究，相对于词汇、语法研究显得相对薄弱。就是现有的语音研究也是从书面角度开展研究的比较多，从口语角度开展研究的比较少。本研究将从二语习得者的角度为我们推进汉语语音本体研究提供突破口。

（三）服务我国新时期的语言规划理论建设

随着我国综合国力的提升和国际地位的攀升，习得汉语的外国人越来越多，加上全球华人人口飞速发展，全球说汉语的人日益增多。因此，我国的语言规划将不能仅仅局限于国内，而应放眼全球。这种新形势对我国语言规划理论提出了更高的全球性要求。本研究将为我国语言规划理论建设提供一定的参考和服务。

第五节 本书研究的主要内容

一、系统研究汉语二语习得者习得汉语口语的语音特征

按照国籍、性别、年龄、习得时间、习得成绩等项目要求，抽样选择汉语二语习得者被试，录制他们的自然口语语音。然后用 Praat 等语音分析软件，分析汉语二语习得者汉语口语语音特征，包括习得者普通话单、双音节辅音的感知和产出特征，习得者双音节声调感知和产出的特征等。

二、探寻汉语二语习得者习得汉语口语语音的偏误规律

在系统研究汉语二语习得者汉语口语语音特征的基础上，通过与中国学生标准的普通话口语特征进行对比，找出汉语二语习得者口语语音的偏误规律。偏误的规律分析，还包括偏误的广度和深度两个方面。前者指某一口语语音偏误发生的普遍性，即发生在不同汉语二语习得者、不同交际语境的范围大小。后者指某一口语语音偏误发生的持久性、顽固性，即在不同级别或不同习得时间汉语二语习得者中发生时间的长短。

三、分析汉语二语习得者汉语口语语音偏误的主要原因

汉语二语习得者汉语口语语音偏误的原因分析，将主要从语际因素干扰、语内因素干扰、标记性迁移原则的普遍作用和语音认知加工机制的制约等方面进行。其中语际因素干扰，指由于汉语二语习得者母语与汉语之间的语音差异，所造成的口语语音偏误。语内因素干扰，指由于汉语语音系统内部之间的相似性，所造成的口语语音偏误。标记性迁移原则的普遍作用，指不论目的语的某种语言形式是有标记的还是无标记的，二语习得者的中介语系统往往表现为无标记。语音认知加工机制的制约，指对语言单元处理过程中，所存在序列加工和平行分布加工两种作用模式，所造成的口语语音偏误。

四、确定汉语语音习得的重难点和习得顺序

根据实验和统计分析得出的汉语二语习得者习得汉语口语的语音特征、发生语音偏误的规律及其主要原因，确定不同国家汉语二语习得者习得汉语口语语音的重难点和习得顺序。并提出相应的教学方法和教学手段，以切实提高对外汉语口语语音教学效率和效果。

第六节　研究的思路与方法

一、研究的思路

本研究以语言对比为突破口，以偏误分析为中心，以教学对策为目标，以教学实验为佐证。计划从以下十个步骤进行：

第一步：在对比分析印—汉等不同语言辅音异同的基础上，结合教学实践和初步研究，确定本研究的内容范围。

第二步：选定研究对象。研究对象包括来自印度尼西亚、韩国、法国、智利、秘鲁、西班牙、俄罗斯、乌克兰、巴拿马、委内瑞拉、厄瓜多尔、哥伦比亚等国家的汉语二语习得者，以及作为实验对照被试普通话标准的汉语母语者。被试的选取，考虑了汉语水平、性别等方面的分布，具体的被试分布见各章介绍。

第三步：根据研究目标和内容，制作感知和发音材料。感知和发音材料包括了汉语材料和印尼语等语种材料两大类。每一类又包括了单音节和双音节两种。材料制作过程中，充分考虑声调、元音等因素的影响。

第四步：感知测试和发音录音。录音全部在实验室中进行。

第五步：声音文件的标注。标注声音文件是为了用电脑自动地提取各项研究参数。

第六步：被试发音听辨。汉语录音听辨，均由受过专业语音训练的语言学专业研究生完成。印尼等其他语录音由印尼等母语者协助完成，这些协助者也均是语言学及应用语言学专业的在读研究生或本科生。

第七步：实验。实验包括感知实验、发音实验。两类实验又分别包括横向和纵向两条路径。感知实验主要通过纸笔测试的方式完成。发音实验主要采用Praat软件，分析发音人的各种参数。详细过程见各章。

第八步：数据提取、整理、统计和分析。提取采用计算机自动提取和人工提取相结合的方式进行。统计采用 SPSS 进行了多种推断性的统计分析。

第九步：总结规律，制定教学对策。

第十步：教学实验检验。将上面的教学对策，设计教学实验，进行检验。

整个研究努力做到将感知实验与发音实验相结合，不同级别的习得者规律研究与同一习得者不同习得时间的纵向追踪研究相结合，宏观的数学统计与微观的人工分析相结合。

二、研究方法

（1）感知实验：包括全部辅音感知实验和舌尖前/后辅音感知实验。

（2）声学实验：用计算机和 Praat 等设备和软件，分析不同母语背景汉语习得者汉语辅音 F1、F2 和 VOT 时长等汉语辅音有关声学特征的参数。

（3）个案追踪实验：历时考察汉语二语习得者汉语辅音的习得规律，包括辅音感知和发音两方面的习得规律。

（4）对比教学实验：将研究所得的针对汉语二语习得者的辅音教学对策，在两个平行班级中进行对比实验。

（5）多元推断统计法：综合运用多元方差分析、配对样本的 t 检验、非参数检验等统计方法，考察声调、元音、辅音组合等各种因素对汉语二语习得者习得普通话舌尖前/后辅音和声调等的影响。

第二章 汉语二语习得者普通话声母感知实验

第一节 引 言

语音感知既是言语交际的基础，也是二语习得的首要环节。二语习得者总是先感知目的语，然后才自由地产出目的语。二语语音习得，尤其是二语语音感知较早就受到了众多研究者的关注，并出现了一些有影响力的二语语音习得的语言学模型。其中，"知觉同化模型"理论以发音态势（Articulatory Gesture）为基础提出，二语习得者听到某对/个二语语音项目时，会将他所听到的二语语音与其母语语音系统中相似的音位范畴进行多种模式的类比。主要的类比模式包括如下三种：①TC 型同化模式，②SC 型同化模式，③UU 型同化模式，其中，TC 型同化模式中，习得者感知区分两个二语语音时感到很容易；SC 型同化模式中，习得者感知区分两个二语语音时感到很困难；UU 型同化模式中，习得者感知区分两个二语语音的难度要看该两个二语语音在声学空间中语音分布位置的距离而定（Best et al. , 1988；Best, 1991；Best, 1995；Best et al. , 2011）。基于声学距离的"母语磁吸模型"理论认为，人类大脑感知空间的母语语音范畴属于"原型"范畴，它对外部语音发挥"感知磁吸效应"。人们在感知区分某一非母语语音时的难易度，取决于该非母语语音与母语音位原型在实际声学空间上分布距离的大小：二者的距离越大，母语音位原型发挥的感知磁吸效应就越小，感知区分难度也越小；反之，母语音位原型发挥的感知磁吸效应就越大，感知区分难度也越大（Kuhl, 1991；Kuhl & Iverson, 1995；Kuhl et al. , 2008；Conboy & Kuhl, 2011）。

语音声学实验的结果显示，汉语普通话语音系统中，辅音的感知比元音感知要困难得多（吴宗济、林茂灿，1989：112～126）。张家骅（2005、2006）根据 Jakobson、Fant & Halle（1952：3～8）等提出的区别特征理论归纳出的普通话声母区别特征系统及其树状图显示，区分清/浊发音方法的区别特征——浊化的/非浊化的（Voiced-Unvoiced），在区别特征系统树状图中的层级最顶端（第八级）；区分塞擦/摩擦发音方法的区别特征——连续的/阻断的（Continuant-Interrupted），在区别特征树状图中的层级位置也很高（第六级）；区分送气/不送气发音方法的区别特征——送气的/不送气的（Aspirated-Unaspirated），在区别特征树状图中的层级位置也比较高（第五级）；区分舌尖前/后发音部位的区别特征—集聚的/发散的（Compact-Diffuse），在区别特征树状图的层级位置最低（第一级）。参见图 2 - 1。

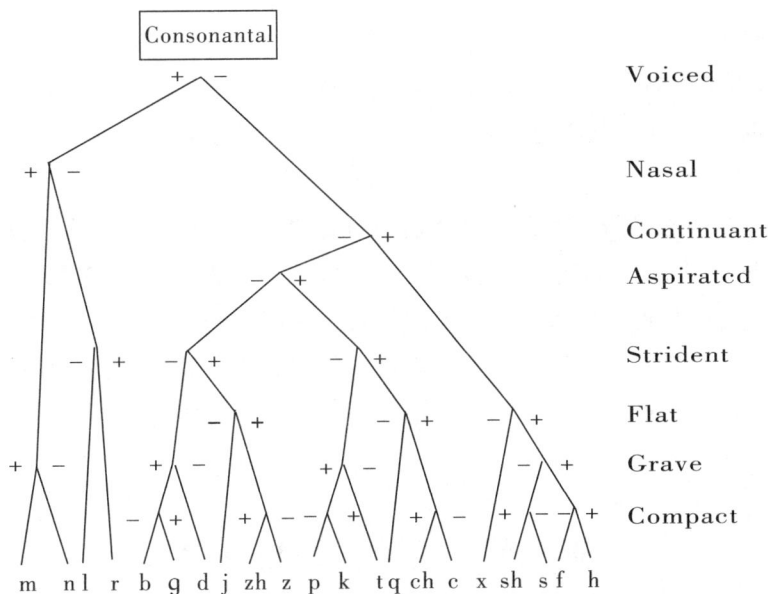

图 2 - 1　普通话声母区别特征系统树状图

大量的对外汉语语音研究结果表明，英语、日语、泰语、越南语、印尼语等母语背景汉语二语习得者习得普通话辅音时，不仅偏误率高，而且偏误持续的时间长。其中，朱川（1981）研究得出：日本学生不会区分非词首位置的送气音和不送气音；也不会区分舌尖后音和舌面音，并常常把这两类辅音发成类似舌叶音；最不会区分舌尖后擦音 sh/ʂ/与舌面擦音 x/ç/相混；蔡整莹、曹文（2002）调查分析泰国学生习得汉语声母后发现，普通话舌尖前/后清辅音和舌面擦音是泰国学生的最大困难，偏误率大多接近或者超过 50%；他们尤其把握不准这些辅音的发音部位。王韫佳、上官雪娜（2004）研究得出：日本汉语习得者能够区分汉语的不送气/送气辅音，不过他们所发的汉语送气音 VOT 没有标准普通话的长；他们还常常将汉语的送气/不送气两种范畴都加工成不送气的。傅氏梅、张维佳（2004）的研究显示：越南学生习得汉语辅音时，越南母语对他们产出汉语辅音的影响大于对他们听辨汉语辅音的影响；汉语语内音素之间的干扰对他们听辨汉语辅音的影响大于对他们产出汉语辅音的影响。朱永平（2004）调查得出美国学生习得普通话声母时大致可以分为四个难度等级：第一个等级包含 8 个声母

m/m/、n/n/、f/f/、l/l/、b/p/、d/t/、g/k/、s/s/，均是无标记的音，因此习得最容易；第二个等级包含 4 个声母 p/pʰ/、t/tʰ/、k/kʰ/、h/x/，均是标记较少的音，习得也比较容易；第三个等级包含 4 个声母 j/tɕ/、q/tɕʰ/、x/ɕ/、z/ts/，均是标记比较多的音，因此习得的难度比较大；第四个等级包含 5 个声母 sh/ʂ/、zh/tʂ/、ch/tʂʰ/、c/tsʰ/、r/ʐ/，均是标记最多的音，因此习得难度最大。邓丹（2014）研究发现：日本汉语习得者习得汉语一年左右的时间就基本能够区分汉语舌尖前辅音（z/ts/、c/tsʰ/、s/s/）—舌尖后辅音（zh/tʂ/、ch/tʂʰ/、sh/ʂ/）—舌面辅音（j/tɕ/、q/tɕʰ/、x/ɕ/）三组辅音范畴；不过他们产出汉语舌尖前与舌面两组辅音时，采用了类似日语中/ts/、/dz/、/s/组与/tɕ/、/dʑ/、/ɕ/组辅音的区分方式。

专门针对印尼汉语习得者普通话辅音习得的研究目前还不太多。其中，林奕高、王功平（2005）的实验结果显示：印尼汉语习得者发汉语普通话塞音和塞擦音时，送气音明显比中国人的短，不送气音比中国人的长。本书旨在考察：①印尼汉语二语习得者感知普通话单音节声母的偏误有哪些规律？②产生这些感知偏误的主要原因有哪些？③如何提高印尼汉语二语习得者普通话声母的感知水平？

第二节　研究方法与过程

一、实验材料设计

为了排除音节之间的干扰，本实验所用的材料控制为普通话单音节，共计 213 个。设计过程遵循了以下要求：包含普通话的 21 个声母（不包括零声母），每个声母的出现频率均在 8 次以上，组合能力强的声母如 n/n/、l/l/ 等在 10 次以上；保证每一声母可能的韵母组合类型（四呼）全面；为了排除声调对声母感知的影响，一般情况下选择第一声的声韵组合，除非该组合没有第一声；对于相似声母，同类声韵组合的声调基本相同，音节在大纲中相应的字词等级基本平衡。所有感知实验的音节都进行了随机排列，排除了相同或相近声母的提示或干扰。

二、被试对象

为了避免不同母语背景给被试对象带来影响，本感知实验的全部被试对象均为母语为印尼语的汉语二语习得者。加上语音习得的规律，包括语音感知规律，在初级阶段的二语习得者身上体现比较明显，因此，本实验的被试对象控制为印尼初级汉语习得者，其中初级上 16 人，他们习得汉语的时间在 2 个月以上、3 个月以下；初级下 14 人，他们习得汉语的时间在 6 个月以上、12 个月以内。其中男生 11 人，女生 19 人，年龄都在 20～30 岁。所有被试对象听力均正常。

三、实验任务和过程

感知实验材料先由 2 位普通话标准的中国大学生朗读，用电脑在语音实验室录音。分别为一位男生和一位女生，均取得普通话一级乙等证书。朗读的语速适中，每个音节朗读 2 遍，其中男生 1 遍，女生 1 遍；每遍之间间隔 2 秒，两个音节之间间隔 3 秒。

感知实验采用听后填空的方式，让被试根据听到的音节在相应的空格里写出声母，而没有采用多项选择和判断正误等形式，以减少猜测作答的可能。同时，为了避免被试听清了声母而不会写的现象发生，21 个声母全部呈现在实验材料上，被试可以随时查阅。

第三节　实验结果与分析

一、总体感知偏误率较大

实验结果显示，印尼初级汉语习得者感知汉语单音节声母时，无论是偏误类型还是偏误率都比较大。其中，偏误类型指某个声母被感知成其他声母的种类。偏误类型最大的是声母 c/tsʰ/，被误听成了 ch/tʂʰ/、zh/tʂ/、s/s/、z/ts/、sh/ʂ/、q/tɕʰ/、t/tʰ/、d/t/、x/ɕ/ 9 个不同的声母，全部声母的平均感知偏误类型达到了 4.5 个，即 1 个声母可能被误听成了 4.5 个别的声母。偏误率指感知某个声母时，实际发生的偏误数量，除以该声母在整个实验中出现的总次数。偏误率最大的也是声母 c/tsʰ/，高达 58.67%，全部声母的平均感知偏误率达到了 25.20%。这说明声母感知是印尼初级汉语习得者的难点之一。21 个声母的感知偏误类型、偏误率及其排序详见表 2－1。

表 2 - 1 声母感知偏误类型、偏误率及其排序

声母	类型数量	类型名次	声母	偏误率/%	偏误率名次	声母	类型数量	类型名次	声母	偏误率/%	偏误率名次
c/tsʰ/	9	1	c/tsʰ/	58.67	1	t/tʰ/	4	5	r/ʐ/	20.95	12
z/ts/	7	2	z/ts/	51.33	2	b/p/	4	5	b/p/	14.44	13
p/pʰ/	6	3	zh/tʂ/	47.33	3	k/kʰ/	4	5	t/tʰ/	12.38	14
q/tɕʰ/	6	3	ch/tʂʰ/	46.00	4	s/s/	4	5	h/x/	10.83	15
j/tɕ/	6	3	s/s/	42.67	5	zh/tʂ/	4	5	g/k/	8.33	16
ch/tʂʰ/	6	3	sh/ʂ/	36.00	6	n/n/	3	6	l/l/	8.00	17
l/l/	5	4	j/tɕ/	34.67	7	r/ʐ/	3	6	d/t/	5.78	18
h/x/	5	4	k/kʰ/	33.33	8	sh/ʂ/	3	6	n/n/	4.89	19
x/ɕ/	5	4	x/ɕ/	32.00	9	f/f/	1	7	m/m/	2.67	20
m/m/	4	5	q/tɕʰ/	28.67	10	d/t/	1	7	f/f/	1.67	21
g/k/	4	5	p/pʰ/	28.33	11	平均	4.5			25.20	

二、感知偏误分布不均衡

从表 2 - 1 可以看出，印尼初级汉语习得者感知不同声母发生偏误的比率有很大的差异。其中，感知偏误类型最大的（c/tsʰ/ = 9）与最小的（f/f/ = 1）相差 8 倍；感知偏误率最大的（c/tsʰ/ = 58.67%）与最小的（f/f/ = 1.67%）相差更大，接近 35 倍。统计数据还显示，声母感知偏误率排序与我们通常的声母教学顺序有着很大的差异。

这种声母感知偏误的不均衡性，在不同发音部位和发音方法中也有明显表现。通过对双唇、唇齿、舌尖中、舌根、舌面、舌尖前和舌尖后 7 个发音部位的感知偏误率进行非参数检验（Nonparametric Tests），$p = 0.000 < 0.001$，可以看出：不同发音部位之间的感知偏误率差异显著。经过进一步比较，得出 7 个发音部位感知偏误率从小到大的排列顺序为：舌尖中（5.5%）＜唇齿（8.3%）＜双唇（13.5%）＜舌根（16.6%）＜舌面（28.9%）＜舌尖后（40%）＜舌尖前（47.8%），参见图 2 - 2。

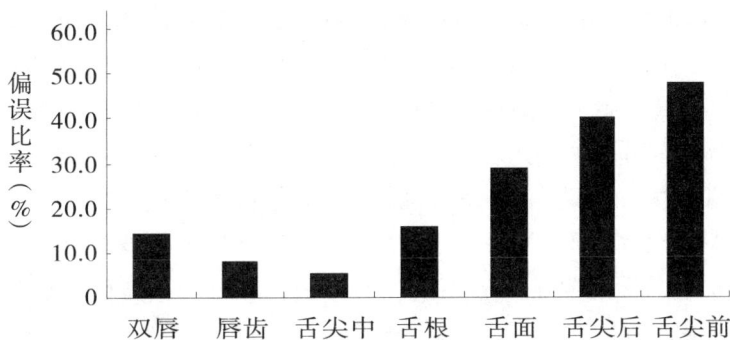

图 2 - 2　发音部位偏误率直观图

　　类似地，通过对塞、塞擦、擦、鼻、边5种发音方法的感知偏误率进行非参数检验，$p = 0.000 < 0.001$。可以得出：该5种发音方法的感知偏误率差异显著。经过进一步比较，得出这5种发音方法的感知偏误率从小到大的排列顺序为：鼻音（3.2%）＜边音（8.0%）＜塞音（15.6%）＜擦音（25.9%）＜塞擦音（42.1%）。其中塞擦这一发音方法的感知偏误率最大，超过了40%，参见图2-3。

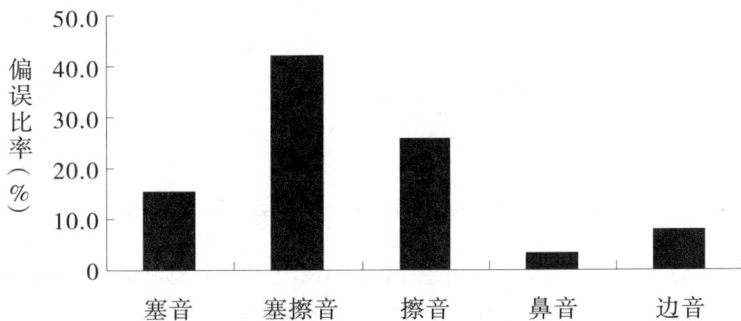

图 2 - 3　发音方法偏误率直观图

　　以上声母感知偏误分布不均衡性的规律说明，对印尼汉语习得者进行声母听辨练习时，既不能拘泥于通常的声母教学顺序，也不能将各个声母、各个发音部位、各个发音方法的训练平均用力，而应该依据习得者感知偏误分布不均衡性的特点，对感知偏误率大的声母、发音部位和发音方法有针对性地进行强化训练。具体的练习方法将在下文中详细阐述。

三、感知偏误不对称

　　为了弄清印尼初级汉语习得者感知某一单音节声母发生偏误时，到底将该声母误听成了哪些声母，而将该声母误听成另一声母时，与其后接的韵母有无关系，我们对被感知声母与感知成的偏误声母之间的对应关系及其后接韵母的情况进行了逐一统计分类。并计算出各个声母的每一偏误类型在其整个偏误中所占的比率。

在对外汉语教学中，一般认为印尼汉语习得者（包括部分其他国家的汉语习得者）感知 b/p/ – p/pʰ/、d/t/ – t/tʰ/、z/ts/ – c/tsʰ/等这些发音近似的声母时，相互之间的偏误率是差不多的，即声母 A 被误听成声母 B 的比率，与声母 B 被误听成声母 A 的比率差不多相等。通过实验发现，声母 A 被误听成声母 B 的比率，与声母 B 被误听成声母 A 的比率并不相等，有时相差甚远。如声母 b/p/被误听成声母 p/pʰ/的比率，占整个 b/p/感知偏误的 53.8%；而声母 p/pʰ/被误听成声母 b/p/的比率，仅占整个 p/pʰ/感知偏误的 7.8%，二者之间相差 5.9 倍。再如声母 d/t/被误听成声母 t/tʰ/的比率，占整个 d/t/感知偏误的 100%；而声母 t/tʰ/被误听成声母 d/t/的比率，仅占整个 t/tʰ/感知偏误的 18.0%，二者之间相差 4.6 倍，参见图 2 – 4。

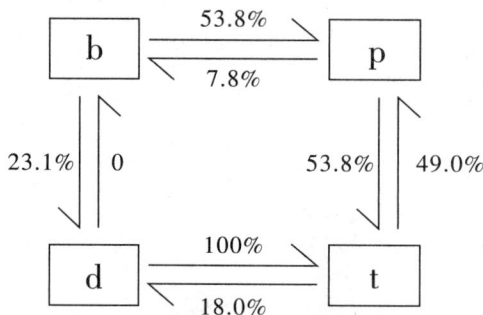

图 2 – 4　不送气与送气声母之间听辨偏误不对称

声母感知偏误的不对称性，除了在具有不送气/送气这组区别特征的声母之间体现明显外，在不具有该区别特征的声母之间也有着明显的表现。如声母 n/n/被误听成声母 l/l/的比率，占整个 n/n/感知偏误的 27.3%；而声母 l/l/被误听成声母 n/n/的比率，仅占整个 l/l/感知偏误的 5.6%，二者之间相差 3.9 倍。再如声母 r/ʐ/被误听成声母 l/l/的比率，占整个 r/ʐ/感知偏误的 72.7%；而声母 l/l/被误听成声母 r/ʐ/的比率，仅占整个 l/l/感知偏误的 11.1%，二者之间相差 5.5 倍。

经过进一步统计研究发现，声母感知偏误的不对称性具有如下普遍性规律：不送气音被感知为送气音的比率，往往大于送气音被感知为不送气音的比率；浊音被感知为清音的比率，远远大于清音被感知为浊音的比率；擦音被误听成塞擦音的偏误率，大于塞擦音被误听成擦音的偏误率。

四、声母感知偏误的韵母组合倾向性

声母感知偏误的韵母组合倾向性指某一声母的感知偏误发生时，与该声母后的韵母类型有着很强的倾向性关系。包括两种情况：一是某一声母感知偏误的发生，倾向于与某一个（或某一类）韵母的组合。如声母 d/t/ 的感知偏误，倾向于与齐齿呼类韵母的组合，占了该声母全部感知偏误的96.2%。二是某一声母被错误地感知成另外一个声母时，同该声母与何类韵母的组合相关。如声母 n/n/，发生感知偏误有三种可能，即被误听为 m/m/、l/l/ 和 r/ẓ/，尽管该三种偏误占声母 n/n/ 总偏误的比例不等，但是，当 n/n/ 被误听为 m/m/ 时，100% 是 n/n/ 与齐齿呼韵母的组合；当它被误听为 l/l/ 或 r/ẓ/ 时，100% 是与合口呼类韵母的组合。这种声母感知偏误的韵母组合倾向性规律非常明显，参见表2－2。

表2－2　声母感知偏误的韵母组合倾向性

原声母	偏误成声母	偏误出现的韵母组合及其比例（%）			
		开口呼	齐齿呼	合口呼	撮口呼
d/t/	t/tʰ/	3.8	96.2	0	—
n/n/	m/m/	0	45.5	0	0
	l/l/	0	0	27.3	0
	r/ẓ/	0	0	9.1	0
	0	0	0	0	18.2

说明：表中"偏误成声母"列中的"0"，表示被试未作答。

第四节　讨论与分析

一、语际因素干扰

语际因素干扰指由于印尼语辅音系统与汉语声母系统之间的差异，对印尼学生感知汉语声母所造成的影响。为了找出印尼语对被试对象感知普通话声母的影响，我们将汉语辅音系统与印尼语辅音系统的发音部位和发音方法进行了全面的对比。从发音部位上看，汉语和印尼语辅音系统中都有双唇音、唇齿音、舌尖中音、舌面音和舌根音。其中汉语还有舌尖前音、舌尖后音，而印尼语没有；印尼语中有混合舌叶音和喉音，而汉语没有。从发音方法看，两种语言的辅音系统中都有塞音、擦音、塞擦音、鼻音和边音5类。印尼语中有颤音，而汉语没有。两种语言的辅音系统中都有清音和浊音，但是印尼语中有清/浊音位对立，而汉语没有。汉语辅音系统中有送气/不送气的音位对立，而印尼语辅音系统中没有（Marsono，1999：61~98；梁敏和，1995：2~3），详见表2－3。

表2-3　汉语辅音系统与印尼语辅音系统对比

发音方法				发音部分								
				双唇	唇齿	舌尖 前	舌尖 中	舌尖 后	混合舌叶音	舌面音	舌根音	喉音
				上唇下唇	上唇下齿	舌尖齿背	舌尖齿龈	舌尖硬腭	舌叶齿龈	舌面硬腭	舌根软腭	
塞音	不送气	清	汉	b/p/			d/t/				g/k/	
			印	p/p/			t/t/				k/k/	
		浊	汉									
			印	b/b/			d/d/				g/g/	
	送气	清	汉	p/pʰ/			t/tʰ/				k/kʰ/	
			印									
		浊	汉									
			印									
塞擦音	不送气	清	汉			z/ts/		zh/tʂ/		j/tɕ/		
			印						c/ts/			
		浊	汉									
			印						j/dz/			
	送气	清	汉			c/tsʰ/		ch/tʂʰ/		q/tɕʰ/		
			印									
		浊	汉									
			印									
擦音		清	汉		f/f/	s/s/		sh/ʂ/		x/ç/	h/x/	
			印		f/f/	s/s/印			sy/ʃ/		kh/x/	h/h/
		浊	汉					r/ʐ/				
			印		v/v/	z/z/						
鼻音		浊	汉	m/m/			n/n/				ng/ŋ/	
			印	m/m/			n/n/			ny/ɲ/	ng/ŋ/	
边音		浊	汉				l/l/					
			印				l/l/					
颤音		浊	汉									
			印				r/r/					

　　为了具体找出单个汉语辅音和类似印尼语辅音的细微异同，本书还从书写形式、发音部位、发音方法三个方面，对两种语言辅音系统中的每一个音进行了对比分析。其中发音方法又包括塞/擦/塞擦、清/浊、送气/不送气三组对立因素。因此，每一个辅音实际上包括了五大对比因素，具体的对比结果见表2-4。

　　通过微观对比，我们可以把汉语辅音和相应的印尼语辅音异同情况分为以下三大类、七小类。

表 2-4　单个汉语辅音和相应的印尼语辅音对比

语种	辅音	例字	书写	发音部位	发音方法 鼻/边/颤	塞/擦/塞擦 +、-、±	浊/清 +、-	送气/不送气 +、-
汉	b/p/	bā	+	双唇		+	-	-
印	p/p/	apa	-	+		+	-	-
汉	p/pʰ/	pā	-	+		+	-	+
印	b/b/	baru	+	+		+	+	-
汉	m/m/	mā	+	双唇	鼻		+	o
印	m/m/	mana	+	+	鼻		+	o
汉	f/f/	fā	+	+		-		o
印	f/f/	fajar	+	+		-		o
汉	d/t/	dā	+	舌尖中		+	-	-
印	t/t/	peta	-	+		+	-	-
汉	t/tʰ/	tā	-	+		+	-	+
印	d/d/	datang	+	+		+	+	-
汉	n/n/	ná	+	+	鼻		+	o
印	n/n/	nama	+	+	鼻		+	o
汉	l/l/	lā	+	+	边		+	o
印	l/l/	lama	+	+	边		+	o
汉	z/ts/	zā	+	舌尖—齿背		±	-	-
印	z/z/	lezat	+	*-舌尖—齿龈*		-	+	-
汉	c/tsʰ/	cā	+	舌尖—齿背		±	-	+
印	c/ts/	cara	+	*-舌叶—齿龈*		±	-	-
汉	s/s/	sā	+	舌尖—齿背		-	-	o
印	s/s/	sama	+	*-舌尖—齿龈*		-	-	o
汉	zh/tʂ/	zhā		舌尖—硬腭		±	-	-
汉	ch/tʂʰ/	chā		+		±	-	+
汉	sh/ʂ/	shā		+		-		o
汉	r/ʐ/	rì	+	+		-	+	o

（续上表）

语种	辅音	例字	书写	发音部位	发音方法			
					鼻/边/颤	塞/擦/塞擦	浊/清	送气/不送气
					+、-、±	+、-	+、-	
印	*r/r/*	*rata*	+	*- 舌尖—齿龈*			+	o
汉	j/tɕ/	jū	+	舌面—硬腭		±	-	-
印	*j/dʒ/*	*jurang*	+	*- 舌叶—齿龈*		±	+	-
汉	q/tɕʰ/	qī		舌面—硬腭		±		+
汉	x/ɕ/	xī	+	舌面—硬腭		-	-	o
印	*sy/ʃ/*	*syi*	-	*± 舌叶—齿龈*				o
汉	g/k/	gāo	+	舌根—软腭		+	-	-
印	*k/k/*	*kaca*	-	+		+	-	
汉	k/kʰ/	kāo	-	+		+	-	+
印	*g/g/*	*gaya*	-	+		+	+	o
汉	h/x/	hē	+	+		+	-	o
印	*kh/x/*	*khidat*		+		+	-	o
印	*h/h/*	*hemat*	+	*- 喉音*		-	-	o
印	*v/v/*	*valaut*		*上齿—下唇*		+	+	o
印	*ny/ɲ/*	*nyarin*		*舌面—硬腭*	鼻		+	o
汉	ng/ŋ/	shang		舌根—软腭	鼻		+	o
印	*ng/ŋ/*	*ngarai*		*舌根—软腭*	鼻		+	o

说明：1. 表中空一行表示不同的分组。

2. 斜体的为印尼语辅音。不包括半元音 w/w/ 与 y/j/。

3. 书写形式栏中，用 "+" "-" 表示上下两行的书写形式不同。

4. 发音部位栏中，用 "+" 表示同组辅音的发音部位相同，"-" 表示上下两行辅音的发音部位不同。

5. 发音方法栏中，用 "+" "-" 和 "±" 分别表示塞、擦、塞擦 3 种发音方法；用 "+" 和 "-"，表示浊/清、送气/不送气两组对立发音方法；不属于上述对立发音方法之内的，如鼻音、边音、颤音分别用汉字直接写出；无送气特性的用字母 "o" 表示。

第一大类：完全相同的音有 5 个，即 m/m/、f/f/、n/n/、l/l/、ng/ŋ/。这 5 个辅音在两种语言中的书写形式、发音部位、发音方法各方面基本上相同。

第二大类：完全不同的音有 9 个。其中又包括两小类，一是汉语辅音中有，而印尼语辅音中没有的音有 5 个：zh/tʂ/、ch/tʂʰ/、sh/ʂ/、q/tɕʰ/、x/ɕ/；二是印尼语辅音中有，而汉语辅音中没有的音有 3 个：sy/ʃ/、v/v/、ny/ɲ/。

第三大类：有同有异的音。

根据异同因素在书写形式、发音部位、发音方法上的分布，该类音又可以分为 5 小类。

（1）仅仅是书写形式不同，而发音部位和发音方法基本相同。有 3 组：b/p/ – p/p/①、d/t/ – t/t/、g/k/ – k/k/。这 3 组辅音，发音部位都各自对应相同，发音方法都是不送气的清塞音，只是书写形式不同。

（2）书写形式和发音部位都相同，而发音方法不同。有 4 组：p/pʰ/ – p/p/、k/kʰ/ – k/k/、t/tʰ/ – t/t/、r/ʐ/ – r/r/。这 4 组辅音的书写形式和发音部位都对应相同，不同在于发音方法各有差异。其中前三组的发音方法在于送不送气的区别，汉语都是送气音，而印尼语都是不送气音；后一组的区别在于汉语 r/ʐ/ 的发音方法是擦音，而印尼语 r/r/ 的发音方法是颤音。

（3）仅仅发音部位不同，书写形式和发音方法都相同。有 2 组：s/s/ – s印/s/、h/x/ – h/h/。s/s/ – s印/s/ 组发音方法都是不送气的清擦音。不同在于：汉语辅音 s/s/ 的发音部位是舌尖和齿背，而印尼语辅音 s印/s/ 的发音部位是舌尖和齿龈。h/x/ – h/h/ 组发音方法也都是不送气的清擦音。不同在于：汉语辅音 h/x/ 的发音部位是舌根和软腭，而印尼语辅音 h/h/ 的发音部位是喉。

（4）仅书写形式相同，发音部位和发音方法都不同。有 3 组：z/ts/ – z/z/、c/tsʰ/ – c/ts/、j/tɕ/ – j/dz/。这 3 组辅音，各组的书写形式完全一样，但是各组的发音部位和发音方法都存在差异。z/ts/ – z/z/ 组中，汉语 z/ts/ 的发音部位是舌尖和齿背，发音方法是清塞擦音；而印尼语 z/z/ 的发音部位是舌尖和齿龈，发音方法是浊擦音。c/tsʰ/ – c/ts/ 组相同在于都是清塞擦音，区别在于汉语 c/tsʰ/ 的发音部位是舌尖和齿背，发音方法是送气的；而印尼语 c/ts/ 的发音部位为舌叶和齿龈，发音方法是不送气的。j/tɕ/ – j/dz/ 组相同在于都是不送气的塞擦音，区别在于：汉语 j/tɕ/ 的发音部位是舌面和硬腭，发音方法是清音；而印尼语 j/dz/ 的发音部位是舌叶和齿龈，发音方法是浊音。

至此，我们可以将汉语辅音与印尼辅音的微观对比结果总结如图 2 – 5 所示。

---

① "–"前面的是汉语的辅音，后面的是印尼语的辅音，以下类同。

$$\begin{cases} (1)\ 完全相同\quad m/m/-m_{印}/m/、f/f/-f_{印}/f/、n/n/-l_{印}/l/、ng/ŋ/-ng_{印}/ŋ/ \\[2mm] (2)\ 完全不同\begin{cases} A.\ 汉有印无\quad zh/tʂ/、ch/tʂ^h/、sh/ʂ/、q/tɕ^h/、x/ɕ/ \\ B.\ 印有汉无\quad v/v/、ny/ɲ/、sy/ʃ/ \end{cases} \\[4mm] (3)\ 有同有异\begin{cases} A.\ 书写不同，发音相同\quad b/p/-p/p/、d/t/-t/t/、g/k/-k/k/ \\[2mm] B.\ 书写相同，\\ \quad 发音不同 \begin{cases} a.\ 发音部位相同，发音方法不同\quad p/p^h/-p/p/、k/k^h/-k/k/、\\ \quad t/t^h/-t/t/、r/ʐ/-r/r/ \\ b.\ 发音部位不同，发音方法相同\quad s/s/-s_{印}/s/、h/x/-h/h/ \\ c.\ 发音部位不同，发音方法不同\quad z/ts/-z/z/、c/ts^h/-c/ts/、\\ \quad j/tɕ/-j/dz/ \end{cases} \end{cases} \end{cases}$$

图 2-5　汉语辅音和相应的印尼语辅音微观对比

实验统计结果显示，印尼语辅音系统中没有的汉语普通话声母 zh/tʂ/、ch/tʂ^h/、sh/ʂ/，这些普通话声母的感知偏误率都比较高，均高达 35% 以上，均居于前六位。反之，印尼语辅音系统中有，并且发音部位和发音方法完全相同的汉语普通话声母 f/f/、m/m/、n/n/、l/l/等（Marsono，1999：61~98），感知偏误率都比较低，均小于 10%，居于后六位。这是因为虽然印尼语辅音系统中没有的汉语普通话声母 zh/tʂ/、ch/tʂ^h/、sh/ʂ/，但是有与汉语普通话声母 zh/tʂ/、ch/tʂ^h/、sh/ʂ/发音部位和发音方法相似的印尼语辅音 z_印/z/、c_印/ts/、s/s/，加上汉语普通话声母 z/ts/、c/ts^h/、s/s/在发音部位和发音方法也与印尼语辅音 z_印/z/、c_印/ts/、s_印/s/很相似。这样，被试在感知汉语普通话声母 zh/tʂ/、ch/tʂ^h/、sh/ʂ/和 z/ts/、c/ts^h/、s/s/时，就会出现 SC 型同化模式，即被试感知汉语普通话声母 zh/tʂ/、ch/tʂ^h/、sh/ʂ/和 z/ts/、c/ts^h/、s/s/时，会将这两组音与印尼语一组辅音 z_印/z/、c_印/ts/、s_印/s/进行类比，所以被试不容易感知区分这两组普通话声母。反之，被试在感知汉语普通话声母 f/f/、m/m/、n/n/、l/l/时，会出现 TC 型同化模式，即将这些汉语普通话声母分别与印尼语里完全相同的音进行类比，因此被试能很容易地感知区分汉语普通话声母 f/f/、m/m/、n/n/、l/l/。

二、语内因素干扰

语内因素干扰指由于汉语声母系统内部声母之间的发音部位（或发音方法）相同（或相近），对印尼学生感知汉语声母所造成的影响。如汉语声母系统中的舌尖前音 z/ts/、c/ts^h/、s/s/，尽管印尼语辅音系统中也有，但是印尼学生感知这几个声母的偏误率仍然很高，甚至比印尼语辅音系统中没有的相应汉语声母 zh/tʂ/、ch/tʂ^h/、sh/ʂ/的感知偏误率还高。其原因除了语际因素干扰外，主要是语内因素的干扰：一方面，汉语声母 z/ts/、c/ts^h/、s/s/三者之间的发音部位完全相同，发音方法也比较相似，因此 z/ts/、c/ts^h/、s/s/三者之间很容易相互混淆。另一方面，汉语声母系统中，z/ts/、c/ts^h/、s/s/与对应的 zh/tʂ/、ch/tʂ^h/、sh/ʂ/之间，发音方法完全相同，只是发音部位有差异。根据前面图 2－1 的普通话声母区别特征系统树状图（张家骅，2005、2006）所示，舌位的区别特征最不明显，因此被试听辨起来很容易对应混淆。此外，汉语的 zh/tʂ/、ch/tʂ^h/、sh/ʂ/，对印尼初级习得者来说是全新的语音，刚刚习得后，在脑子中有着深刻的印象，加上又总担心听错它们，拿不准是 z/ts/、c/ts^h/、s/s/还是 zh/tʂ/、ch/tʂ^h/、sh/ʂ/时，一般感知为 zh/tʂ/、ch/tʂ^h/、sh/ʂ/。这样，z/ts/、c/ts^h/、s/s/的感知偏误率反倒比 zh/tʂ/、ch/tʂ^h/、sh/ʂ/的还要高。

三、标记性迁移普遍原则的制约

一般认为，清音属于无标记的，而浊音属于有标记的（桂诗春，1988：250）。根据语言的标记性迁移原则，不论目的语的某种语言形式是有标记的还是无标记的，L2 习得者的中介语系统往往表现为无标记的（周小兵、李海鸥，2004：106）。因此，印尼汉语二语习得者将汉语声母系统中有标记浊音声母听成无标记清音声母的比率，远远大于将汉语清音声母误听成浊音声母的比率，前者是后者的 25.5 倍。

四、语音识别心理机制的影响

认知心理学研究表明，对语言单元的处理过程，既存在顺向的序列加工模式，也存在顺向、逆向双向作用的平行分布加工（PDP）模式（M. W. 艾森克、M. T. 基恩，2004：459～479）。同样，印尼汉语二语习得者听辨汉语声母时，也存在平行分布加工模式。具体体现为声母后面的韵母对前面声母听辨的影响。前面讲到声母之间听辨偏误不对称，其中的一个规律是不送气声母被误听成送气声母的比率，高于送气声母被误听成不送气声母的比率，这主要是因为印尼初级汉语习得者最初区分送气/不送气这一对区别特征时，主要是以时长来区别的，还没有注意到音强、频率、音征、音轨等多种识别特征。而声母一旦与后面的韵母拼合，其音长很容易被后面可以随意延长的韵母影响，因此，他们很容易将短的不送气声母误听成长的送气声母。

五、汉语声母发音声学特征的影响

汉语声母发音的声学特征，往往受到后接元音逆同化作用的影响而发生很大的变化（吴宗济、林茂灿，1989：117～152）。这样，通常情况下发音不同、声学特征差别较大的两个声母或几个声母，由于受后接元音的影响而变成具有非常相似的声学特征，从而出现某一声母被误听为另一声母时，总是带有很强的韵母组合倾向性。如实验中，声母 d /t/ 被感知为 t/tʰ/ 时，超过 96% 是 d/t/ 与齐齿呼韵母的组合，而与开口呼韵母的组合不到 4%。这是因为声母 d/t/、t/tʰ/ 与齐齿呼韵母组合时，二者的声学特征变得非常相似：强度分别为 -3.5dB 和 -2dB，二者相差仅 1.5dB；中心频率分别为 4 700Hz 和 4 725Hz，二者相差仅 25Hz；音征长度分别为 25.5ms 和 33ms，二者相差仅 7.5ms。当 d/t/、t/tʰ/ 与开口呼韵母组合时，二者的声学特征则相距甚远：强度分别 -5dB 和 4.5dB，二者相差达 9.5dB；中心频率分别为 4 400 Hz 和 1 850 Hz，二者相差达 2 550 Hz；音征长度分别为 40.5 ms 和 25.5 ms，二者相差达 15ms。参见表 2 - 5（摘自吴宗济，1986：38～42）。因此，d/t/ 被误听为 t/tʰ/ 时，自然就倾向于与齐齿呼韵母组合。

　　分析这些原因的时候是分开阐述的，而实际上，它们是综合作用于印尼汉语习得者声母感知过程的。如前面图 2 - 2 所示，单从发音部位的感知偏误率看，被试感知普通话舌尖前的偏误率最大，高达 47.8%，比感知普通话舌尖后的偏误率要高出不少。这除了语内因素干扰（普通话辅音区别特征系统中，舌位前/后区别特征最不明显）外，主要由于语际因素干扰。因为汉语普通话舌尖前音 z/ts/、c/tsʰ/、s/s/ 与印尼语辅音 z印/z/、c印/ts/、s印/s/ 的发音部位距离，比汉语普通话舌尖后音 zh/tʂ/、ch/tʂʰ/、sh/ʂ/ 与印尼语辅音 z印/z/、c印/ts/、s印/s/ 的发音部位距离更接近（Marsono，1999：61～98）。根据前面的母语磁吸模型理论（Kuhl，1991；Kuhl & Iverson，1995；Kuhl et al.，2008；Conboy & Kuhl，2011），距离越近感知偏误率就越高，所以被试感知汉语普通话舌尖前音 z/ts/、c/tsʰ/、s/s/ 偏误率最高，比感知语普通话舌尖后音 zh/tʂ/、ch/tʂʰ/、sh/ʂ/ 的偏误率还要高。

表 2 - 5　声母 d - t 与不同类型韵母组合的声学特征对比

声母	后接韵母类型	强度（dB）	中心频率（Hz）	音征长度（ms）	音征走势
d/t/	齐齿呼	-3.5	4 700	25.5	升
t/tʰ/		-2	4 725	33	升
差异		1.5	25	7.5	
d/t/	开口呼	-5	4 400	40.5	降
t/tʰ/		4.5	1 850	25.5	降
差异		9.5	2 550	15	

（续上表）

声母	后接韵母类型	强度（dB）	中心频率（Hz）	音征长度（ms）	音征走势
d/t/		0	4 350	55.5	降
t/tʰ/	合口呼	−1	8 050	24	降
差异		1	3 700	31.5	

说明：表中加粗并加阴影的参数，表示差异很小。

第五节　教学对策

根据本实验研究的结果，对印尼初级汉语习得者进行汉语声母听辨教学时，除了采用一般二语语音教学中常用的对比法、带音法、图示法、夸张法等方法之外（杨惠元，1996：51～68；周小兵、李海鸥，2004：52～54），还应该采用如下专门针对印尼初级汉语习得者的汉语声母听辨教学对策。

一、制定科学的声母听辨教学顺序

根据听辨实验和多角度统计分析，对印尼初级汉语习得者进行汉语声母听辨教学时，不能沿用我们国内传统的声母教学顺序，而应该综合考虑他们感知声母时，产生的偏误类型和偏误率所体现出的声母感知难度序列（参见表2-1），以及语际、语内、标记性迁移普遍原则、语音识别心理机制、声母发音声学特征等多种因素对其声母感知的影响，制定出科学的适合他们习得特点的声母教学顺序，参见图2-6。

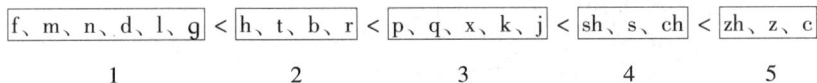

f、m、n、d、l、g	<	h、t、b、r	<	p、q、x、k、j	<	sh、s、ch	<	zh、z、c
1		2		3		4		5

图2-6　印尼汉语二语习得者汉语声母听辨教学顺序

从左至右大致分为五个等级，越靠左边的声母听辨难度越低，安排训练的时间可以越少；越靠右边的声母听辨难度越大，安排训练的时间应该越多。如 f、m、n、d、l、g 这6个声母基本不用花太多的时间进行练习；声母 h、t、b、r 的练习时间也可以适当减少；而 zh、z、c 这3个声母，不仅听辨训练的时间要长，而且听辨训练的强度要大。

二、声母对比教学网络化

对比教学是我们进行二语语音教学最常用的方法之一，但是在实际对比过程中，通常只在两个或者三个声母之间展开对比。并且对比时，双向用力大致均等。通过感知实验得出，印尼初级汉语习得者感知汉语某个声母发生偏误时：①不仅仅限于错成另外的一个或两个声母，而是错成另外多个声母，最多的达9个；②错成的多个声母的比率并不相等；③声母之间的感知偏误并不对称。因此，进行对比教学时：①要将某个声母与多个声母进行网络化对比，参见图2－7；②与不同的偏误声母进行对比时，不能平均用力；③偏误声母之间的双向对比也不能平均用力。如进行普通话声母 z/ts/感知训练时，不能只注意 z/ts/ － c/ts^h/的对比训练，也不能只注意 z/ts/ － zh/tʂ/的对比训练，而应该同时进行 z/ts/ － c/ts^h/、z/ts/ － zh/tʂ/、z/ts/ － ch/tʂ^h/、z/ts/ － sh/ʂ/、z/ts/ － s/s/等对比训练。不过，进行这些对比训练时，要有侧重，不能平均用力。比如在图2－7中，z/ts/ － c/ts^h/和 z/ts/ － zh/tʂ/的对比训练时间，应该要远远多于 z/ts/ － ch/tʂ^h/、z/ts/ － sh/ʂ/、z/ts/ － s/s/的对比训练时间。z/ts/ － sh/ʂ/的对比训练时间相对来说，又要略多于 z/ts/ － s/s/的对比训练时间。在进行 z/ts/ － c/ts^h/对比训练时，要更多地提醒学生注意不要将 z/ts/感知错成 c/ts^h/，相对来说可以少注意将c/ts^h/感知错成 z/ts/。

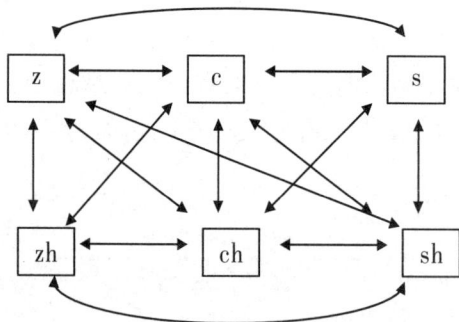

图2-7　声母之间对比听辨教学网络化示意图

三、考虑与韵母的组合情况

考虑与韵母的组合情况，指对某个声母进行听辨教学时，应该根据它与不同韵母组合来调整教学重点或难点。例如声母 d/t/，本来是一个感知难度不大的声母，但是当它与齐齿呼韵母组合时，就很容易与 t/tʰ/ 相混淆。统计发现，声母 d/t/ 的感知偏误超过 96% 发生在与齐齿呼韵母的组合上。这说明我们进行声母 d/t/ 的听辨教学时，应着重听辨 d/t/ 与 i、iao、ie、iu 等齐齿呼韵母组合的音节，而不必花大量时间听辨 d/t/ 与开口呼韵母（如 a、ao、e 等）组合的音节。特别是对同一个声母进行多向对比训练时，更要注意选择不同的韵母组合来进行。比如声母 n/n/，为了减少 n/n/→m/m/、n/n/→l/l/ 和 n/n/→r/z̩/ 等感知偏误的发生，进行 n/n/ – m/m/、n/n/ – l/l/ 和 n/n/ – r/z̩/ 对比练习时，就应该选择不同的韵母组合：为了减少 n/n/→m/m/ 的感知偏误，应选择 n/n/ 与齐齿呼韵母的组合；为了减少 n/n/→l/l/ 和 n/n/→r/z̩/ 两类感知偏误，应选择 n/n/ 与合口呼类韵母的组合。

第六节　结　论

通过对 30 位印尼初级汉语习得者单音节声母的感知实验，发现他们感知汉语单音节声母的偏误具有如下规律：①总体感知偏误率比较大；②感知偏误在不同声母、不同发音部位、不同发音方法上分布不均衡；③声母相互之间的感知偏误不对称；④声母感知偏误与韵母组合有很大关系。

产生这些偏误的主要原因包括：①语际因素干扰；②语内因素干扰；③标记性迁移普遍原则的制约；④语音识别心理机制的影响；⑤汉语声母发音声学特征的影响。

本研究为了控制其他因素的影响，实验材料全为单音节，声调以第一声为主，某个声韵组合如果没有第一声，则选择其他声调。对于双音节声母的感知规律，语流中声母的感知规律等还有待进行专门的实验研究。此外，不同的声调类别也会对声母的感知造成一定的影响，这些都有待另文进一步开展研究。

第三章　汉语二语习得者普通话单音节舌尖前/后塞擦辅音感知偏误机制

第一节　引　言

由第二章的感知实验得出，印尼初级汉语习得者感知普通话单音节声母时，4 个舌尖前/后塞擦辅音 z/ts/、c/tsʰ/、zh/tʂ/、ch/tʂʰ/的偏误率最高，均在 46.00% 以上。王秀珍（1996）研究得出，汉语 z‐c‐s、zh‐ch‐sh、j‐q‐x 三组声母是韩国人学汉语声母最主要的难点，出现的偏误也最多。王燕燕（1997）调查菲律宾华裔学生汉语发音偏误后得出：他们的声母偏误主要集中在 z/ts/、c/tsʰ/、zh/tʂ/、ch/tʂʰ/。蔡整莹、曹文（2002）研究得出，泰国学生习得汉语声母时舌尖前/后清塞擦辅音和舌面擦音的偏误也最为严重，偏误率接近或者超过 50%。朱永平（2004）调查得出，美国学生习得普通话声母时，z/ts/、c/tsʰ/、zh/tʂ/、ch/tʂʰ/的难度等级均很高。单韵鸣（2006）调查发现，老挝学生习得普通话声母时，出现问题最多的是 sh/ʂ/、x/ɕ/、z/ts/、zh/tʂ/、j/tɕ/、c/tsʰ/、ch/tʂʰ/、q/ɕʰ/。刘婧（2012）调查发现，越南汉语习得者，习得普通话辅音 zh/tʂ/、ch/tʂʰ/、sh/ʂ/、z/ts/、c/tsʰ/、j/tɕ/的问题最大。柳芭（2015）分析俄罗斯留学生汉语辅音的发音偏误后得出，z/ts/、zh/tʂ/、c/tsʰ/、ch/tʂʰ/、s/s/、sh/ʂ/6 个声母最为突出。在实际习得和生活中，不少汉语习得者常常把"最初"（zuìchū）听成或者错发成"最粗"（zuìcū），把"制作"（zhìzuò）听成或者错发成"自作"（zìzuò）。汉语二语习得者习得普通话 4 个舌尖前/后塞擦辅音出现困难时究竟难在什么地方？是发音部位难还是发音方法难？出现这些困难的深层机制是什么？目前所见文献对此考察尚不够深入，也不够全面。

Flege 的语音习得模式（1987、1993、1999）从 L1‐L2 语音相似性的角度，分析了二语语音习得难度的深层原因。"知觉同化模型"理论主要以发音态势为基础，从二语习得者的二语语音项目与其母语语音系统中相似音位范畴的不同类比模式角度，对语音习得的难度进行了解释（Best et al.，1988；Best，1991；

Best，1995；Best et al.，2011）。母语磁吸模型理论主要根据习得者的非母语语音与母语音位原型在实际声学空间的分布距离大小，分析了不同语音习得难度的原因（Kuhl，1991；Kuhl & Iverson，1995；Kuhl et al.，2008；Conboy & Kuhl，2011）。

张家騄（1978）比较汉语、英语、日语母语被试感知其母语辅音的结果表明：不同的语言中，物理特性差别较大的语音特征——发音方法，在言语知觉中占优势。即被试感知母语辅音时，在发音方法上的感知错误率明显小于在发音部位上的感知错误率。

张家騄（2005、2006）根据 Jakobson、Fant & Halle（1952：3~8）等提出的区别特征理论，归纳出的普通话声母区别特征系统及其树状图显示，普通话 4 个舌尖前/后塞擦辅音之间的区别主要在于送气的（Aspirated）和集聚的（Compact）两大区别特征。其中，送气的区别特征主要用于区分不送气/送气两种不同发音方法，集聚的区别特征主要用于区分舌尖前/后不同的发音部位。并且，送气的区别特征在区别特征系统树状图中的层级位置（第五级）远远高于集聚的区别特征在区别特征系统树状图中的层级位置（第一级）。参见表 3-1 和第二章的图 2-1。

表 3-1　普通话 4 个舌尖前/后塞擦辅音的区别特征

区别特征	zh/tʂ/	ch/tʂʰ/	z/ts/	c/tsʰ/
送气的	−	+	−	+
集聚的	+	+	−	−

说明："+"表示送气，"−"表示不送气。

生理语音研究结果显示，辅音的靠前性（Contact Anteriority）指数是标志辅音舌位前后的主要参数，该数值越大，表明辅音的舌位越靠前。而 CC 描述舌腭接触的集中性，即舌与上腭之间接触的宽度，CC 值越大，说明舌与齿龈或硬腭之间的间隙越窄；CD（Constraint Degree）为受限度或约束度，CD = 1/sum Std.，其中 sum Std. 是 CA、CC 两者标准差之和，反映了辅音在协同发音中舌位前后和高低的综合变化程度。CD 与 sum Std. 互为倒数，CD 值越小，说明该辅音活动范围越大，受限度越低（Fletcher，1982）。鲍怀翘、郑玉玲（2011）用动态腭位仪统计得出普通话辅音 z/ts/、c/tsʰ/、j/tɕ/、q/tɕʰ/、zh/tʂ/、ch/tʂʰ/之间的相对舌位关系为：舌尖前辅音最靠前，舌尖后辅音最靠后，舌面辅音位于舌尖前/后辅音之间；舌尖前辅音中，送气辅音 c/tsʰ/比不送气辅音 z/ts/更靠前；舌尖后辅音中，送气辅音 ch/tʂʰ/比不送气辅音 zh/tʂ/更靠后。c/tsʰ/的 sum Std. 最大（0.17），CD = 1/sum Std. 值为最小，是表 3-2 中辅音活动范围最大、受限程度最低的；反之如 z/ts/、j/tɕ/、q/tɕʰ/的 CD 值大，是活动范围小的辅音，因而稳定度比较高，参见表 3 - 2。

表 3 - 2　普通话舌尖前/后、舌面塞擦辅音的 CA、CC、CD 对比①

Phone	CA		CC		1/CD
	Mean	Std.	Mean	Std.	su/u/m Std.
z	0.93	0.03	0.42	0.09	0.12
c	0.86	0.06	0.44	0.11	0.17
j	0.85	0.01	0.79	0.04	0.05
q	0.80	0.05	0.77	0.02	0.07
zh	0.75	0.03	0.42	0.09	0.12
ch	0.76	0.03	0.42	0.09	0.12

本书借鉴上述研究成果，以音系对比为基础，选取初、中、高 3 种不同汉语水平的印尼汉语习得者为被试，通过设计感知实验，具体考察如下几个问题：①印尼习得者感知普通话 4 个舌尖前/后塞擦辅音时究竟是难在发音部位区别感知上，还是难在发音方法的区别感知上？②这两方面的感知偏误率随习得者汉语水平的提高有何变化？③印尼习得者感知普通话 4 个辅音时，不同类别辅音在发音部位和发音方法两个方面的偏误率是否存在显著差异？

第二节　汉语普通话与印尼语辅音系统对比

一、宏观对比

宏观对比指将汉语普通话与印尼语两种语言辅音系统的发音部位和发音方法进行对比。综合第二章表 2 - 3 和表 2 - 4 的对比结果，可以看出：在发音部位上，两种语言的辅音系统都使用了双唇、唇齿、舌尖中、舌面和舌根五大发音部位。但是普通话还使用了舌尖前/后两个对立的发音部位，而印尼语没有；印尼语使用了舌叶和喉两大发音部位，而普通话没有。在发音方法上，两种语言的辅

---

　　① 引自鲍怀翘，郑玉玲. 普通话动态腭位研究. 南京师范大学文学院学报，2011（3）：1 - 11.

音都有塞、塞擦、摩擦、鼻、边、颤、清、浊等发音方法。但是普通话有送气/不送气的音位对立，而印尼语没有；印尼语有清/浊音位对立，而普通话没有（Marsono，1999：61~98；梁敏和，1995：2~3），参见表3-3。

表3-3　汉语普通话和印尼语辅音系统宏观对比

语种	发音部位		发音方法	
	相同	不同	相同	不同
汉语	双唇、唇齿、舌尖中、舌面和舌根	舌尖前/后对立	塞、塞擦、摩擦；鼻、边、颤；清、浊	送气/不送气对立
印尼语		舌叶和喉		清/浊对立

（注：汉语"不同"列为"—"于"相同"；发音方法汉语"相同"为"—"；印尼语"相同"为"—"，"不同"为"—"）

根据这一对比结果，结合前面提到的"知觉同化模型"理论（Best et al.，1988；Best，1991；Best，1995；Best et al.，2011），我们可以作出如下预测：印尼习得者感知普通话6个舌尖前/后辅音时，对塞擦/摩擦发音方法的区分感知，相当于TC型同化模式感知。对舌尖前/后发音部位和送气/不送气发音方法两方面的区分感知，则相当于SC型同化模式感知。因此，他们对普通话辅音塞擦/摩擦发音方法的区分感知不会感到困难，而对舌尖前/后发音部位和送气/不送气发音方法两方面的区分感知则会感到很困难。为此，本书研究只以普通话4个舌尖前/后塞擦辅音z/ts/、c/tsʰ/、zh/tʂ/、ch/tʂʰ/为实验目标辅音。

二、微观对比

微观对比指在宏观对比的基础上，将汉语普通话4个舌尖前/后塞擦辅音与印尼语的相似辅音从书写形式、发音部位、发音方法等方面进行详尽的对比，具体结果见表3-4。

表3-4　普通话4个舌尖前/后塞擦辅音与印尼语相似辅音微观对比

语种	辅音	例字	书写	发音部位	发音方法	
					清/浊	送气/不送气
汉语	z/ts/	zā	+	舌尖—齿背	清+	不送气
印尼语	z印/z/	za	+	舌尖—齿龈	浊-	与送气相似

（续上表）

语种	辅音	例字	书写	发音部位	发音方法	
					清/浊	送气/不送气
汉语	c/ts^h/	cā	+	舌尖—齿背	清 +	送气
印尼语	c$_{印}$/ts/	cara	+	舌叶—齿龈	清 +	与不送气相似
汉语	zh/tʂ/	zhā		舌尖—硬腭	清 +	不送气
汉语	ch/tʂ^h/	chā		舌尖—硬腭	清 +	送气

说明："＋"表示相同。

从表3-4可以看出，在书写形式上，印尼语辅音 z$_{印}$/z/、c$_{印}$/ts/跟普通话的
z/ts/、c/ts^h/完全对应相同①，跟普通话的 zh/tʂ/、ch/tʂ^h/也对应相似；在发音部
位上，上述两个印尼语辅音跟普通话 z/ts/、c/ts^h/的发音部位非常接近，跟普通
话 zh/tʂ/、ch/tʂ^h/的发音部位也比较接近；在送气/不送气发音方法上，印尼语
辅音 c$_{印}$/ts/跟普通话的 z/ts/、zh/tʂ/很相似，印尼语辅音 z$_{印}$/z/跟普通话的
c/ts^h/、ch/tʂ^h/也有点相似。由此可以推断，印尼语辅音 z$_{印}$/z/、c$_{印}$/ts/在被试感
知普通话4个舌尖前/后塞擦辅音过程中，充当着母语"感知磁石"的作用。它
们在发音部位上的位置距离可以大致如图3-1所示。

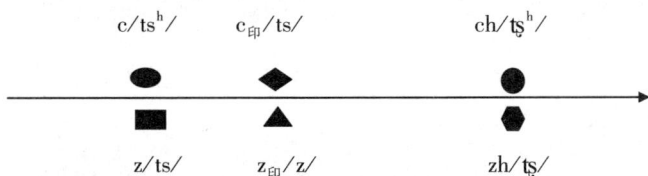

图3-1 普通话舌尖前/后塞擦辅音与印尼语相似辅音发音部位相对距离

根据上面的宏观对比结果和普通话辅音自身的区别特征系统树状图（张家
骅，2006），我们可以预测辅音清/浊的感知区分，对印尼汉语习得者来说不会有
困难，因此，本感知实验重点考察习得者感知该4个辅音时，在舌尖前/后发音
部位和送气/不送气发音方法上的偏误情况。②

————————————

① 由于印尼语和汉语普通话有些辅音和元音的书写形式一样，因此全书将用下加脚标以
示区别。
② 下文提到的发音部位，如未作特别说明，均指舌尖前/后，不包括双唇、舌面、舌根
等；类似地，下文提到的发音方法，如未作特别说明，均指送气/不送气，不包括塞擦、摩擦
等发音方法。余不一一说明。

第三节　实验方法与过程

一、实验设计

本实验采用 3×4×2 三因素混合设计。其中，3 种汉语水平因素为被试间因素、4 个水平的不同辅音类别因素和 2 个水平的偏误类别因素均为被试内因素。3 种汉语水平因素包括初级、中级和高级；4 个水平的不同辅音类别因素包括舌尖前送气、舌尖前不送气、舌尖后送气、舌尖后不送气；2 个水平的偏误类别因素包括发音部位感知偏误和发音方法感知偏误。

二、实验材料

（一）音节选择原则

感知材料包括 180 个普通话单音节①。其中 96 个为实验目标音节，另外 84 个为非实验目标音节②。实验目标音节指声母为普通话舌尖前/后塞擦辅音 z/ts/、c/tsʰ/、zh/tʂ/、ch/tʂʰ/的音节（如 chù），非实验目标音节指声母不是上述 4 个辅音的音节（如 jī）。此外，为了控制韵母和声调对被试感知辅音的影响，选取音节时遵循了如下原则：①每个辅音与 3 类单元音 ɑ/A/、–i（/ɤ/、/ʅ/）、u/u/的组合齐备，且各类辅—元组合出现的频次相等；②每一辅—元组合与 4 类声调均等搭配；③ 4 个辅音在实验中出现的总频次相同，均为 24 频次（＝3 类单元音×4 类声调×2 重复）；④非实验目标音节的韵母亦为单韵母（ɑ/A/、i/i/、ü/y/等）。

（二）感知材料的录制

180 个单音节选取出来进行随机排列后，还进行了一次人工调整，以保证每个音节的另外一次重现不连续排列。为了让感知实验尽量接近实际，本实验没有选用仪器合成音，均为真人朗读发音。发音人为普通话水平达到一级甲等的两位中国大学生，含男、女生各 1 人，即每个音节男、女生各朗读 1 遍。全部录音用电脑和 Cool Edit 软件在录音室完成。

---

① 感知材料均为单音节，可以避免音节之间的干扰。

② 选取非实验目标音节，一是便于对音节进行随机排列；二是避免被试意识到正在接受上述 4 个辅音的专项感知实验，进而避免被试猜测作答。

三、被试对象

47 名印尼非华裔汉语习得者参与了实验，为避免男、女性别差异可能给实验带来的影响，被试保持了男、女性别的平衡，同时对于所在班级与其实际汉语语音水平相差悬殊的个别被试，根据其平时口语考试成绩做了适当调整。最终纳入统计的被试总共为 42 名。其中初级被试男、女生各 9 人，习得汉语时间在 2 个月以上、6 个月以下；中级被试男、女生各 7 人，习得汉语时间在 12 个月以上、24 个月以下；高级被试男、女生各 5 人，习得汉语时间在 24 个月以上。男、女生合计各 21 人，年龄都在 20～30 岁。所有被试听力报告均为正常。

四、实验过程

整个实验为被试在电脑上按键操作，即将 21 个声母分组、有序地同时呈现在电脑屏幕上，被试听到某个声音后，只要点击自己认为正确的某个辅音的激活区，电脑就可以自动记录其选择的答案。在下一个不同音节的录音播放前，被试可以修改自己当前的作答结果，电脑会自动同步记录其修改结果。正式实验开始前，先给被试 5 分钟的感知练习，同时给被试讲解作答的方法、要求和流程。正式实验过程中，同一音节的男、女生朗读发音之间播放间隔时间为 2 秒，不同音节的录音播放间隔时间为 3 秒。各音节另外一次重复也当作不同音节播放。前后历时 24 分 19 秒。每位被试的实验结果自动记录后导入在 Excel 表中。

五、数据统计

数据统计主要从如下两个方面进行：
（一）不同类别辅音的偏误率
这实际是从被试感知偏误发生的源头进行统计，即哪一类辅音容易出现感知偏误。本研究所包括的 4 个普通话辅音，从发音部位的角度可以分为舌尖前、舌尖后两类，从发音方法的角度可以分为送气、不送气两类，这两种分类之间有交叉关系。因此，统计过程中采取了层级分类法：第一层从发音部位的角度分为舌尖前、舌尖后两类，第二层从发音方法角度将第一层中的舌尖前、舌尖后两类各自分为不送气和送气两小类。本研究的 4 个辅音归类如图 3 – 2 所示。

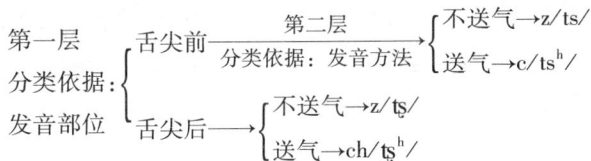

图 3 - 2　不同类别辅音分类图示

（二）感知偏误结果的类别及其出现率

感知偏误结果的类别即被试感知某个音出现偏误后，究竟错在什么地方？被试的感知偏误有时是错在发音部位上，有时是错在发音方法上，有时是发音部位和发音方法两个方面同时感知出错。其中发音部位上的偏误结果，又包括舌位感知由前偏后和由后偏前两小类；发音方法上的偏误结果，也包括将不送气错为送气和将送气错为不送气两小类。被试的感知偏误结果归类如图 3 - 3 所示。

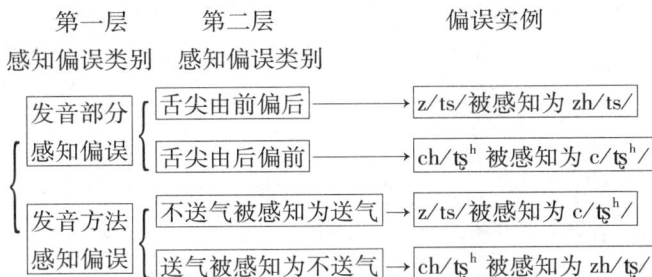

图 3 - 3　被试感知偏误结果类别图示

首先将被试感知 4 类辅音时出现的偏误，分为发音部位感知偏误和发音方法感知偏误两小类。然后分别计算每一被试各类别辅音的发音部位感知偏误率和发音方法感知偏误率。鲍怀翘、郑玉玲 （2011） 的研究表明，普通话舌面辅音 j/tɕ/、q/tɕʰ/的靠前性指数正好位于普通话舌尖前/后辅音之间。因此，被试将舌尖前/后辅音感知为舌面辅音均算作发音部位感知错误。每一被试某一类别辅音的发音部位感知偏误率＝被试感知该类辅音发音部位出错的总频次/该类辅音在实验中出现的总频次。发音方法的偏误率计算方法类同。因此，z/ts/被感知为 j/tɕ/算作舌尖由前偏后类偏误；而 ch/tʂʰ/被感知为 q/tɕʰ/则算作舌尖由后偏前类偏误。类似地，z/ts/被感知为 q/tɕʰ/算作不送气误为送气类偏误；ch/tʂʰ/被感知为 j/tɕ/则算作送气误为不送气类偏误。某一被试感知某个辅音时，如果只某一方面感知出错就只记 1 分，如将 z/ts/感知为 zh/tʂ/或 c/tsʰ/，都只记 1 分；如果在舌位感知和发音方法感知两个方面同时出错，则记为 2 分。如将 z/ts/感知为 ch/tʂʰ/，或将 zh/tʂ/感知为 c/tsʰ/，都记 2 分。某一被试某一辅音的偏误率＝

（该辅音舌位感知的错误得分＋该辅音发音方法感知的错误得分）／（该辅音在实验中出现的频率×2）。某一级别被试某一辅音的偏误率＝（某一级别全体被试对该辅音舌位感知的错误得分＋该辅音发音方法感知的错误得分）／（该辅音在实验中出现的频率×某一级别被试总数×2）。

第四节　实验结果

一、整体感知偏误类型及其变化趋势

感知偏误类型指某个辅音在感知过程中被感知成其他辅音的种类。偏误类型随被试级别的变化表现为：从初级到中级，偏误类型减少比较明显，从中级到高级，偏误类型减少不大。其中辅音 z/ts/、c/tsʰ/、zh/tʂ/ 的偏误类型，从初级到中级减少尤为明显；ch/tʂʰ/ 的偏误类型，从初级到中级乃至高级变化均不明显，参见图 3－4。

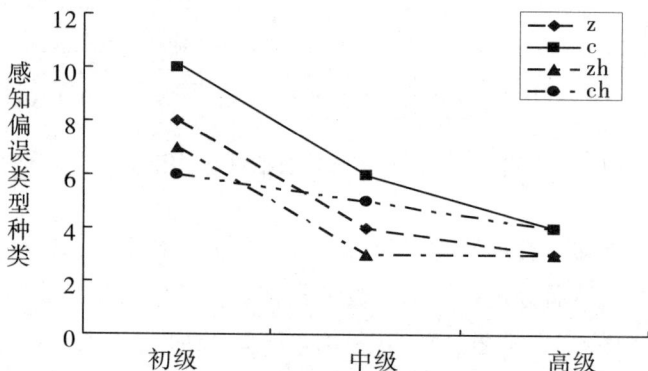

图 3－4　舌尖前/后塞擦辅音的偏误类型及其变化

二、每个辅音各感知偏误类型的比例及其变化趋势

在考察被试感知某一个舌尖前/后辅音究竟偏误成了其他哪几类辅音的基础上，下面将重点考察这些偏误成的不同类别辅音占该辅音总偏误的比例是多少；上述偏误结果随被试汉语水平的提高有无变化；如果有变化，其变化趋势如何。

（一）辅音 z/ts/ 各感知偏误类型的比例及其变化趋势

辅音 z/ts/ 初级学生将其错误地感知为 c/tsʰ/、s/s/、zh/tʂ/、ch/tʂʰ/、sh/ʂ/、

j/tɕ/、q/tɕʰ/、d/t/8 类偏误辅音。其中 ch/tʂʰ/、sh/ʂ/、q/tɕʰ/、d/t/4 类偏误中级时基本得到纠正；s/s/类偏误，中级消失后高级又偶有反复；j/tɕ/类偏误占z/ts/总体偏误的比例中级略有下降后高级又有上升趋势；c/tsʰ/类偏误在初级阶段占总体感知偏误的比例最大，但是在中、高级阶段所占比例不断下降；zh/tʂ/类偏误从初级持续到高级，并在中、高级阶段占 z/ts/总体感知偏误的比例猛增到 70% 以上，参见图 3 - 5。这一结果说明：辅音 z/ts/的感知偏误初级阶段舌位前/后混淆和送气/不送气混淆几乎并行存在，中、高级阶段则以舌位前/后混淆为主。

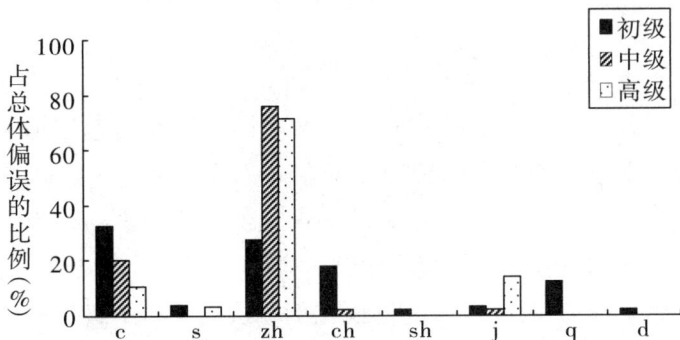

图 3 - 5　z/ts/各感知偏误类型所占比例及其变化

1. z/ts/→c/tsʰ/感知偏误类型

统计结果还显示，z/ts/→c/tsʰ/感知偏误类型占辅音 z/ts/总体偏误的比例①在不断下降。但是，如果更进一步考察该偏误类型在 ɑ/A/、 - i/ɣ/、u/u/ 3 组元音上的分布，则可以看出：z/ts/与 ɑ/A/组合的偏误比例，从初级→中级→高级，下降非常显著，而且到高级时，完全消除；z/ts/与 - i/ɣ/组合的偏误比例，从初级→中级→高级，基本没有变化；而 z/ts/与 u/u/组合的偏误比例，从初级→中级→高级，不但没有下降，反而呈现明显的上升趋势。由此说明，帮助习得者克服 z/ts/→c/tsʰ/类偏误，重在强化 z/ts/与元音 u/u/组合的训练；另外也要适当注意 z/ts/与元音 - i/ɣ/组合的训练。详见图 3 - 6。

---

① 这里的比例不是全部的偏误率，而是该类偏误占某一阶段某类辅音总偏误的比例，以下均同。

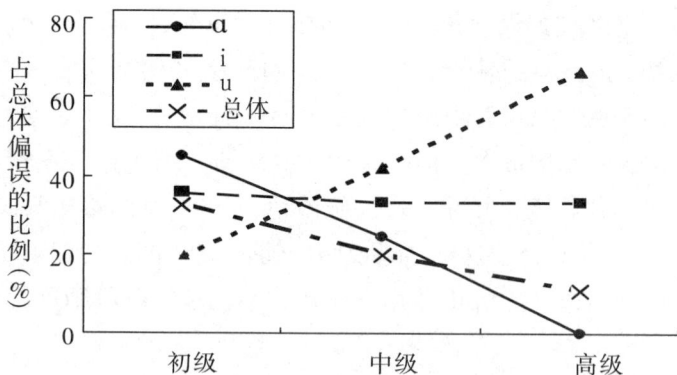

图 3-6   z/ts/→c/tsʰ感知偏误类型变化趋势

2. z/ts/→zh/tʂ/感知偏误类型

该偏误类型占 z/ts/总体偏误的比例，初级→中级在迅速增加，中级→高级略有下降。如果更进一步考察该偏误类型在 ɑ/A/、-i/ɣ/、u/u/ 3 组元音上的分布，则可以看出：z/ts/与 ɑ/A/组合的偏误比例，从初级→中级→高级基本没有变化；而 z/ts/与 -i/ɣ/组合的偏误比例，初级→中级→高级一直持续下降，而且非常明显；而 z/ts/与 u/u/组合的偏误比例，从初级→中级→高级一直呈现明显的上升趋势。由此说明，帮助习得者克服 z/ts/→zh/tʂ/类偏误，重在强化 z/ts/与元音 u/u/组合的训练，详见图 3-7。

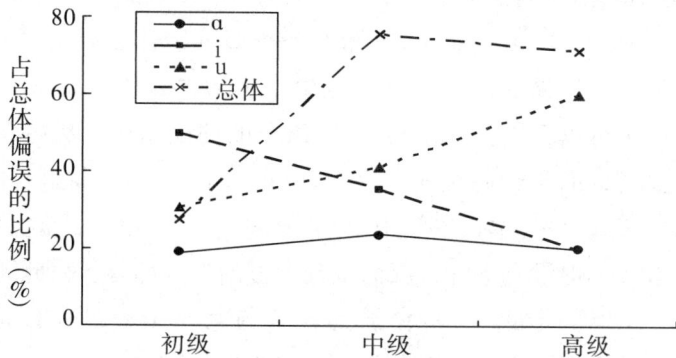

图 3-7   z/ts/→zh/tʂ/感知偏误类型变化趋势

3. z/ts/→j/tɕ/感知偏误类型

该偏误类型占辅音 z/ts/总体偏误的比例，初级→中级基本没有变化，中级→高级则呈现上升趋势。如果考察该偏误类型在 ɑ/A/、-i/ɣ/、u/u/ 3 组元音上的分布，则可以看出：z/ts/与 ɑ/A/组合的偏误比例，从初级→中级，显著下降，而且到高级时完全消除；z/ts/与 -i/ɣ/组合的偏误比例，从初级→中级，上升非常显著，中级→高级，略呈下降趋势；z/ts/与 u/u/组合的偏误比例，初级→中级，有一定下降，可是中级→高级，又有反复。由此说明，帮助习得者克服 z/ts/→j/tɕ/类偏误，重在强化 z/ts/与元音 −i/ɿ/组合的训练，参见图 3 −8。

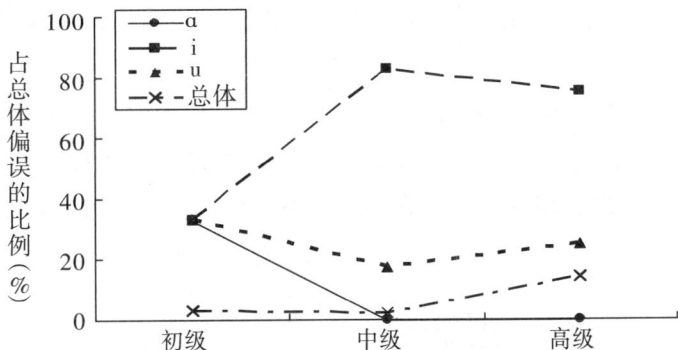

图 3 −8　z/ts/→j/tɕ/感知偏误类型变化趋势

（二）辅音 c/tsʰ/各感知偏误类型的比例及其变化趋势

辅音 c/tsʰ/初级被试将其错误地感知为 z/ts/、s/s/、zh/tʂ/、ch/tʂʰ/、sh/ʂ/、j/tɕ/、q/tɕʰ/、x/ɕ/、d/t/、t/tʰ/10 类偏误辅音。其中 sh/ʂ/、j/tɕ/、q/tɕʰ/、x/ɕ/、d/t/、t/tʰ/6 类偏误中级时基本得到纠正。zh/tʂ/类偏误中、高级才出现，不过所占比例均很小；z/ts/、s/s/2 类偏误，虽然初、中、高 3 级都存在，但占 c/tsʰ/总体偏误的比例不仅数量小，而且在持续下降。ch/tʂʰ/类偏误在初、中、高各阶段占 c/tsʰ/总体偏误的比例不仅数量大，而且一直在持续增加，参见图 3 −9。这一结果说明：辅音 c/tsʰ/的感知偏误始终以舌位前/后混淆为主。

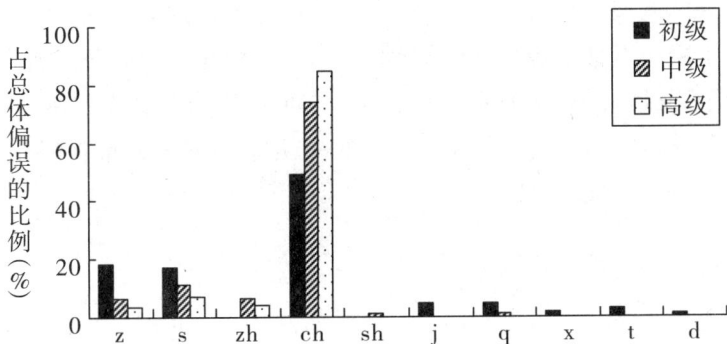

图 3 −9　c/tsʰ/各感知偏误类型所占比例及其变化

图 3 −9 显示，z/ts/、s/s/、ch/tʂʰ/3 类偏误，初级→中级→高级一直持续发生，是辅音 c/tsʰ/发生感知偏误的主要类型，值得我们进一步加以分析。

1. c/ts^h/→ch/tʂ^h/感知偏误类型

该偏误类型占 c/ts^h/总体偏误的比例，初级→中级→高级持续增加，初级→中级增加尤其明显。如果进一步考察该偏误类型在 ɑ/A/、−i/ɤ/、u/u/3 组元音上的分布，则可以看出：c/ts^h/与 ɑ/A/组合的偏误比例，初级→中级有很大的下降，但是中级→高级阶段又有所增加；c/ts^h/与 −i/ɤ/组合的偏误比例，初级→中级阶段，基本没有变化，中级→高级阶段有一定的下降，但是仍然存在；而 c/ts^h/与 u/u/组合的偏误比例，初级→中级阶段，不但没有下降，反而呈现明显的上升趋势，中级→高级阶段仍然维持比较高的比例。由此说明，帮助习得者克服 c/ts^h/→ch/tʂ^h/类感知偏误，重在强化 c/ts^h/与元音 ɑ/A/和 u/u/组合的训练，参见图 3 − 10。

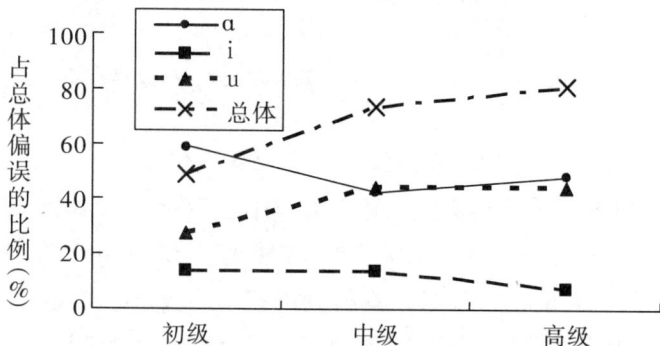

图 3 − 10　c/ts^h/→ch/tʂ^h/感知偏误类型变化趋势

2. c/ts^h/→z/ts/感知偏误类型

该偏误类型在 c/ts^h/总体偏误中的比例不大，初级→中级→高级在持续下降。如果考察该偏误类型在 ɑ/A/、−i/ɤ/、u/u/ 3 组元音上的分布，则可以看出，初级→中级→高级，c/ts^h/与 ɑ/A/、−i/ɤ/ 元音组合的偏误比例在持续下降，而且到了高级阶段完全消除；而 c/ts^h/与 u/u/组合的偏误比例一直在持续上升。由此说明，帮助习得者克服 c/ts^h/→z/ts/类感知偏误，重在强化 c/ts^h/与元音 u/u/组合的训练，参见图 3 −11。

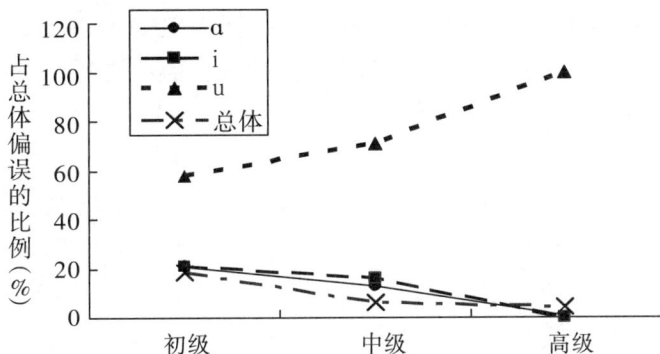

图 3 - 11　c/tsʰ/→z/ts/感知偏误类型变化趋势

3. c/tsʰ/→s/s/感知偏误类型

该偏误类型在辅音 c/tsʰ/总体偏误中的比例，初级→中级→高级在持续下降。如果进一步考察该偏误类型在 ɑ/A/、−i/ʅ/、u/u/ 3 组元音上的分布，则可以看出，不论是初级、中级还是高级，该偏误类型都只是发生在 c/tsʰ/与 −i/ʅ/元音组合上，与元音 ɑ/A/、u/u/组合时，则不会产生该类偏误。由此说明，帮助习得者克服 c/tsʰ/→s/s/类感知偏误，重在强化 c/tsʰ/与元音 −i/ʅ/组合的训练，参见图 3 - 12。

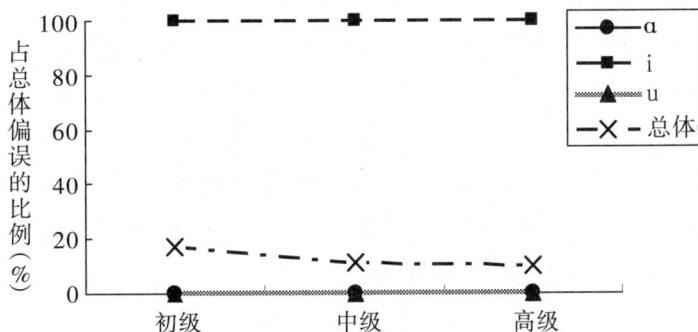

图 3 - 12　c/tsʰ/→s/s/感知偏误类型变化趋势

（三）辅音 zh/tʂ/各感知偏误类型的比例及其变化趋势

辅音 zh/tʂ/初级学生将其错误地感知为 z/ts/、c/tsʰ/、ch/tʂʰ/、sh/ʂ/、j/tɕ/、q/tɕʰ/、l/l/7 类辅音，其中 sh/ʂ/、j/tɕ/、q/tɕʰ/、l/l/4 类偏误在中级时得到纠正。z/ts/、c/tsʰ/、ch/tʂʰ/3 类偏误在初、中、高三级时持续存在，但是变化趋势有较大差异：c/tsʰ/类偏误在初级时占 zh/tʂ/总体感知偏误的比例最大，但初→中阶段下降明显，中→高阶段下降不明显；ch/tʂʰ/类偏误所占比例初→中阶段下降不明显，中→高阶段下降明显；z/ts/类偏误尽管初级比较少，但是在中、高级阶段占 zh/tʂ/总体感知偏误的比例最大，参见图 3 − 13。这一结果说明：zh/tʂ/的感知偏误初、中级阶段舌位前/后混淆和送气/不送气混淆并存，高级阶段则以舌位前/后混淆为主。

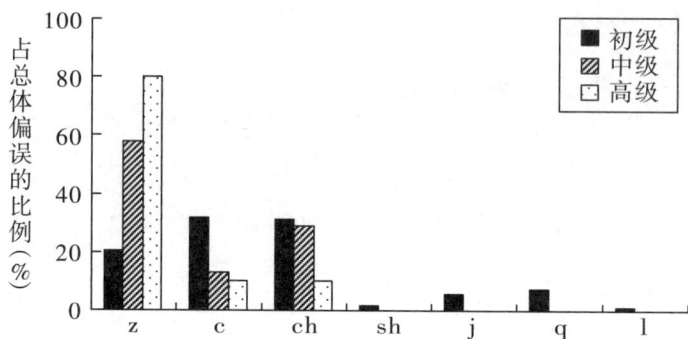

图 3 − 13　zh/tʂ/各感知偏误类型所占比例及其变化

图 3 − 13 显示，z/ts/、c/tsʰ/、ch/tʂʰ/ 3 类偏误，初级→中级→高级一直持续发生，是辅音 zh/tʂ/发生感知偏误的主要类型，下面进一步加以分析。

1. zh/tʂ/→z/ts/感知偏误类型

该偏误类型占辅音 zh/tʂ/总体偏误的比例，初级→中级→高级一直持续上升，并且增加非常明显。如果进一步考察该偏误类型在 ɑ/A/、− i/ɤ/、u/u/ 3 组元音上的分布，则可以看出，zh/tʂ/与 ɑ/A/组合的偏误比例，初级→中级阶段上升非常明显，中级→高级阶段呈现一定的下降趋势；zh/tʂ/与 − i/ɤ/、u/u/组合的偏误比例，初级→中级阶段，呈现一定的下降趋势，但是到中级→高级阶段，又出现了回升趋势；并且 zh/tʂ/与 u/u/组合的偏误比例，要高于与 − i/ɤ/组合的偏误比例。由此说明，帮助习得者克服 zh/tʂ/→z/ts/类感知偏误，重在强化 zh/tʂ/与元音 ɑ/A/组合的训练，参见图 3 − 14。

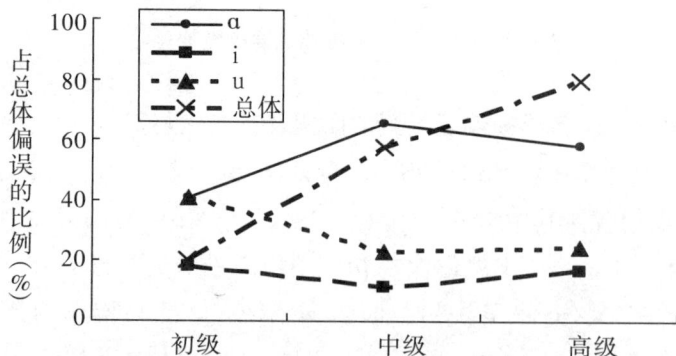

图 3 − 14　zh/tʂ/→z/ts/感知偏误类型变化趋势

2. zh/tʂ/→ch/tʂʰ/感知偏误类型

该偏误类型占辅音 zh/tʂ/总体偏误中的比例初级→中级→高级在持续下降。如果进一步考察该偏误类型在 ɑ/A/、−i/ʅ/、u/u/ 3 组元音上的分布，则表现为：zh/tʂ/与 ɑ/A/组合的偏误比例，初级→中级→高级一直在下降，到了高级阶段接近消除；zh/tʂ/与 −i/ʅ/组合的偏误比例，初级→中级阶段上升非常明显，但是到了高级阶段明显下降；zh/tʂ/与 u/u/组合的偏误比例，初级→中级→高级一直在持续上升，而且成为高级阶段 zh/tʂ/→ch/tʂʰ/偏误的主要偏误来源。由此说明，帮助习得者克服 zh/tʂ/→ch/tʂʰ/类感知偏误，重在强化 zh/tʂ/与元音 u/u/组合的训练，中级阶段也要注意强化与元音 −i/ʅ/组合的训练，参见图 3 − 15。

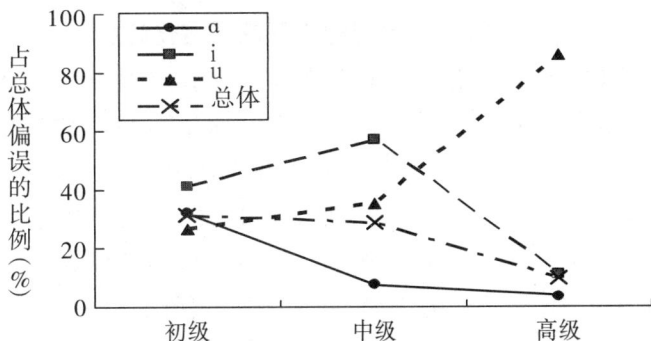

图 3 − 15　zh/tʂ/→ch/tʂʰ/**感知偏误类型变化趋势**

3. zh/tʂ/→c/tsʰ/感知偏误类型

该偏误类型在辅音 c/tsʰ/总体偏误中的比例，初级→中级→高级一直在持续下降。如果进一步考察该偏误类型在 ɑ/A/、−i/ʅ/、u/u/ 3 组元音上的分布，则表现为如下特点：zh/tʂ/与元音 ɑ/A/、−i/ʅ/组合的偏误比例，初级→中级→高级一直都在持续下降，但是 zh/tʂ/与 ɑ/A/组合的偏误比例，始终高于与 −i/ʅ/组合的偏误比例；zh/tʂ/与 u/u/组合的偏误比例，初级→中级→高级一直在持续上升，并且中级→高级阶段上升尤为显著。由此说明，帮助习得者克服 zh/tʂ/→c/tsʰ/类感知偏误，要同时强化 zh/tʂ/与元音 ɑ/A/和 u/u/组合的训练，高级阶段尤其要注意强化与元音 u/u/组合的训练，参见图 3 − 16。

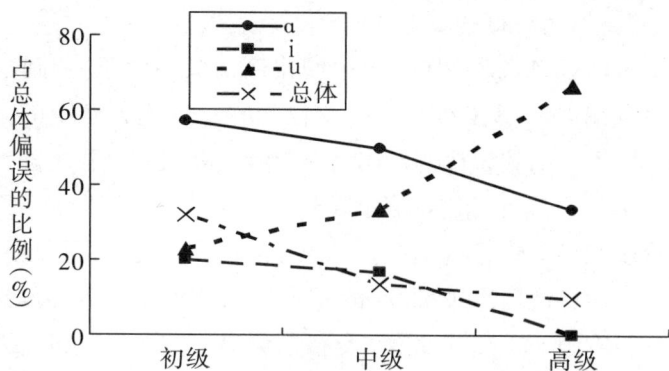

图 3 – 16　zh/tʂ/→c/tsʰ/感知偏误类型变化趋势

（四）辅音 ch/tʂʰ/各感知偏误类型的比例及其变化趋势

初级学生将辅音 ch/tʂʰ/错误地感知为 z/ts/、c/tsʰ/、s/s/、zh/tʂ/、sh/ʂ/、j/tɕ/、q/tɕʰ/7 类偏误辅音。其中 z/ts/、s/s/、q/tɕʰ/3 类偏误在中级时基本得到纠正。j/tɕ/类偏误中级得到纠正后高级又略有反弹，不过占 ch/tʂʰ/总体感知偏误的比例很小。c/tsʰ/、zh/tʂ/、sh/ʂ/3 类偏误初、中、高三级持续存在，但是变化趋势不同：zh/tʂ/、sh/ʂ/2 类偏误所占 ch/tʂʰ/总体感知偏误的比例持续下降，不过 zh/tʂ/类偏误所占比例始终比较大，sh/ʂ/类偏误所占比例始终比较小；c/tsʰ/类偏误所占比例则在持续增加，并且始终比较大，参见图 3 – 17。这一结果说明：zh/tʂ/的感知偏误，送气/不送气混淆和舌位前/后混淆在初、中、高各阶段几乎同时并存。

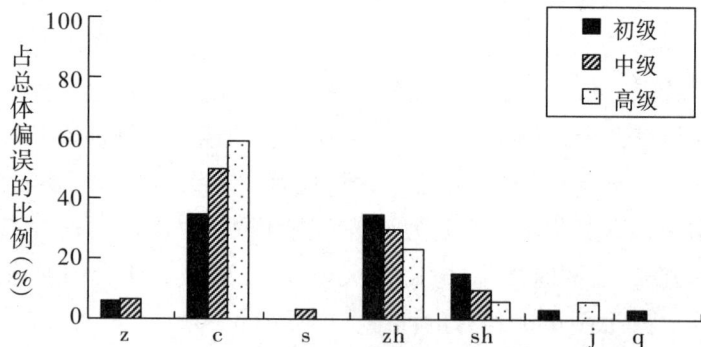

图 3 – 17　ch/tʂʰ/各感知偏误类型所占比例及其变化

图 3 – 17 显示，c/tsʰ/、zh/tʂ/、sh/ʂ/ 3 类偏误，初级→中级→高级一直持续发生，是辅音 ch/tʂʰ/发生感知偏误的主要类型，下面进一步加以分析：

1. ch/tʂʰ/→c/tsʰ/感知偏误类型

该偏误类型在 ch/tʂʰ/总体偏误中的比例，初级→中级→高级一直持续上升，而且增加非常明显。如果进一步考察该偏误类型在 ɑ/A/、−i/ʅ/、u/u/3 组元音上的分布，则可以看出：ch/tʂʰ/与 ɑ/A/组合的偏误比例，初级→中级→高级一直在持续下降；ch/tʂʰ/与−i/ʅ/组合的偏误比例，初级→中级阶段呈现一定的上升趋势，但是到了中级→高级阶段，则处于停滞状态；ch/tʂʰ/与 u/u/组合的偏误比例，初级→中级略有下降，中级→高级又迅速上升，并始终占很大的比例。由此说明，帮助习得者克服 ch/tʂʰ/→c/tsʰ/类感知偏误，主要是强化 ch/tʂʰ/与元音 u/u/组合的训练，参见图 3−18。

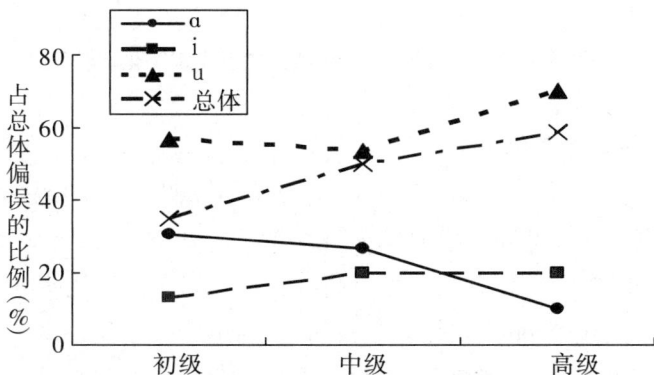

图 3−18　ch/tʂʰ/→c/tsʰ/感知偏误类型变化趋势

2. ch/tʂʰ/→zh/tʂ/感知偏误类型

该偏误类型在辅音 ch/tʂʰ/总体偏误中的比例，初级→中级→高级一直持续下降，不过下降不太明显。如果进一步考察该偏误类型在 ɑ/A/、−i/ʅ/、u/u/ 3 组元音上的分布，则可以看出，ch/tʂʰ/与 ɑ/A/组合时不会发生此类偏误；ch/tʂʰ/与−i/ʅ/组合时，此偏误的比例初级→中级→高级一直持续上升；ch/tʂʰ/与 u/u/组合时，此偏误的比例初级→中级→高级一直持续下降，但是即使到了高级阶段，仍然没有消除，并占有较大比例。这说明，帮助学生克服 ch/tʂʰ/→zh/tʂ/感知偏误类型，重在加强 ch/tʂʰ/与元音−i/ʅ/、u/u/组合的训练。高级阶段尤其要注意 ch/tʂʰ/与元音−i/ʅ/组合的训练，参见图 3−19。

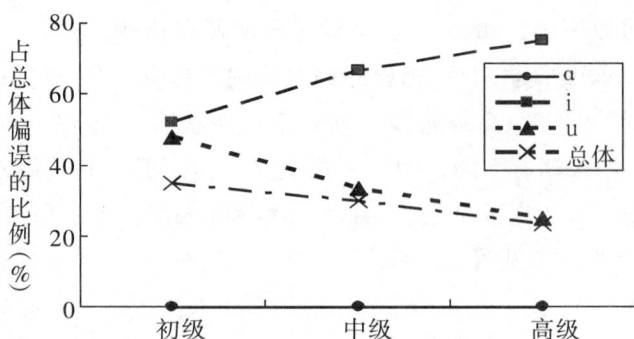

图 3 - 19   ch/tʂʰ/→zh/tʂ/感知偏误类型变化趋势

3. ch/tʂʰ/→sh/ʂ/感知偏误类型

该偏误类型在辅音 ch/tʂʰ/总体偏误中的比例，初级→中级→高级一直持续下降，而且比例小。如果进一步考察该偏误类型在 ɑ/A/、- i/ʅ/、u/u/ 3 组元音上的分布，则可以看出：初级→中级→高级，该类偏误只发生于 ch/tʂʰ/与 - i/ʅ/的组合中，不会发生于 ch/tʂʰ/与 ɑ/A/、u/u/的组合，参见图 3 - 20。这说明帮助学生克服 ch/tʂʰ/→sh/ʂ/类感知偏误，只要强化 ch/tʂʰ/与元音 - i/ʅ/组合的训练，不必进行 ch/tʂʰ/与元音 ɑ/A/、u/u/组合的训练。

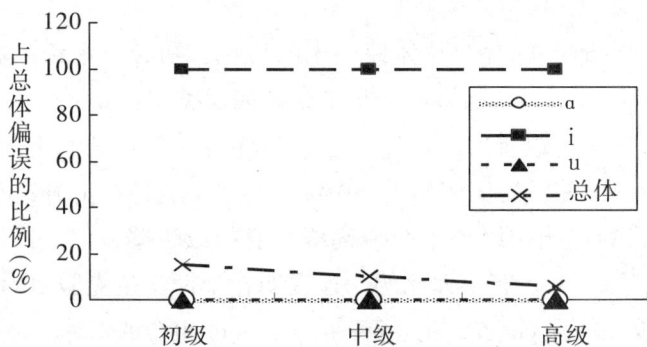

图 3 - 20   ch/tʂʰ/→sh/ʂ/感知偏误类型变化趋势

三、辅音发音部位上的感知偏误率

初、中、高 3 级汉语水平被试感知普通话舌尖前/后 4 类辅音时，在发音部位上的偏误率见表 3 - 5。对表 3 - 5 的数据进行 3 × 4 被试间两因素方差分析，结果显示：①辅音类别的主效应显著 $[F(3, 37) = 44.634, p < 0.001]$。②对不同

辅音的发音部位偏误率进行多重比较，结果为：被试感知 c/ts^h/ 的发音部位偏误率分别显著大于感知 ch/tʂ^h/、z/ts/ 和 zh/tʂ/ 的（$p < 0.001$；$p < 0.001$；$p < 0.001$）；被试感知 ch/tʂ^h/ 的发音部位偏误率分别显著小于感知 z/ts/ 和 zh/tʂ/ 的（$p < 0.001$；$p < 0.001$）；被试感知 zh/tʂ/ 的发音部位偏误率大于感知 z/ts/ 的，但是相差不显著（$p > 0.05$），参见图 3 - 21。③被试级别的主效应显著 [$F_{(2, 39)} = 6.791$，$p < 0.01$]。④对不同被试级别的发音部位偏误率进行多重比较，结果为：初级被试发音部位上的感知偏误率分别显著大于中级和高级被试的（$p < 0.05$；$p < 0.01$）；中级被试发音部位上的感知偏误率略大于高级被试的，但是相差不显著（$p > 0.05$），参见图 3 - 22。⑤辅音类别与被试级别的交互作用不显著 [$F_{(6, 76)} = 1.182$，$p > 0.05$]。

表 3 - 5　普通话舌尖前/后塞擦辅音的发音部位感知偏误率

单位:%

辅音类别	初级		中级		高级		合计	
	Mean	Std.	Mean	Std.	Mean	Std.	Mean	Std.
c/ts^h/	54.2	12.6	48.6	11.0	53.7	11.3	52.1	11.2
ch/tʂ^h/	18.5	4.7	13.2	4.1	10.2	2.3	14.5	3.9
z/ts/	36.9	15.7	25.0	7.6	22.2	5.6	29.0	11.0
zh/tʂ/	42.9	10.6	27.8	9.6	19.4	10.4	31.7	7.8
合计	38.1	7.4	28.6	8.5	26.4	5.1	31.8	7.4

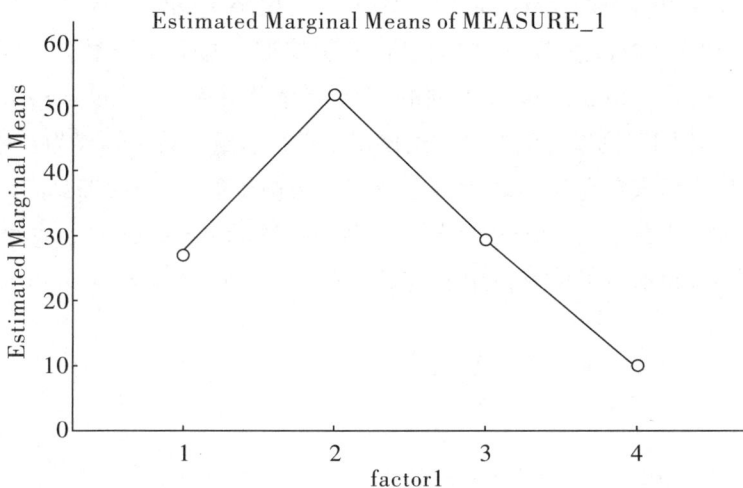

图 3 - 21　普通话舌尖前/后塞擦辅音的发音部位感知偏误率

说明：1 - z/ts/、2 - c/ts^h/、3 - zh/tʂ/、4 - ch/tʂ^h/。

Estimated Marginal Means of MEASURE_1

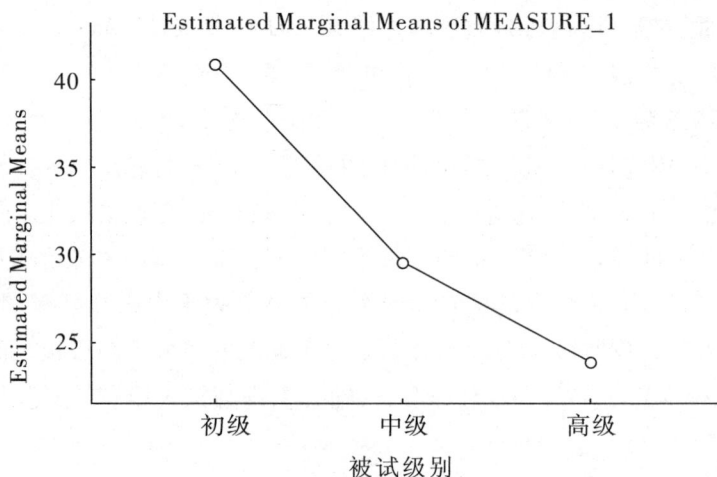

图 3 - 22　不同级别被试的发音部位感知偏误率

四、辅音发音方法上的感知偏误率

初、中、高 3 级汉语水平被试感知普通话舌尖前/后 4 类辅音时，在发音方法上的偏误率见表 3 - 6。对表 3 - 6 的相关数据进行 3×4 被试间两因素方差分析，结果显示：①辅音类别的主效应显著 $[F(3, 37) = 4.143, p < 0.05]$。②对不同辅音发音方法上的感知偏误率进行多重比较，结果为：被试感知 zh/tʂ/ 的发音方法偏误率，分别显著大于感知 ch/tʂʰ/ 和 z/ts/ 的（$p < 0.01$；$p < 0.05$），也略大于感知 c/tsʰ/ 的，但是相差不显著（$p > 0.05$）；被试感知 ch/tʂʰ/ 的发音方法偏误率，显著小于感知 c/tsʰ/ 的（$p < 0.01$），也小于感知 z/ts/ 的，但是相差不显著（$p > 0.05$）。被试感知 c/tsʰ/ 的发音方法偏误率显著大于感知 z/ts/ 的（$p < 0.01$），参见图 3 - 23。③被试级别的主效应显著 $[F(2, 39) = 29.451, p < 0.001]$。④对不同级别被试的发音方法偏误率进行多重比较，结果为：初级被试发音方法上的感知偏误率分别显著大于中级和高级被试的（$p < 0.05$；$p < 0.05$）；中级被试发音方法上的感知偏误率显著大于高级被试的（$p < 0.05$），参见图 3 - 24。⑤辅音类别与被试级别的交互作用不显著 $[F(6, 76) = 2.475, p > 0.05]$。

表 3 - 6　普通话舌尖前/后塞擦辅音的发音方法感知偏误率

单位:%

辅音类别	初级		中级		高级		合计	
	Mean	Std.	Mean	Std.	Mean	Std.	Mean	Std.
c/ts^h/	36.3	8.4	13.9	4.0	11.1	4.4	22.4	9.1
ch/tʂ^h/	23.8	6.7	11.8	3.7	4.6	1.4	16.1	3.6
z/ts/	35.1	11.8	6.9	2.6	2.8	0.2	17.1	9.4
zh/tʂ/	45.8	11.0	17.4	7.3	1.8	0.7	24.8	9.0
合计	35.3	8.5	12.5	7.9	5.1	2.1	19.7	6.2

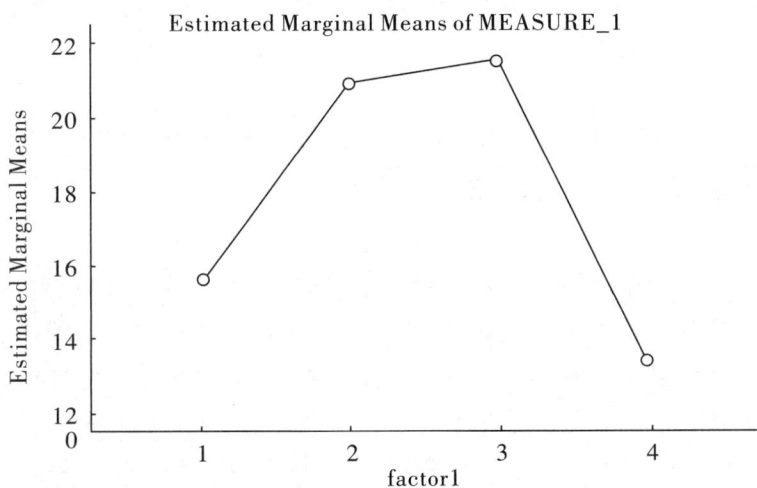

图 3 - 23　普通话舌尖前/后塞擦辅音的发音方法感知偏误率

说明：1 - z/ts/、2 - c/ts^h/、3 - zh/tʂ/、4 - ch/tʂ^h/。

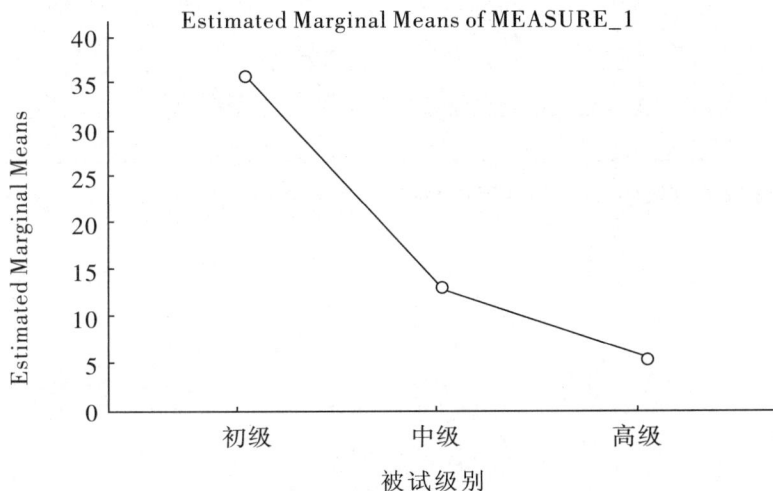

图 3 - 24　不同级别被试的发音方法感知偏误率

五、不同级别被试感知同类辅音的发音部位和发音方法偏误率对比

对初、中、高 3 级汉语水平被试感知 4 类辅音的发音部位偏误率和发音方法偏误率分别进行配对样本的 t 检验（Independent Samples Test），结果显示：①初级被试除了感知 c/tsʰ/时，发音部位与发音方法两类偏误率存在显著差异外（$p < 0.01$），其余 3 类辅音 z/tʂ/、zh/tʂ/、ch/tʂʰ/的发音部位与发音方法两类偏误率均无显著差异（$p > 0.5$；$p > 0.5$；$p > 0.5$）。②中级和高级被试均是除了感知 ch/tʂʰ/时，发音部位与发音方法两类偏误率无显著差异外（$p > 0.5$），其余 3 类辅音 z/ts/、c/tsʰ/、zh/tʂ/均是发音部位的偏误率显著大于发音方法的（$p < 0.05$，$p < 0.001$，$p < 0.01$，$p < 0.01$，$p < 0.001$，$p < 0.05$），参见表 3 - 7 和图 3 - 25。

表 3 - 7　同类辅音发音部位和发音方法感知偏误率的配对样本 t 检验

被试级别	偏误率配对	平均值		平均值之差	t	p	N
		方法 M	部位 P				
初级	zM—zP	35.1	36.9	−1.8	0.876	0.393	18
	cM—cP	36.3	54.2	−17.9	4.281	0.001	18
	zhM—zhP	45.8	42.9	2.9	0.057	0.955	18
	chM—chP	23.8	18.5	5.3	1.585	0.131	18
中级	zM—zP	6.9	25	−18.1	2.602	0.022	14
	cM—cP	13.9	48.6	−34.7	5.583	0	14
	zhM—zhP	17.4	27.8	10.4	3.531	0.004	14
	chM—chP	11.8	13.2	−1.4	0.621	0.545	14
高级	zM—zP	2.8	22.2	−19.4	3.881	0.004	10
	cM—cP	11.1	53.7	−42.6	6.086	0	10
	zhM—zhP	1.8	19.4	−17.6	2.831	0.020	10
	chM—chP	4.6	1.2	3.4	0.81	0.439	10

说明：表中"M"与"P"分别表示发音方法与发音部位。

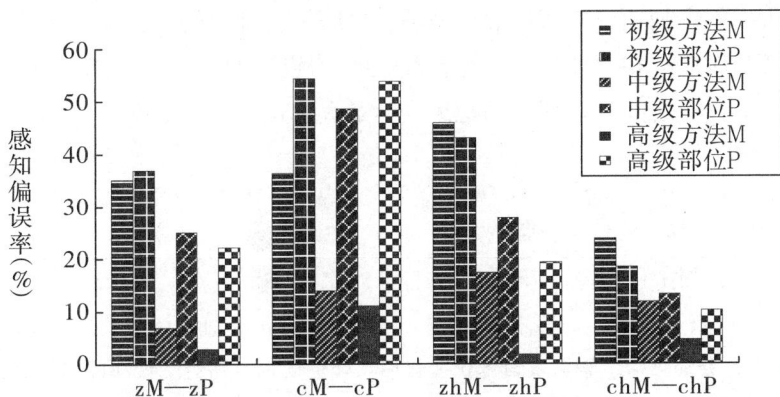

图 3-25　不同级别被试的发音部位和发音方法感知偏误率对比及其变化趋势

第五节　综合讨论

　　印尼汉语二语习得者感知普通话 4 个舌尖前/后辅音时，呈现出上述偏误特点的原因首先是来自母语的影响。前面汉—印两种语言辅音对比的结果显示，发音部位上，普通话舌尖前/后辅音正好分别位于印尼语相似辅音 $z_{印}$/z/、$c_{印}$/ts/ 的前后，并且普通话舌尖前辅音与印尼语相似辅音的距离更小。根据母语磁吸模型理论，印尼被试感知普通话舌尖前辅音时受到母语"感知磁吸效应"的影响，会大于他们感知普通话舌尖后辅音时所受母语"感知磁吸效应"的影响。所受的母语"感知磁吸效应"越大，则感知偏误率越高，如图 3-26 所示。

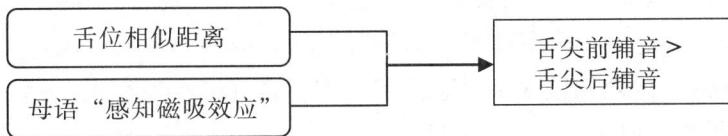

图 3-26　辅音舌位相似距离与母语"感知磁吸效应"综合作用示意图

　　说明：图中"＞"表示符号前项显著大于后项，并且省略了各项中"被试感知出现的偏误率"。以下各图类同。

　　同时，汉语母语者发标准的普通话辅音 z/ts/、zh/tʂ/、c/tsʰ/、ch/tʂʰ/ 过程中，发音部位总会向后移动一段距离。不过，处于同类发音部位的送气辅音跟不送气辅音相比，前者的发音部位向后移动的幅度更大。这一发音部位的运动结果，使得普通话 4 个舌尖前/后辅音与被试母语相似辅音之间发音部位的相对距离也随之发生如下变化：普通话舌尖前辅音与印尼语相似辅音之间发音部位的距离变得更小，其中舌尖前送气辅音与印尼语相似辅音之间发音部位的距离变为最小；普通话舌尖后辅音与印尼语相似辅音之间发音部位的距离变得更大，其中舌尖后送气辅音与印尼语相似辅音之间发音部位的距离变为最大。这一变化如图3-27所示。

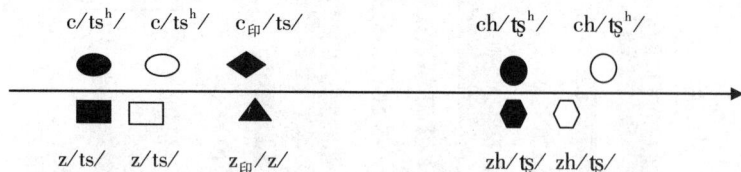

图3-27　普通话4个辅音发音部位变化后与印尼语相似辅音发音部位的相对距离

说明：1. 图中实心图形表示变化前的发音部位，虚心图形表示变化后的发音部位。

2. 这一发音部位图示并非各自的精确位置，只是粗略地表示其前后位序。

根据母语磁吸模型理论，发生这一位置变化后，被试感知普通话舌尖前辅音时母语"感知磁吸效应"变得更强，其中感知舌尖前送气辅音时母语"感知磁吸效应"变为最强。反之，被试感知普通话舌尖后辅音时母语"感知磁吸效应"变得更弱，其中感知舌尖后送气辅音时母语"感知磁吸效应"变为最弱。母语"感知磁吸效应"越强，感知偏误率也会越大；反之，母语"感知磁吸效应"越弱，感知偏误率也会越小。在母语"感知磁吸效应"和普通话辅音发音生理特点的共同作用下，就出现了表3-5的第二个方差分析结果，即辅音类别因素的主效应显著，并具体表现为，被试感知 c/ts^h/ 的偏误率分别显著大于感知 ch/tʂ^h/、z/ts/ 和 zh/tʂ/ 的，被试感知 ch/tʂ^h/ 的发音部位偏误率分别显著小于感知 z/ts/ 和 zh/tʂ/ 的，被试感知 zh/tʂ/ 与 z/ts/ 的发音部位偏误率相差不显著。这样，我们如果将印尼被试感知普通话4类辅音时各类辅音在发音部位和发音方法两方面的偏误率综合起来考察（见表3-5和表3-6），则表现为：舌尖前辅音是送气辅音（c/ts^h/）的感知偏误率显著大于不送气辅音（z/ts/）的；舌尖后辅音是不送气辅音（zh/tʂ/）的感知偏误率显著大于送气辅音（ch/tʂ^h/）的。这一感知偏误规律的形成机制可以表示如图3-28。

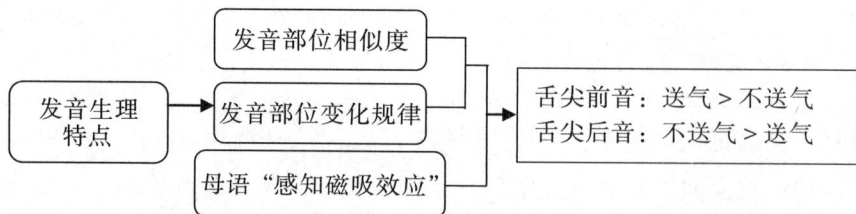

图3-28　辅音发音部位与发音方法对被试感知偏误影响的交互作用原理

此外，汉语辅音发音的声学特征，往往受到后接元音逆同化作用的影响而发生很大的变化（吴宗济、林茂灿，1989：117～152）。这样，有的本来发音相近的辅音，由于受后接元音的影响而变成具有更为相似的声学特征；有的本来声学特征差别较大的两个或几个辅音，由于受后接元音的影响而变成具有相似的声学特征。因此，被试将某一辅音误听为另一辅音时，总是带有很强元音组合的倾向性。例如 c/tsʰ/和 s/s/本来是两个差别比较明显的辅音，但是当二者与元音 -i/ɣ/组合后，其声学特征就变得非常相似；而当二者与元音 ɑ/A/组合后，其声学特征的差异性就比前一组合要大。参见图 3 - 29 和图 3 - 30。因此，印尼汉语习得者发生 c/tsʰ/→s/s/感知偏误类型时，只出现于 c/tsʰ/与元音 -i/ɣ/组合的情况。

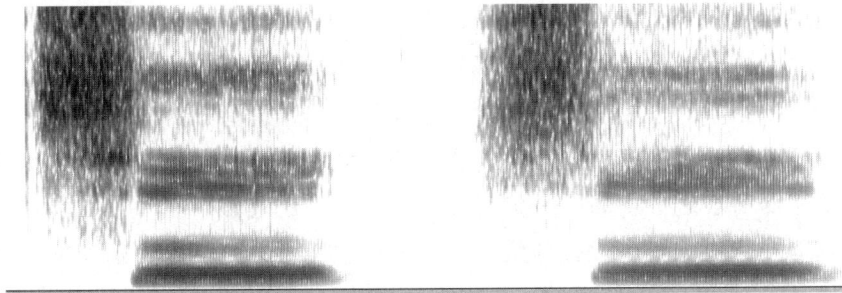

图 3 - 29　标准普通话发音 cī 和 sī 中辅音 c/tsʰ/和 s/s/的语图

显然，图 3 - 29 中，c/tsʰ/和 s/s/的频率下限和时长都比较接近，而在图 3 - 30 中，c/tsʰ/和 s/s/的频率下限和时长差异都比图 3 - 29 中的大。这样，c/tsʰ/与 -i/ɣ/组合比与 ɑ/A/组合更容易错误地感知为 s/s/。

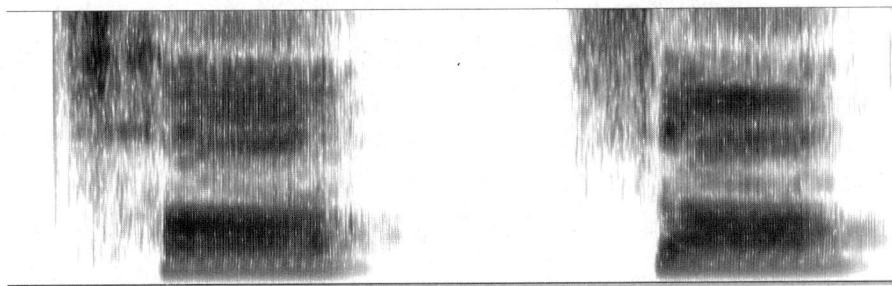

图 3 - 30　标准普通话发音 cā 和 sā 中辅音 c/tsʰ/和 s/s/的语图

除了母语"感知磁吸效应"作用之外，普通话 4 个舌尖前/后辅音本身的区别特征也会对印尼被试的感知产生影响。在普通话声母区别特征系统中，舌尖前/后发音部位的区别特征——集聚的/发散的，在声学上表现为一个较窄的频带内能量比较集中/分散，同时伴有总能量的提高/降低，即集聚的区别特征在声学上伴有总能量的提高，发散的区别特征在声学上伴有总能量的降低。送气/不送气发音方法的区别特征——送气的/不送气的在声学上表现为一个脉冲噪声之后有较大的总能量提高/降低、较宽/较窄的频谱和较长/较短的时长，即送气的区别特征在声学上表现为总能量提高，不送气的区别特征在声学上表现为总能量降低（张家骡，2006）。由此看来，普通话辅音舌尖前发音部位和不送气发音方法两方面的区别特征在声学上具有共同的表现：总能量的降低；而普通话辅音舌尖后发音部位和送气发音方法两方面的区别特征在声学上也具有共同的表现：总能量的提高。这样，声学上总能量本身表现为降低的舌尖前辅音，当它为送气辅音时（c/ts^h/），其总能量反而会提高，这与舌尖后辅音发音部位上的声学表现相似，从而使被试容易将 c/ts^h/ 错误地感知为舌尖后辅音，因此 c/ts^h/ 的发音部位被感知错的概率最大。反之，当舌尖前辅音为不送气辅音时，其发音部位和发音方法在声学上均表现为总能量降低，这既与舌尖后辅音发音部位的声学表现相反，也与送气辅音的声学表现相反，因此被试很少将其错误地感知为舌尖后辅音或送气辅音。这样，z/ts/ 的发音部位和发音方法被感知错的概率均比较小。类似地，声学上总能量本身表现为提高的舌尖后辅音，当它为送气辅音时，其总能量进一步提高，这既与舌尖前辅音发音部位的声学表现相反，也与不送气辅音的声学表现相反，因此被试很少将其错误地感知为舌尖前辅音或不送气辅音。这样，ch/tʂ^h/ 的发音部位和发音方法被感知错的概率均最小。当舌尖后辅音为不送气辅音时，其发音部位在声学上表现出来的总能量提高，与送气辅音的声学表现相似，从而使被试容易将其错误地感知为送气辅音，因此 zh/tʂ/ 的发音方法被感知错的概率最大。受母语"感知磁吸效应"和普通话辅音自身区别特征的综合影响，被试感知舌尖前辅音 z/ts/、c/ts^h/ 时，均为发音部位上的感知偏误率显著大于发音方法上的；反之，被试感知舌尖后送气辅音 ch/tʂ^h/ 时，发音方法上的感知偏误率大于发音部位上的，但二者相差不显著；被试感知舌尖后不送气辅音 zh/tʂ/ 时，发音部位上的感知偏误率大于发音方法上的，但二者相差不显著。

值得注意的是，集聚的/发散的区别特征在整个区别特征系统树状图的最底层，远远低于送气的/不送气的区别特征在整个区别特征系统树状图中的层级位置。也就是说，普通话辅音舌尖前/后发音部位方面的区分难度，本身就远大于送气/不送气发音方法方面的区分难度，对于汉语二语习得者来说更是如此。张家骡（1978）的研究结果也证实：不管是汉语母语者，还是汉语二语习得者，对辅音舌尖前/后发音部位的区别感知要难以对辅音送气/不送气发音方法的区别感知。因此，总体上看，印尼被试的感知偏误类别因素的主效应显著，并表现为发音部位上的感知偏误率显著大于在发音方法上的。

众所周知，当前对外汉语教学实践中，初级汉语习得者接受语音训练的强度，远远大于中、高级汉语习得者的。二语语音训练强度越大，习得者的语音感知偏误率下降自然也就越快。因此被试汉语水平因素的主效应显著，并具体表现为初级被试的感知偏误率分别显著大于中、高级被试的，而中、高级被试之间的感知偏误率相差不显著。不过，由于普通话辅音送气/不送气发音方法的感知区分难度本身小于舌尖前/后发音部位的感知区分难度，因此，习得者可能在初级阶段就基本学会了感知区分普通话辅音送气/不送气发音方法，而未能学会感知区分舌尖前/后发音部位，到了中、高级阶段又缺少专门的语音训练，从而使得这两类感知偏误的出现率，随习得者汉语水平的提高而呈现出不同的变化趋势。所以被试在发音方法上的感知偏误率随其汉语水平的提高而持续显著下降；而在发音部位上的感知偏误率只是初级阶段下降显著，而中、高级阶段下降不显著。

第六节　结　论

一般教学实践中，对于汉语二语习得者感知普通话 4 个舌尖前/后辅音时，我们直观看到的只是哪个辅音偏误率高，哪个辅音偏误率低。其实这只是最表层的偏误表现，造成习得者这一表层偏误率的深层原因在于习得者对辅音舌尖前/后发音部位、送气/不送气发音方法，以及塞擦/摩擦发音方法的感知区分难易不同。如果进一步挖掘，则可以发现：母语"感知磁吸效应"、汉语和印尼语发音部位和送气时长两方面的相似距离、汉语辅音自身发音生理特征、普通话辅音自身的区别特征，外加教学训练等才是制约习得者形成上述感知偏误特点的底层影响机制，而这些机制综合性、交互性地作用于汉语二语习得者的普通话辅音的感知过程。我们可以将这一机制归结如图 3 - 31 所示。

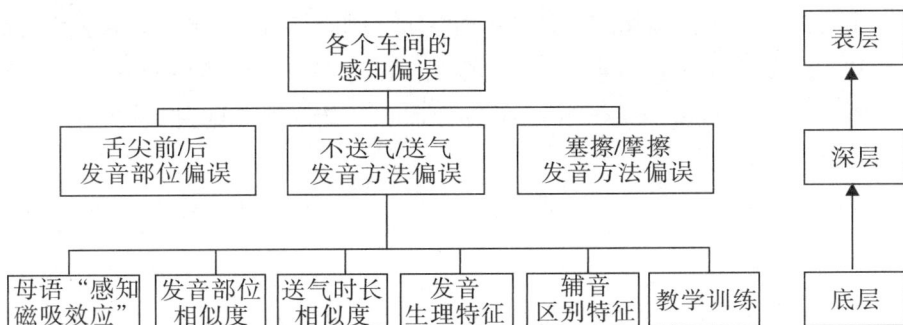

图 3 - 31　汉语二语习得者普通话辅音感知偏误的深层机制示意图

　　本研究的结果表明，印尼汉语习得者感知普通话 4 个舌尖前/后塞擦辅音时，既不能简单地说，舌尖后辅音的感知难度大于舌尖前辅音的；也不能简单地说，送气辅音的感知难度大于不送气辅音的；更不能简单地说，发音方法的感知难度大于发音部位的。其偏误的发生和发展情况比较复杂，主要表现为：印尼习得者感知普通话 4 类舌尖前/后塞擦辅音时，总体上看，发音部位上的偏误率显著大于发音方法上的。并且，这两类感知偏误率随习得者汉语水平的提高呈现出不同的变化趋势。其中，发音方法方面的偏误率从初级到高级各阶段都在持续直线下降，而发音部位方面的偏误率只是在初级阶段下降比较明显，中、高级阶段下降不明显。同时，印尼习得者感知上述 4 个辅音时，不同类别辅音在发音部位和发音方法两个方面的偏误存在显著差异。其中，被试感知舌尖前辅音时，均为发音部位上的感知偏误率显著大于发音方法上的；被试感知舌尖后辅音时，送气辅音是发音方法上的感知偏误率大于发音部位上的，二者相差也不显著；不送气辅音是发音部位上的感知偏误率大于发音方法上的，二者相差也不显著。上述感知偏误规律的形成，是母语"感知磁吸效应"、汉语和印尼语发音部位和送气时长的相似距离、普通话辅音的发音生理特征和区别特征、汉语语音教学训练的介入等多种因素综合作用的结果。

　　这一实验结果提示我们，对印尼汉语习得者进行普通话舌尖前/后辅音感知训练时，要根据习得者不同的习得阶段、普通话辅音的类别，以及普通话辅音和不同元音的组合调整训练的重点。如初级阶段，既要加强辅音发音部位的感知训练，也要加强辅音发音方法的感知训练；但到了中、高级阶段，则主要加强辅音发音部位的感知训练。再如，对于辅音 c/tsʰ/，重在加强发音部位方面的感知训练；对于辅音 zh/tʂ/，则重在加强发音方法方面的感知训练。进行 zh/tʂ/与元音 u/u/组合的训练时，重在帮助习得者克服将 zh/tʂ/感知成 ch/tʂʰ/的偏误；进行 zh/tʂ/与元音 ɑ/A/组合的训练时，重在帮助习得者克服将 zh/tʂ/感知成 z/ts/的偏误。帮助习得者克服各个辅音的感知偏误类型时，还要注意随被试汉语水平的提高后接相关元音也要作出相应的调整。如帮助习得者克服 z/ts/→c/tsʰ/类感知偏误类型时，初级阶段要多注意 z/ts/与元音 ɑ/A/、-i/ɿ/组合的训练，到了高级阶段，要突出 z/ts/与元音 u/u/组合的感知训练，其依据参见图 3－6。

第四章 汉语二语习得者普通话单音节舌尖前/后辅音产出实验

第一节 引 言

　　大多数汉语二语习得者习得汉语是为了交际，尤其是口语交际。如果说语音感知是语言交际的基础，那么语言语产出则是语言交际的核心。高彦德、李国强、郭旭（1993：36）等组织进行的"外国人习得与使用汉语情况调查"报告显示：70.1%的受访者侧重于"说"，遥遥领先于"听"（58.5%）、"读"（30%）、"写"（19.5%）、"译"（26.3%）四项语言技能。涩谷周二（2005）对270名日本汉语习得者的一项调查报告也显示，79.6%的习得者认为汉语发音难，位居发音、听力、语用、语法、写作、翻译、单词、阅读、汉字九大项目之首。因此，汉语语音，既是二语习得的核心基础，也是二语习得者的最大难题。其中，汉语普通话的舌尖前/后辅音的发音，是广大汉语二语习得者的核心难点之一。对此，不少研究人员曾进行过一系列研究。

　　对于日本学生汉语辅音的发音情况，朱川（1981、1997：41）通过实验研究得出：日本学生很容易混淆汉语非词语首位的送气/不送气发音方法；发音部位上很容易将汉语的舌尖后音和舌面音相混，往往把这两组音都发成类似舌叶音；发音错误率最高的是 zh/tʂ/、sh/ʂ/ 和 j/tɕ/三个音。王韫佳（2004）设计实验研究后得出：日本汉语习得者能够在发音中区分汉语的送气/不送气辅音，但是他们发送气音时的 VOT 远比标准普通话的短；常常将汉语的送气/不送气两种范畴同化为不送气音；日本汉语习得者加工汉语送气辅音过程中，受到了语音经验和其母语语音系统特征的影响。梅丽（2005）的研究结果表明：日本习得者习得普通话 zh/tʂ/、ch/tʂʰ/、sh/ʂ/ 过程中存在系统语音变异，其中语言语境、情景语境对变异的发生有较大的影响；舌尖前/后声母后接的元音对声母的习得有较大的影响；声母 ch/tʂʰ/的习得难度最突出。谢小丽（2006）研究得出日本习得者汉语舌尖后音习得大致经历四个阶段：第一阶段，感知和发音时，将舌尖后音与舌面音完全混同；第二阶段，感知时能区分舌尖后音与舌面音，但发音不能区分；第三阶段，感知时能将舌尖后音与舌面音区分开，发音也能区分，但有偏误发生；第四阶段，感知和发音时均能清晰区分舌尖后音与舌面音。关于韩国人学汉语的辅音偏误，王秀珍（1996）调查得出：z/ts/ – c/tsʰ/ – s/s/ – zh/tʂ/ – ch/tʂʰ/ – sh/ʂ/ – j/tɕ/ – q/tɕʰ/ – x/ɕ/ 3 组声母是韩国人学汉语声母最主要的难点，出现的偏误也最多；z/ts/、c/tsʰ/这两个舌尖前音的难度更大，多把 z/ts/、c/tsʰ/发成舌尖后音 zh/tʂ/、ch/tʂʰ/或舌面音 j/tɕ/、q/tɕʰ/。李丹丹、周小兵（2005）通过发音实验得出，韩语母语汉语习得者，不管其发音水平的高低，发音时最容易出现舌位偏前的错误，即常常将汉语的舌尖后音 zh/tʂ/、ch/tʂʰ/、sh/ʂ/对应错发成舌尖前音 z/ts/、c/tsʰ/、s/s/。关于泰国学生汉语声母的发音偏误，李红印（1995）研究指出：其主要问题在于舌尖前后音 zh/tʂ/、ch/tʂʰ/、sh/ʂ/。蔡整莹、曹文（2002）通过听辨判断和声学分析得出，泰国留学生习得汉语声母时，舌面擦音（x/ɕ/）和舌尖前/后塞擦音（c/tsʰ/、ch/tʂʰ/、z/ts/、zh/tʂ/）的发音偏误率最高。发音部位偏误比较突出，z/ts/的发音部位既像 zh/tʂ/又像 z/ts/，c/tsʰ/的发音部位既像 ch/tʂʰ/又像 c/tsʰ/，并且很像舌叶音/ʃ/、/tʃʰ/。关于越南留学生汉语声母的发音偏误，傅氏梅、张维佳（2004）通过实验研究得出：偏误集中表现为同部位的塞音和塞擦音之间、塞擦音的送气/不送气音之间的关系上；越南语音系所没有的汉语声母，越南留学生常以越南语一些语音特征相近或有点相近的音素来代替；汉语音系内诸多特征的干扰，对越南学生汉语声母发音的影响在初级阶段尤为明显。此外，王燕燕（1997）调查得出，普通话舌尖前/后声母，是菲律宾华裔学生发汉语声母时的最大困难，他们既容易将 z/ts/、c/tsʰ/、zh/tʂ/、ch/tʂʰ/之间的舌位混淆，也容易将他们之间的送气/不送气发音方法混淆。

有关印尼汉语习得者普通话辅音的发音研究，董琳莉（1997）通过抽样记音调查，分析过印尼华裔学生习得普通话时在语音上出现的难点及其原因。倪伟曼、林明贤（2000）采用测试和录音听辨的方法，分析了 10 名在中国习得半年以上汉语的印尼华裔学生的辅音发音偏误情况，发现舌尖前音、舌尖后音、舌面音这 3 组发音印尼学生误读的次数较多。林奕高、王功平（2005）采用实验语音的方法，将印尼汉语二语习得者汉语普通话塞音和塞擦音的发音情况与中国人进行对比，发现印尼汉语二语习得者的送气音明显比中国人的短，不送气音又比中国人的长，闭塞时长和浊音间隔都比中国人的大。印尼汉语二语习得者常常把"致辞"（zhìcí）发成"字词"（zìcí），把"制作"（zhìzuò）发成"自作"（zìzuò），把"迟到"（chídào）发成"直到"（zhídào），把"最初"（zuìchū）发成"最秋"（zuìqiū），把"诗人"（shīrén）发成"私人"（sīrén）。

以上研究成果还存在不少缺憾：一是调查对象比较少，影响了结果的普遍性。二是有的被试虽然比较多，但是没有进行分类研究，从而掩蔽了许多规律的发现。三是实验的语料设计系统性不够强，即对相关因素控制不够严密。如研究辅音时，对元音、声调等因素的控制不够严。四是缺乏动态性。因此，本研究以语音实验为基础，综合采用语音听辨和统计分析等方法，集中考察以下三个方面的问题：①印尼汉语二语习得者发普通话 6 个舌尖前/后辅音时，主要有哪些偏误类型？②这些偏误在发音部位与发音方法上的分布有何特点？③舌尖前/后辅音的后接元音对辅音的发音偏误是否存在影响？

第二节　实验过程

一、实验材料设计

实验材料包括汉语和印尼语两份发音材料。汉语发音材料包含 180 个单音节，其中 144 个为实验目标音节，这些音节的声母为舌尖前/后辅音 z/ts/、c/tsʰ/、s汉/s/、zh/tʂ/、ch/tʂʰ/、sh/ʂ/，其余 36 个为随机杂入音节。由于本实验的前期研究发现，印尼留学生发普通话舌尖后辅音 r/ʐ/ 的偏误率比较低，偏误持续的时间也比较短，且与其他 6 个舌尖前/后辅音之间不存在相互混淆的现象。因此，本书未将其列入考察的范围，下文将不再一一说明。设计过程还考虑了以下要求：① 6 个舌尖前/后辅音的出现频率相同，均为 24 次。②这 6 个辅音与单元音 ɑ/A/、–i（/ɣ/、/ʅ/）、u汉/u/ 的组合齐备。这里选取单元音 ɑ/A/、u汉/u/ 分别代表开口呼与合口呼，选取元音 –i（/ɣ/、/ʅ/）是由于二者属于专门与普通话舌尖前/后辅音拼合的元音。③每一类组合中的 4 声分布均衡，如 6 个辅音与单元音 ɑ/A/ 组合时，均包含阴、阳、上、去 4 类声调的组合。④所有的音节进行了随机排列。（见附录 1）

印尼语发音材料包含 80 个音节，制作过程考虑了以下要求：①包含了与汉语 6 个舌尖前/后辅音相似的印尼语辅音 z/ts/、c/ts/、s印/s/、sy/ʃ/。②这些印尼语辅音与印尼语元音 a/a/、i/i/、u印/u/ 的组合齐备。这里选取印尼语单元音 a/a/、i/i/、u印/u/，是因为这几个元音与汉语的单元音 ɑ/A/、–i（/ɣ/、/ʅ/）、u汉/u/ 对应相似。③所有的音节进行了随机排列。（见附录 2）

二、被试对象

总共 48 人，包括 32 名印尼汉语二语习得者和 16 名中国学生。32 名印尼汉语二语习得者中，初级上 19 人，习得汉语时间为 2~7 个月；初级下 13 人，习得汉语时间为 9~12 个月；男生 11 人，女生 21 人。年龄都在 15~30 岁。16 名中国学生，包括男生 5 人，女生 11 人；普通话水平均为一级乙等，年龄与印尼被试相当。

三、声音录制

48 位被试在自然状态下用正常语速朗读实验材料，研究人员用电脑和 Cool Edit 软件录音。采样频率为 16 000 Hz，全部录音均在安静的录音工作室进行。印尼被试朗读汉语与印尼语两份发音材料；中国学生只朗读汉语发音材料。每位被试朗读前都给予 10 分钟的时间准备，熟悉材料。朗读过程中，被试如果发现自己读错了某个音节，允许其自己重读，但是研究人员和工作人员都不给予指正或提示，全部纠错或纠偏均由被试自己完成。

四、语料听辨和标注

共有 7 人参与录音语料的听辨和标注，包括 4 位中国人和 3 位印尼人。4 位中国人中，3 位为受过语音专业训练的语言学及应用语言学专业研究生，普通话水平均为一级乙等。1 位是作者本人。3 位印尼人均为暨南大学华文学院在读留学生，其中 2 位为语言学及应用语言学专业研究生，1 位是华文教育专业三年级本科生，HSK 水平均在 8 级以上。印尼留学生主要负责审听印尼被试偏误成母语的发音情况。整个听辨标注分 4 步进行：第一步，7 位人员用 Praat 软件开展小量听辨标注，以获取一定的感性经验，中国标注人重点感知印尼语的发音特点。第二步，集中讨论，确定统一的听辨标注标准。第三步，正式全面听辨标注。在此过程中，判断各个偏误音的标准主要有三个：一是听辨人员的听辨；二是 Praat 适时显示的语图特征；三是通过 Praat 提取的相应参数。如果听辨人员对某个偏误音难以判定，则主要根据语图特征和相关参数来确定。例如，印尼被试 F01 发汉语 cā/tsʰA⁵⁵/音节时，辅音 c/tsʰ/的长度几乎与其母语 c/ts/的长度相等，而与标准普通话 cā/tsʰA⁵⁵/音节中 c/tsʰ/的长度相距甚远；强频区频率 F1、F2、F3、F4 的分布，与其母语辅音 c/ts/的 F1、F2、F3、F4 分布非常相似，而与标准普通话 c/tsʰ/的 F1、F2、F3、F4 分布相距甚远。因此，该发音显然是将汉语辅音 c/tsʰ/错发成了印尼语辅音 c/ts/，属于"母语误代"类偏误，参见图 4-1。

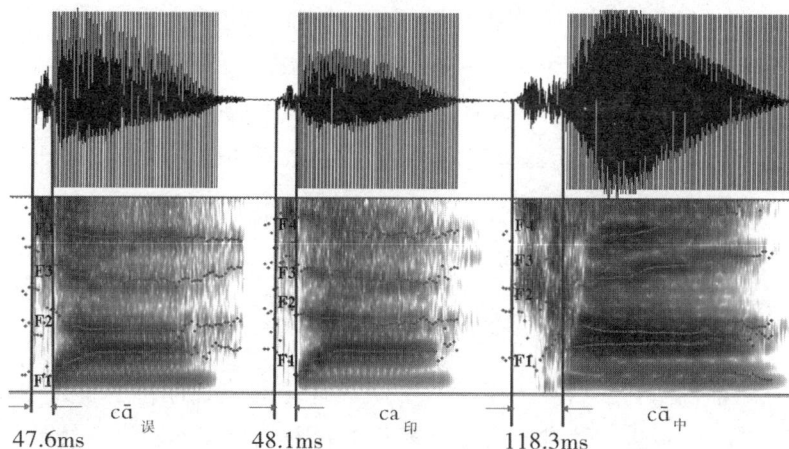

图 4 - 1　被试 F01 发汉语 cā/ts^{h}A^{55}/的偏误音与印尼语 ca$_印$/tsa/与

标准普通话 cā$_中$/ts^{h}A^{55}/的语图对比

再如印尼被试 M01 发汉语 shí/ʂʅ/^{35}音节时，辅音 sh/ʂ/$_误$的 F1 不仅明显低于标准普通话辅音 sh/ʂ/的 F1，而与标准普通话辅音 s$_汉$/s/的 F1 相近；而且 F1 与 F2 之间的距离也明显大于标准普通话辅音 sh/ʂ/中 F1 与 F2 之间的距离，而与标准普通话辅音 s$_汉$/s/中 F1 与 F2 之间距离相近。同时，被试发 sh/ʂ/$_误$的强频集中区，显著高于标准普通话 sh/ʂ/的强频集中区，而与标准普通话 s$_汉$/s/的强频集中区相似。因此，该发音显然是将舌尖后辅音 sh/ʂ/错发成了舌尖前辅音 s$_汉$/s/，属于"目的语相互混淆"类偏误，详见图 4 - 2。

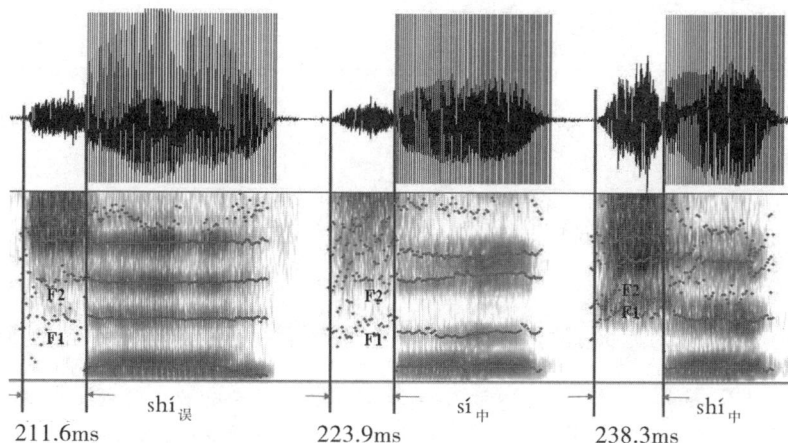

图 4 - 2　被试 M01 发汉语 shí/ʂʅ/^{35}的偏误音与

标准普通话 sí$_中$/sʅ/^{35}和 shí$_中$/ʂʅ/^{35}的语图对比

第四步，由笔者对所有听辨结果进行集中统计。这样，每一个发音样本都经过了 7 位不同人员的 7 次听辨标注。在统一过程中，如果印尼被试某个辅音的实际发音 A，7 位听辨人员中有 4 人判定其错发成了 B，则该发音 A 算为偏误音 B。所有与偏成母语有关的偏误音，均以印尼标注者的审听结果为准，并适当参考语图和参数。

五、参数提取

为了克服前面听辨统计中对"偏""误"评定的主观性，本研究用计算机对所有"偏""误"音进行了参数提取，然后对提取的有关参数进行统计分析。

提取的参数包括：每个辅音的前两个共振峰频率（Hz），即 F1、F2，每个辅音的 VOT 长度（ms）。如图 4－3 所示。辅音前两个共振峰频率参数的提取，旨在考察被试发音部位的"偏""误"情况;[1] 所示；辅音 VOT 参数的提取，旨在考察被试发音方法的"偏""误"情况。[2]

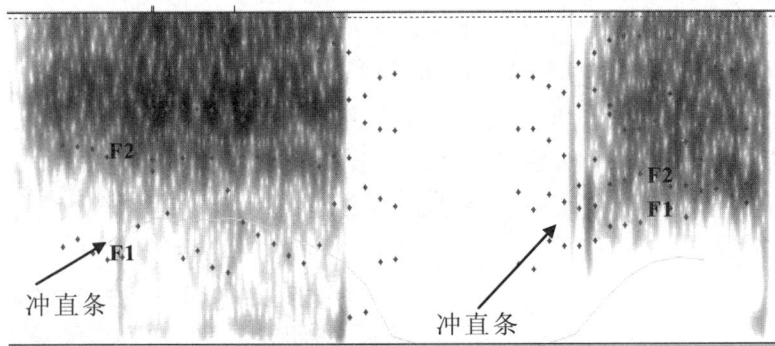

图 4－3　印尼被试 M01zhī/tʂʅ⁵⁵/的错误发音语图与中国人 M01zhī/tʂʅ⁵⁵/的标准发音语图

六、统计项目和计算方法

整个统计从两个方面进行，一是被试发 6 个舌尖前/后辅音时出现的偏误类

---

① 根据实验语音学的研究成果，辅音的前两个共振峰频率 F1、F2 基本反映了其发音声学特征和生理特征，特别是发音部位的前后。参见吴宗济，林茂灿．实验语音学概要．北京：高等教育出版社，1989：112－203.

② 吴宗济、林茂灿等先生通过实验得出，VOT（Voice Onset Time）决定了辅音的清浊、送气，以及不同语种中对应音位间的微小区别、个人发音习惯差异。参见吴宗济，林茂灿．实验语音学概要．北京：高等教育出版社，1989：119.

型和偏误率，包括同一辅音的偏误类型和偏误率在不同元音中的分布。二是参数提取出来以后，分别计算出中国人标准发音中每一辅音的 F2 − F1 值、VOT 长度、具有舌位前/后对立特征辅音之间的 ΔF(F2 − F1) 差异、具有送气对立特征辅音之间的 VOT 长度差异。以同样方法计算出印尼被试发音的各项相关数值。最后将中—印两组发音人、不同水平级别印尼发音人的上述相关数值进行比较，以考察印尼被试发音的偏差。

第三节 实验结果

一、整体偏误类型及其出现率

所谓整体偏误类型，指将被试的每一个录音样本作为一个整体来确定是否发生了偏误，以及偏误成了什么音。实验结果显示，印尼被试发普通话 6 个舌尖前/后辅音时，整体上的偏误类型主要有 3 种：一是"母语误代"，即被试发汉语普通话某个舌尖前/后辅音时，用自己母语中某个相近的辅音来代替；二是"目的语相互混淆"，即被试将某个舌尖前/后辅音误发成另外一个汉语辅音；三是"母语—目的语杂糅"，即被试将某个舌尖前/后辅音误发成目的语与母语相杂的一个音，多表现为发音方法是目的语的（主要为送气），而舌位却在其母语某个辅音的位置上（主要为舌叶）。其中，"目的语相互混淆"又包括"舌尖前/后之内混淆"和"舌尖前/后之外混淆"两小类。前者指 6 个舌尖前/后辅音之间相互混淆，包括舌尖前↔舌尖前（如 z/ts/↔c/tsʰ/）、舌尖前↔舌尖后（如 z/ts/ ↔ zh/tʂ/）、舌尖后↔舌尖后（如 zh/tʂ/↔ch/tʂʰ/）、舌尖后↔舌尖前（如 zh/tʂ/↔ z/ts/）4 种；后者指舌尖前/后辅音与非舌尖前/后辅音之间混淆，主要包括舌尖前→舌面（如 z/ts/→q/tɕʰ/）、舌尖后→舌面（如 ch/tʂʰ/→q/tɕʰ/）2 种。

整体偏误类型呈现出如下特点：①各个辅音均出现了多个不同的偏误音。如舌尖前辅音 z/ts/的偏误音多达 10 个；②表层形式上看，除了舌尖前擦辅音 s/s/汉以"母语误代"偏误类型为主外，其余 5 个舌尖前/后辅音均以"目的语相互混淆"居多；③"目的语相互混淆"偏误类型中，除了舌尖前塞擦辅音 c/tsʰ/外，其余 5 个辅音均是"舌尖前/后之内混淆"的偏误率大于"舌尖前/后之外混淆"的偏误率；④"母语—目的语杂糅"偏误类型只出现于 4 个塞擦辅音中，并且主要表现为汉语辅音的发音方法（送气）与印尼语辅音发音部位（舌叶）相杂糅，见表 4 −1。

表 4 – 1　印尼被试发普通话舌尖前/后辅音的整体偏误类型及其出现率

单位:%

本音	偏误类型	偏误音	出现率	本音	偏误类型	偏误音	出现率
z/ts/ 62.6	母语误代 22.9	c/ts/	18.2	zh/tʂ/ 72.1	母语误代 13.9	c/ts/	11.2
		z/z/	3.1			z/z/	2.7
		s印/s/	1.6				
	目的语相互混淆 35.6 ／ 舌尖前/后之内混淆 22.1	c/tsʰ/	14.6		目的语相互混淆 50.1 ／ 舌尖前/后之内混淆 34.9	z/ts/	10.4
		zh/tʂ/	3.7			c/tsh/	6.6
		ch/tʂʰ/	2.3			ch/tʂʰ/	15.6
		sh/ʂ/	1.5			sh/ʂ/	2.3
	舌尖前/后之外混淆 13.5	j/ɕ/	3.2		舌尖前/后之外混淆 15.2	j/ɕ/	2.7
		q/tɕʰ/	10.3			q/tɕʰ/	12.5
	母语—目的语杂糅		4.1		母语—目的语杂糅		8.1
c/tsʰ/ 73.6	母语误代 17.8	c/ts/	13.9	ch/tʂʰ/ 79.7	母语误代 9.6	c/ts/	8.8
		z/z/	3.1			z/z/	0.8
		s印/s/	0.8				
	目的语相互混淆 35.7 ／ 舌尖前/后之内混淆 12.8	z/ts/	4.2		目的语相互混淆 50.2 ／ 舌尖前/后之内混淆 30.9	z/ts/	0.9
		zh/tʂ/	1.9			c/tsʰ/	21.5
		ch/tʂʰ/	6.7			zh/tʂ/	7.8
						sh/ʂ/	0.7
	舌尖前/后之外混淆 22.9	j/tɕ/	1.6		舌尖前/后之外混淆 19.3	j/tɕ/	2.1
		q/tɕʰ/	21.3			q/tɕʰ/	17.2
	母语—目的语杂糅		20.1		母语—目的语杂糅		19.9
s汉/s/ 30.8	母语误代 18.7	ˌs印/s/	15.2	sh/ʂ/ 37.3	母语误代 15.1	s印/s/	12.8
		sy/ʃ/	3.5			sy/ʃ/	2.3
	目的语相互混淆 12.1 ／ 舌尖前/后之内混淆 6.3	sh/ʂ/	6.3		目的语相互混淆 22.2 ／ 舌尖前/后之内混淆 13.9	s/s/	13.1
						ch/tʂʰ/	0.8
	舌尖前/后之外混淆 5.8	x/ɕ/	5.8		舌尖前/后之外混淆 8.3	x/ɕ/	8.3

综合表 4 –1 还可以看出，印尼学生发普通话 6 个舌尖前/后辅音时，发生的错误具有如下特点：

（1）从发音部位角度考察，舌尖后辅音的偏误率大于相应舌尖前辅音的偏误率。即 ch/tʂʰ/ > c/tsʰ/、zh/tʂ/ > z/ts/、sh/ʂ/ > s印/s/。

（2）从擦/塞擦这一发音方法角度考察，塞擦音的偏误率大于擦音的偏误率。即 ch/tʂʰ/、zh/tʂ/、c/tsʰ/、z/ts/ > sh/ʂ/、s印/s/。

（3）从送气/不送气这一发音方法角度考察，送气辅音的偏误率大于对应不送气辅音的偏误率。即 ch/tʂʰ/ > zh/tʂ/、c/tsʰ/ > z/ts/。

（4）发音错误率的总排序为（从高到低）：ch/tʂʰ/ > zh/tʂ/ > c/tsʰ/ > z/ts/ > sh/ʂ/ > s印/s/。

（5）塞擦音的偏误类型大于擦音的偏误类型。

需要说明的是，上述各个辅音的错误类型，并不完全等于母语者的发音，而与母语的标准发音还存在一定的偏差。如上表中的 z/ts/ →c/tsʰ/错误类型中，被试实际发的 c/tsʰ/，与汉语母语者的标准发音还存在一定差距。这里判断为 c/tsʰ/，主要有 3 个标准：一是 3 位评判人员的共同语感，3 人中有 2 人评判为 c/tsʰ/，则算被试的该发音错成了 c/tsʰ/；二是根据实验的语图特征；三是实验中提取的数据。图 4－3 就是一印尼被试 zhī/tʂʅ⁵⁵/的错误发音与一中国人标准 zhī/tʂʅ⁵⁵/的发音语图对比。

从图 4－3 可以看出，印尼被试 zhī/tʂʅ⁵⁵/的发音存在明显错误。一是从 VOT 的长度看，印尼被试 zh/tʂ/的 VOT 长度几乎是中国人的 2 倍，这表明被试 M01 号将不送气的 zh/tʂ/错发成了一个送气音。二是从 F1 与 F2 之间的距离看，印尼被试 zh/tʂ/的 ΔF，几乎是中国人标准发音的 3.5 倍，这表明被试 M01 号将舌尖后的 zh/tʂ/错发成了一个舌尖前音。三是从塞擦音的基本语图特征看，印尼被试的冲直条直到 1/3 的位置才出现，而中国人标准发音的冲直条一开始就出现了。这表明印尼被试将一个塞擦音 zh/tʂ/错发成了一个近似擦音的半塞擦音。①

二、发音部位和发音方法的偏误类型及其出现率

为了深入分析辅音发音部位和发音方法两大因素对印尼被试发音偏误的影响，本书对每一个发音样本从发音部位和发音方法两个方面分别进行了考察。其中发音部位的偏误类型有 3 种：一是偏成母语（印尼语）的发音部位；二是偏成目的语（汉语）舌面辅音 j/tɕ/、q/tɕʰ/、x/ɕ/的发音部位；三是前/后舌位相互混淆。发音方法的偏误类型也有 3 种：一是送气/不送气相互混淆，二是擦/塞擦

---

① 根据实验语音学的实验结果，塞擦音的语图特征为冲直条加乱纹，而擦音的语图特征只有乱纹，没有冲直条（详见第一章绪论）。这里印尼被试发 zhī/tʂʅ⁵⁵/时，虽然也有冲直条，但直到 1/3 的位置才出现，因此称为半塞擦音。

相互混淆,三是清/浊混淆。其中"清/浊"发音方法混淆表现为印尼被试将汉语舌尖前/后清辅音发成其母语的浊辅音 $z_{印}$/z/(Marsono,1999:61~98)。

统计结果显示,32 位印尼被试发普通话 6 个舌尖前/后辅音时,发音部位和发音方法上的偏误具有如下特点:①均是发音部位的偏误率显著大于发音方法的偏误率。其中擦辅音 $s_{汉}$/s/、sh/ʂ/尤其突出,几乎全是发音部位上的偏误。②发音部位上的偏误,均以偏成母语(印尼语)的发音部位居多。③发音方法上的偏误,集中表现为目的语(汉语)的送气/不送气之间的混淆。其中不送气误为送气的比率,显著大于送气误为不送气的比率,见表 4-2。

表4-2　印尼被试发普通话舌尖前/后辅音的发音部位和发音方法偏误类型及出现率

单位:%

	发音部位偏误率				发音方法偏误率			
	偏成母语部位	偏成舌面部位	前/后舌位混淆	小计	送/不送气混淆	擦/塞擦混淆	清/浊混淆	小计
z/ts/	27	13.5	7.5	48	31.3	1.6	3.1	36
c/tsʰ/	37.9	22.9	8.6	69.4	24.5	4.3	3.5	32.3
$s_{汉}$/s/	18.7	5.8	6.3	30.8	0	0	0	0
zh/tʂ/	21.9	15.2	17.9	55	41.8	5	2.7	49.5
ch/tʂʰ/	29.5	19.3	22.4	71.2	21.1	1.5	0.8	23.4
sh/ʂ/	15.1	8.3	13.1	36.5	0.8	0.8	0	1.6

三、后接元音与辅音偏误的关系

从表 4-2 可以看出,印尼被试发汉语舌尖前/后辅音时,主要表现为"偏成母语部位""偏成舌面部位""前/后舌位混淆"和"送气/不送气混淆"4 类偏误,而"擦/塞擦混淆"和"清/浊混淆"2 类偏误的出现率相当小。为了深入考察辅音后接元音对前 4 类主要偏误发生率的影响,本书对 32 位印尼被试的上述 4 类偏误,在 a/A/、-i(/ɤ/、/ʅ/)、$u_{汉}$/u/ 3 类元音中的发生率分别进行了配对样本的 t 检验。

检验结果显示,同一辅音后接元音为 -i(/ɤ/、/ʅ/)时,"偏成母语部位"的出现率与后接元音为 a/A/、$u_{汉}$/u/时的相应偏误率之间存在显著差异,前者"偏成母语部位"的出现率显著小于后二者的($p < 0.001$,$p < 0.001$)。但后接元音为 a/A/、$u_{汉}$/u/二者之间相应偏误的出现率不存在显著差异($p > 0.05$)。由此可见,汉语普通话舌尖前/后辅音后接元音为 a/A/、$u_{汉}$/u/时,印尼习得者更容易出现用母语发音部位误代的偏误；而当后接元音为 - i（/ʅ/、/ɿ/）时，印尼习得者相对较少出现此类偏误。参见表 4 - 3。

　　同一辅音后接元音为 - i（/ʅ/、/ɿ/）时，"前/后舌位混淆"的出现率，与后接元音为 ɑ/A/、u汉/u/时相应偏误的出现率之间存在显著差异，前者"前/后舌位混淆"的出现率显著大于后二者的相应偏误出现率（$p < 0.05$，$p < 0.01$）；但元音 ɑ/A/、u汉/u/之间相应偏误的出现率不存在显著差异（$p > 0.05$）。由此可见，汉语普通话舌尖前/后辅音后接元音为 - i（/ʅ/、/ɿ/）时，印尼习得者更容易出现目的语舌尖前/后相互混淆的偏误；而当后接元音为 ɑ/A/、u汉/u/时，印尼习得者相对较少出现此类偏误，参见表 4 - 4。

表 4 - 3　元音对母语发音部位误代偏误率的影响

	Mean	Std.	t（p）	
			- i（/ʅ/、/ɿ/）	u汉/u/
ɑ/A/	27. 704	3. 017	5. 086***	1. 068
- i（/ʅ/、/ɿ/）	13. 451	0. 513	—	5. 695***
u汉/u/	29. 983	1. 974	—	—

说明：*：$p < 0.05$，**：$p < 0.01$，***：$p < 0.001$，下表类同，不一一说明。

表 4 - 4　元音对前/后舌位混淆偏误率的影响

	Mean	Std.	t（p）	
			- i（/ʅ/、/ɿ/）	u汉/u/
ɑ/A/	11. 517	1. 311	2. 467*	0. 467
- i（/ʅ/、/ɿ/）	17. 550	3. 507	—	3. 150**
u汉/u/	9. 653	0. 967	—	—

　　同一辅音后接元音为 ɑ/A/、- i（/ʅ/、/ɿ/）、u汉/u/时，三者之间"偏成舌面部位"的出现率存在显著差异。具体表现为：后接元音 u汉/u/的偏误率 > 后接元音 - i（/ʅ/、/ɿ/）的偏误率 > 后接元音 ɑ/A/的偏误率（$p < 0.001$，$p < 0.001$，$p < 0.001$）。由此可见，汉语普通话舌尖前/后辅音后接元音 u汉/u/时，印尼习得者最容易出现目的语舌尖前/后发音部位与舌面发音部位混淆的偏误；当后接元音 - i（/ʅ/、/ɿ/）时，印尼习得者出现此类偏误也比较多；当后接元音 ɑ/A/时，印尼习得者则很少出现此类偏误，详见表 4 - 5。

　　同一辅音后接元音 u汉/u/时，"送气/不送气混淆"的出现率，显著大于后接元音 ɑ/A/、- i（/ʅ/、/ɿ/）时的偏误出现率（$p < 0.001$，$p < 0.01$）。后接元音

ɑ/A/、-i（/ɣ/、/ʅ/）时，"送气/不送气混淆"的出现率有一定差异，但未达到显著水平。由此可见，汉语普通话舌尖前/后辅音后接元音 u汉/u/ 时，印尼习得者更容易出现目的语送气/不送气相互混淆的偏误；而当后接元音 ɑ/A/、-i（/ɣ/、/ʅ/）时，印尼习得者相对较少出现此类偏误，见表 4-6。

表 4-5　元音对舌面发音部位误代偏误率的影响

	Mean	Std.	t (p)	
			-i（/ɣ/、/ʅ/）	u汉/u/
ɑ/A/	3.416	1.035	7.573***	8.203***
-i（/ɣ/、/ʅ/）	11.952	1.118	—	5.315***
u汉/u/	27.967	3.471		—

表 4-6　元音对送气/不送气发音方法偏误的影响

	Mean	Std.	t (p)	
			-i（/ɣ/、/ʅ/）	u汉/u/
ɑ/A/	13.183	3.714	0.136	5.394***
-i（/ɣ/、/ʅ/）	17.351	2.987	—	3.215**
u汉/u/	28.107	4.550		—

四、发音舌位偏差

首先提取出每一位发音人 6 个舌尖前/后辅音的 F2 与 F1，然后分别计算出每一位发音人 3 组舌位前/后对立辅音（z/ts/ - zh/tʂ/、c/tsʰ/ - ch/tʂʰ/、s/s/ - sh/ʂ/）之间的 ΔF 之差（F2 - F1）。即求每一位发音人所发 z/ts/、c/tsʰ/、s/s/ 的 ΔF_z、ΔF_c、ΔF_s 与对应 zh/tʂ/、ch/tʂʰ/、sh/ʂ/ 的 ΔF_{zh}、ΔF_{ch}、ΔF_{sh} 之间的差值，最后看印—中发音人之间的 $\Delta F_z - \Delta F_{zh}$、$\Delta F_c - \Delta F_{ch}$、$\Delta F_s - \Delta F_{sh}$ 是否存在显著差异[1]。

————————

[1]　这里的计算比较复杂，实际包括了三层差值，第一层差值指 6 个舌尖前/后辅音自身的 F2 与 F1 之差，具体包括了 6 个 ΔF 数值，即 $\Delta F_z = F_z2 - F_z1$、$\Delta F_c = F_c2 - F_c1$、$\Delta F_s = F_s2 - F_s1$、$\Delta F_{zh} = F_{zh}2 - F_{zh}1$、$\Delta F_{ch} = F_{ch}2 - F_{ch}1$、$\Delta F_{sh} = F_{sh}2 - F_{sh}1$；第二层差值指 3 组对立的舌尖前/后辅音的 ΔF 之差，具体包括了 3 个差值，即 $\Delta F_z - \Delta F_{zh}$、$\Delta F_c - \Delta F_{ch}$、$\Delta F_s - \Delta F_{sh}$ 的差值。第三层差值指印—中发音人之间的 $\Delta F_z - \Delta F_{zh}$、$\Delta F_c - \Delta F_{ch}$、$\Delta F_s - \Delta F_{sh}$ 差异，即印尼被试的 $\Delta F_z - \Delta F_{zh}$、$\Delta F_c - \Delta F_{ch}$、$\Delta F_s - \Delta F_{sh}$ 与中国发音人相应的 $\Delta F_z - \Delta F_{zh}$、$\Delta F_c - \Delta F_{ch}$、$\Delta F_s - \Delta F_{sh}$ 的差异。

通过对印—中两组发音人3组差值（$\Delta F_z - \Delta F_{zh}$、$\Delta F_c - \Delta F_{ch}$、$\Delta F_s - \Delta F_{sh}$）分别进行两个独立样本的$t$检验，检验结果见表4-7。

表4-7　印—中发音人对应辅音 ΔF 之差独立样本 t 检验

	平均值之差（Hz）	t	p	N
$\Delta F_z - \Delta F_{zh}$	433.4	21.513	0	48
$\Delta F_c - \Delta F_{ch}$	565.2	31.864	0	48
$\Delta F_s - \Delta F_{sh}$	495.7	25.177	0	48

结果表明，印尼发音人发 z/ts/ – zh/tʂ/、c/tsʰ/ – ch/tʂʰ/、s/s/ – sh/ʂ/ 3 组发音部位前/后对立辅音时，两两之间的 ΔF 之差（F2 – F1）远远小于中国发音人的 ΔF 之差（F2 – F1）。这也表明印尼被试在发上述 3 组辅音时，将舌尖前音 z/ts/、c/tsʰ/、s/s/ 的舌位靠后了，同时将舌尖后音 zh/tʂ/ – ch/tʂʰ/ – sh/ʂ/ 的舌位靠前了。

五、发音方法偏差

先提取出48位被试2组送气/不送气对立辅音（z/ts/ – c/tsʰ/、zh/tʂ/ – ch/tʂʰ/）各自的 VOT 长度，然后计算出每位被试的送气/不送气对立辅音平均 VOT 的差值（$VOT_c - VOT_z$、$VOT_{ch} - VOT_{zh}$），最后对印—中两组发音人2组对应送气/不送气辅音平均 VOT 的差值（$VOT_c - VOT_z$、$VOT_{ch} - VOT_{zh}$）分别进行两个独立样本的 t 检验，检验结果见表4-8。

表4-8　印—中发音人对应辅音 VOT 差值独立样本 t 检验

	平均值之差（ms）	t	p	N
$VOT_c - VOT_z$	79.4	29.116	0	48
$VOT_{ch} - VOT_{zh}$	61.9	21.537	0	48

上述结果表明，印尼发音人发 z/ts/ – c/tsʰ/、zh/tʂ/ – ch/tʂʰ/两组送气/不送气对立辅音时，两两之间的 VOT 差值（$VOT_c - VOT_z$、$VOT_{ch} - VOT_{zh}$）远远小于中国发音人的 VOT 差值。这也表明印尼被试在发上述 2 组辅音时，将送气音（c/tsʰ/、ch/tʂʰ/）的 VOT 发短了，又将不送气音（z/ts/、zh/tʂ/）的 VOT 发长了。

第四节　偏误原因分析

一、母语负迁移作用

总体上看，印尼被试将普通话舌尖前/后辅音直接错发成母语的比例相当大，如 c/tsʰ/直接错成母语的比例将近20%。这是因为二语习得者在习得二语语音的过程中，普遍地受到母语"负迁移"（Negative Transfer）的影响（Lado, 1957：2；Ellis, 1999：19～41）。中介语的产生是母语和目的语向中介语双向渗透（Permeability）的过程（王建勤，1997：146），印尼汉语二语习得者在发普通话舌尖前/后辅音的过程中也不例外。这种负迁移作用既表现为直接用自己母语中某个相近的辅音来代替，也表现为用母语中某类辅音的发音部位（本研究主要为舌叶）代替汉语辅音的发音部位（本研究主要为舌尖前/后）。前面提到的"母语误代"就是前一作用过程的结果，"母语—目的语杂糅"和偏成母语（印尼语）发音部位就是后一作用过程的结果。不过这种负迁移作用还受到其他因素的制约，下文将作进一步讨论。

我们还注意到被试将普通话舌尖前/后辅音直接错发成母语时很有规律：多发生在后接元音是 ɑ/A/、u汉/u/两类音节中。这主要是普通话元音 –i（/ɣ/、/ʅ/）与印尼语元音 i 的相似度，比两种语言中元音 ɑ/A/、u汉/u/的相似度要小。也就是说，汉语普通话舌尖前/后辅音接 –i（/ɣ/、/ʅ/）的音节（如 cī/tsʰɣ⁵⁵/、shī/ʂʅ⁵⁵/）与印尼语类似组合音节（ci/tsi/、si/si/）的相似度，比舌尖前/后辅音接 ɑ/A/、u汉/u/音节（如 cā/tsʰA⁵⁵/、shā/ʂA⁵⁵/）与印尼语类似组合音节（如 ca/tsA/、sa/sA/）的相似度要小。根据二语习得的普遍特点：目的语与母语相似度大的语言项目往往比相似度小的项目受母语的干扰大（Flege, 1987；周小兵、李海鸥，2004：47）。因此，普通话舌尖前/后辅音后接元音为 ɑ/A/、u汉/u/时受印尼语的干扰更大，辅音错成印尼语的可能性也更大。

二、目的语内部相互干扰

目的语内部相互干扰作用主要指目的语内部不同语言项目之间，由于存在某些相同或相似的特征对习得者所造成的影响（Corder, 1967；Selinker, 1972）。如普通话辅音 z/ts/ – c/tsʰ/之间，不仅发音部位相同，而且发音方法具有一定的相似性；z/ts/ – zh/tʂ/ – j/tɕ/之间，不仅发音方法相同，而且发音部位具有很大的相似性。因此，印尼汉语二语习得者很容易将其对应混淆，前面提到的"目的语相互混淆""送气/不送气相互混淆"等偏误类型就是这一作用的结果。同样，目的语内部的相互干扰作用也受到其他因素的制约，下文将作进一步讨论。

三、语音相似度制约

在二语语音习得过程中，习得者的母语和目的语以"双向渗透"模式作用于二语习得的全过程（王建勤，1997：146）。但是，母语和目的语在"双向渗透"作用过程中，既具有同时性，又具有竞争性。二者竞争的胜负取决于语音项目之间（包括目的语—母语之间、目的语—目的语相互之间）相似度（Simularity Measure）的大小（Flege，1993）。当目的语音素与母语音素之间的相似度大于目的语音素之间的相似度时，母语负迁移作用就会占主导地位，偏误类型便以"母语误代"为主。如辅音 $s_{汉}$/s/的偏误。当目的语音素之间的相似度大于目的语音素与母语音素之间的相似度时，目的语内部的相互干扰作用就占主导地位，偏误类型便以"目的语混淆"为主。如辅音 z/ts/、ch/tʂʰ/等的偏误。

需要指出的是，二者同时而竞争性的影响并非总是以完整的形式发生的，有时会以分解的形式发生。即习得者习得目的语某一语音项目时，受到另一语音项目的部分因素（发音部位或者发音方法）影响。"母语—目的语杂糅"（舌叶部位＋送气方法）偏误类型的出现就是这种分解作用的结果。因此，印尼被试发普通话舌尖前/后辅音时，表层形式上有"母语误代""目的语相互混淆""母语—目的语杂糅"三大偏误类型。其深层机制则是：在语音相似度不同的条件下，母语负迁移与目的语内部相互干扰二者同时而竞争作用的结果。该作用过程可归纳如图 4 – 4 所示。

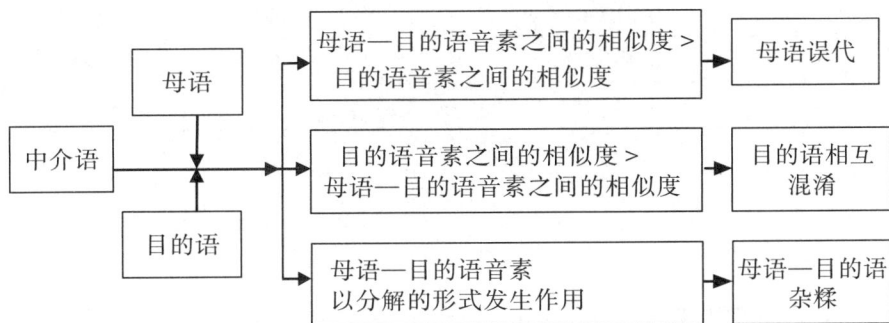

图 4 – 4　语音偏误类型形成深层机制

　　此外，语音相似度不仅包括音素层面的相似度，也包括音节层面的相似度，并且不同音节层面的相似度反过来又会影响这些音节内不同音素的相似度。本实验先分别提取出 16 位中国人发音语料中汉语元音 ɑ/A/、－i/ɤ//ʅ/、u汉/u/的 F1、F2、F3，同时提取出 16 位性别、年龄相当的印尼被试发音语料中印尼语元音 a/a/、i印/i/、u印/u/的 F1、F2、F3；接着，对每位发音人各个元音中 F1、F2、F3 的值进行归整；然后根据 Miller（1989）的语音相似度计算公式①，计算出 4 组中—印相似元音的相似度。统计结果显示，ɑ/A/ － a/a/、－i/ɤ/ － i印/i/、－i/ʅ/ － i印/i/、u汉/u/ － u印/u/之间的相似度分别为 0.8226、0.5104、0.4873、0.8931。经配对样本 t 检验，结果显示：u汉/u/ － u印/u/和 ɑ/A/ － a/a/的相似度，分别与 －i/ɤ/ － i印/i/、－i/ʅ/ － i印/i/之间的相似度之间存在显著差异；u汉/u/ － u印/u/与 ɑ/A/ － a/a/、－i/ɤ/ － i印/i/与 －i/ʅ/ － i印/i/之间的相似度不存在显著差异。其中，ɑ/A/ － a/a/、u汉/u/ － u印/u/之间的相似度，显著大于 －i/ɤ/ － i印/i/、－i/ʅ/ － i印/i/之间的相似度，见表 4 － 9。

　　由于 u汉/u/ － u印/u/和 ɑ/A/ － a/a/的相似度显著大于 －i/ɤ/ － i印/i/、－i/ʅ/ － i印/i/的相似度，因此，cū汉/tsʰu⁵⁵/ － cu印/tsu/和 cā/tsʰA⁵⁵/ － ca印/tsa/音节之间的相似度，也会显著大于 cī/tsʰi⁵⁵/ － ci印/tsi/、chī/tʂʰi⁵⁵/ － ci印/tsi/音节之间的相似度。音节相似度越大，发该音节时，其中的辅音也就越容易混淆。因此，印尼被试将普通话舌尖前/后辅音错发成母语时，后接元音 ɑ/A/、u汉/u/的偏误率显著大于后接元音 －i/ɤ/、－i/ʅ/的偏误率。

表 4 － 9　中—印对应相似元音的相似度配对样本 t 检验

	M	t（p）		
		－i/ɤ/ － i印/i/	－i/ʅ/ － i印/i/	u汉/u/ － u印/u/
ɑ/A/ － a/a/	0.822 6	3.159**	3.662**	1.061
－i/ɤ/ － i印/i/	0.510 4	—	0.537	4.807***
－i/ʅ/ － i印/i/	0.487 3	—	—	5.105***
u汉/u/ － u印/u/	0.893 1	—	—	—

①　该计算公式为 $PD = \sqrt{(x_1 - x_2)^2 + (y_1 - y_2)^2 + (z_1 - z_2)^2}$，其中 $x = \log(F3/F2)$，$y = \log(F1/SR)$，$z = \log(SF2/SF1)$，SF1、SF2、SF3 分别代表元音前三个共振峰数值，SR 是供参考的基频值，$SR = 168$（GMFO/168），GMFO 为各个发音人所有基频的几何平均值。PD 的值相当于两个相似元音在三维空间中的距离，本文用 $s = 1 - PD$ 表示两个元音的相似度。

四、辅音知觉结构影响

张家騄、齐士钤、吕士楠（1981）通过实验得出：汉语辅音发音部位（前—中—后）是汉语辅音知觉结构（Perceptual Configurations）中最难的知觉特征。诸多实验研究表明，二语习得者的语音知觉与发音之间存在一定的关系（李丹丹、周小兵，2005；Flege，1999；王韫佳，2002）。印尼被试发普通话舌尖前/后辅音时，发音部位的偏误率显著大于发音方法的偏误率。这正是语音知觉特征影响的结果。

五、汉语拼音书写规则干扰

在汉语拼音的书写规则中，一个书写形式 i，代表了/i/汉、–i/ɤ/、–i/ʅ/三个不同的音位。印尼汉语初学者，对汉语拼音的书写规则还不太熟悉，有时即使熟悉了书写规则，在发音过程中也很容易出现"口不从心"的现象，从而导致将元音/i/汉 ↔ –i/ɤ/ ↔ –i/ʅ/的发音相互混淆。其中 –i/ɤ/ ↔ –i/ʅ/两个元音的相似性更大（吴宗济、林茂灿，1989：85~96），印尼留学生更容易出现 –i/ɤ/ ↔ –i/ʅ/发音相互混淆的现象。一旦 –i/ɤ/ ↔ –i/ʅ/发音相互混淆，元音前的舌尖前/后辅音也必然出现相互混淆。因此，普通话舌尖前/后辅音后接元音 –i/ɤ/、–i/ʅ/时，印尼被试出现普通话舌尖前/后辅音相互混淆的偏误率，显著大于普通话舌尖前/后辅音后接元音 a/A/或 u/u/汉时出现的偏误率。类似地，一个书写形式 u，代表 u汉/u/、ü/y/两个不同的音位，也很容易造成留学生将 u汉/u/前的舌尖前/后辅音错发成舌面辅音。

六、协同发音作用

协同发音（Coarticulation）理论认为，两个音段的发音姿态差距越大，则协同发音作用所引起的音段发音变化也越大（Bladon & Al-Bamerni，1976；Fowler，1980）。显然，普通话舌尖前/后辅音的发音姿态与 u汉/u/发音姿态的差距，远大于与 a/A/、–i（/ɤ/、–i/ʅ/）发音姿态的差距。因此，同一舌尖前/后辅音与 u汉/u/组合发音时的变化幅度，远大于与 a/A/、–i（/ɤ/、–i/ʅ/）组合发音时的变化幅度。音段发音变化幅度越大，汉语二语习得者发音时就越容易出错。加上 u汉/u/为合口呼，气流出入的通道面积很小，很容易造成将元音前的不送气辅音错发成送气辅音。这样，同一辅音后接元音 u汉/u/时，送气/不送气混淆的偏误率，远大于后接元音 ɑ/A/、–i（/ɤ/、–i/ʐ/）的偏误率。

第五节　教学对策

针对印尼汉语二语习得者发舌尖前/后辅音时出现的偏误特点和产生这些偏误的原因，我们在教学过程中宜采取如下对策：

一、高度重视，延长教学时间

现有 70% 以上的教材，将普通话舌尖前/后辅音 z/ts/、c/tsʰ/、s汉/s/、zh/tʂ/、ch/tʂʰ/、sh/ʂ/安排成两课进行教学，并且在前两个月左右时间就完成（程相文，2001）。这样安排对习得者很不利。本实验得出的偏误率，显示了这两组辅音的习得难度非常大。因此，应该大大延长其习得时间，至少要延长至一学期，甚至一年。不过以后练习的强度可以逐步减小。

二、有的放矢，避免平均用力

无论是编写教材，还是实践教学，都要力改以往重难点不清晰、不突出的训练模式，采取有的放矢的点状突破训练模式。这里的有的放矢包括两层要求：一是不同的舌尖前/后辅音难度不同，练习的强度也应该不同，以免一些不太难的辅音得到了大量练习，而一些非常难的辅音组合又练习不够。如相比来说，ch/tʂʰ/的练习量应该远远大于 s汉/s/的。二是同一舌尖前/后辅音，与不同元音组合后偏误的趋势不同，练习的着眼点也应该不同。如同一辅音 ch/tʂʰ/，预防偏向印尼习得者母语发音部位，重点在于加强辅音与元音 ɑ/A/、u汉/u/组合的训练；预防偏向普通话舌尖前音的舌位时，重点在于加强辅音与元音 –i（/ɤ/、/ʐ/）组合的训练；预防偏向普通话舌面音的舌位时，重点在于加强辅音与元音 u汉/u/组合的训练；预防偏向普通话不送气方法时，重点在于加强辅音与元音 u汉/u/组合的训练。

三、多层对比，直观显示差异

这里的多层对比，共计包括 5 个层面：一是普通话舌尖前辅音之间，或者舌尖后辅音之间的对比，如 z/ts/ – c/ts^h/、zh/tʂ/ – ch/tʂ^h/等之间的对比，该层对比重在比较发音方法的差异。二是普通话舌尖前与舌尖后辅音之间的对比，如 z/ts/ – zh/tʂ/、c/ts^h/ – ch/tʂ^h/等之间的对比，该层对比重在比较发音部位的差异。三是普通话舌尖前/后辅音与舌面辅音之间的对比，如 z/ts/ – j/tɕ/、zh/tʂ/ – j/tɕ/、ch/tʂ^h/ – q/tɕ^h/、sh/ʂ/ – x/ɕ/之间的对比，该层对比重在比较发音部位的差异。四是普通话舌尖前/后辅音与印尼语舌叶辅音之间的对比，如 c/ts^h/ – c/ts/、sh/ʂ/ – sy/ʃ/等之间的对比，该层对比既要比较发音部位的差异，也要比较发音方法的差异。在对比过程中，老师在讲解不同辅音在发音部位或发音方法上的差异时，不能照搬语音课本或研究论文中的术语，而应该大力借助发音器官图和自己的现场发音动作进行对比。如为了准确区分普通话舌尖前辅音—舌尖后辅音—舌面辅音之间的发音部位，我们可以借助图4-5来进行讲解。讲解过程中可以适当借用母语。五是普通话同一舌尖前/后辅音与不同元音组合的对比，如 z/ts/ + ɑ/A/、z/ts/ + u$_汉$/u/和 z/ts/ + –i/ɣ/之间的对比，该层对比重在比较普通话同一舌尖前/后辅音在不同语境条件下的变异，尤其是发音部位的变异。

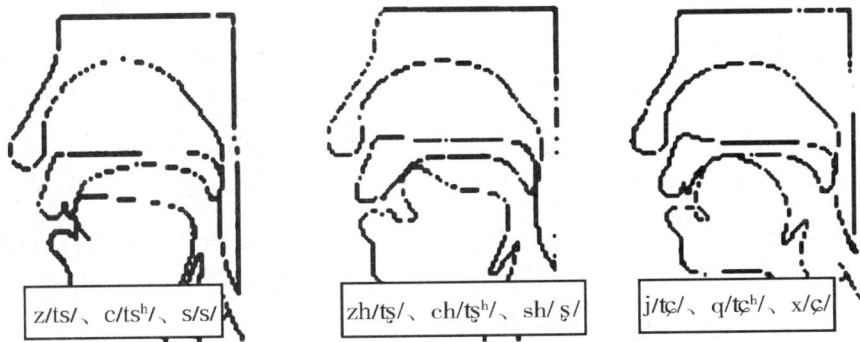

图4-5 普通话舌尖前辅音—舌尖后辅音—舌面辅音对比教学直观图

四、借助母语，合理因势利导

本研究的实验结果显示，母语对习得者的汉语辅音发音的影响，不仅影响力度大，而且持续时间长。王建勤（1997：149）在分析中介语产生的诸因素关系时认为，第二语言习得是以母语结构的不断替换或"再结构"的方式进行的，在语音习得层面尤其如此。因此，进行舌尖前/后辅音发音训练时，不能害怕母语的副作用，回避母语，而应该借用母语。所谓借用母语，不是让习得者练习自己的母语，而是让习得者清楚地掌握汉语普通话舌尖前/后辅音与其母语相似辅音发音的异同，尤其是要告诫习得者发舌尖前/后辅音时，最容易错成自己母语的哪个音，或者偏成自己母语的哪个音。如印尼汉语习得者最容易将汉语 c/ts^h/

错成印尼语 c/ts/，或者是错成一个发音部位是印尼语 c/ts/ + 发音方法是汉语 c/tsʰ/的混合偏误音。不论是哪种偏误，都是将汉语 c/tsʰ/与印尼语 c/ts/相混淆的表现。其实二者发音的区别在于：发音部位一个在舌尖—齿背，一个在舌叶—齿龈；发音方法一个是送气的，一个是不送气的，如表 4 – 10 所示。

表 4 – 10　汉语 c/tsʰ/与印尼语 c/ts/的发音异同

	发音部位	发音方法		
		塞擦/擦 （＋）（－）	清/浊 （－）（＋）	送气/不送气 （＋）（－）
汉语 c/tsʰ/	舌尖—齿背	＋	－	＋
印尼语 c/ts/	舌叶—齿龈	＋	－	－

五、改变拼音书写体系，减轻记忆负担

现行的汉语拼音书写体系中，一个书写形式 i，代表了三个不同的音位 /i/、/ɣ/、/ʅ/；一个书写形式 u，有时实际上也代表了 u/u/、ü/y/两个音位。这种书写规则，对于长期生活在汉语环境中的母语者来说，不会产生什么影响。但是，对汉语二语习得者（尤其是初学者）来说，极易造成干扰。因为他们是用规则来指导自己的语言行为的，上述汉语拼音书写规则的模糊性，无疑人为地增加了印尼汉语习得者的语音习得难度。因此，对外汉语课本中的拼音书写体系，最好是将/i/、/ɣ/、/ʅ/分开书写，ü/y/与有关声母相拼时也不要省去两点变成 u/u/。这不仅可以减少由于书写形式混淆而导致的发音错误，而且可以减轻汉语二语习得者记忆拼写规则的负担。

六、同时注重元音发音的训练

该对策实际包括两个方面：一是对印尼汉语习得者的舌尖前/后辅音发音错误，不能头痛医头，脚痛医脚，而要系统施治。将辅音的发音训练与元音的发音训练同时抓。尤其是加强印尼语中没有的 – i/ɣ/、– i/ʅ/两个元音的训练。因为不少辅音错误就是习得者将元音错发所致。如习得者将 – i/ɣ/、– i/ʅ/错发成汉语的 i/i/时，辅音 z/ts/、c/tsʰ/、s/s/或 zh/tʂ/、ch/tʂʰ/、sh/ʂ/就很容易错成 j/tɕ/、q/tɕʰ/、x/ɕ/；习得者将 – i/ɣ/错发成 – i/ʅ/时，辅音 z/ts/、c/tsʰ/、s/s/就一定会错成 zh/tʂ/、ch/tʂʰ/、sh/ʂ/；反之，习得者将 – i/ʅ/错发成 – i/ɣ/时，辅音 zh/tʂ/、ch/tʂʰ/、sh/ʂ/就一定会错成 z/ts/、c/tsʰ/、s/s/。

二是不仅要帮助习得者区分汉语舌尖前/后辅音与印尼语相似辅音的差异，

而且要帮助习得者区分汉语舌尖前/后辅音的后接元音与印尼语相似辅音的后接元音之间的差异。本研究的实验分析显示，不仅汉语舌尖前/后辅音的后接元音/ɣ/、/ʅ/与印尼语相似辅音的后接元音/i/之间存在显著差异，而且汉语舌尖前/后辅音的后接元音 ɑ/A/、u汉/u/，与印尼语相似辅音的后接元音 a/a/、u印/u/之间也存在很大差异。图4-7就是标准普通话 zū/tsu^{55}/，与标准印尼语 cu印/tsu/的语图对比。语图显示，汉语 u汉/u/的 F1、F2 都比印尼语 u印/u/的小，这说明：从舌位高低看，汉语 u汉/u/的舌位比印尼语 u印/u/要高；从舌位前后看，汉语 u汉/u/的舌位比印尼语 u印/u/要后；从开口度大小看，汉语 u汉/u/的开口度比印尼语 u印/u/要小；从嘴唇的圆展看，汉语 u汉/u/的嘴唇比印尼语 u印/u/要圆；从唇形面积大小看，汉语 u汉/u/的唇形面积比印尼语 u印/u/要小；从长度看，汉语 u汉/u/的长度比印尼语 u印/u/要长；从发音强度看，汉语 u汉/u/的强度比印尼语 u印/u/要小，具体参数差异见表4-11。

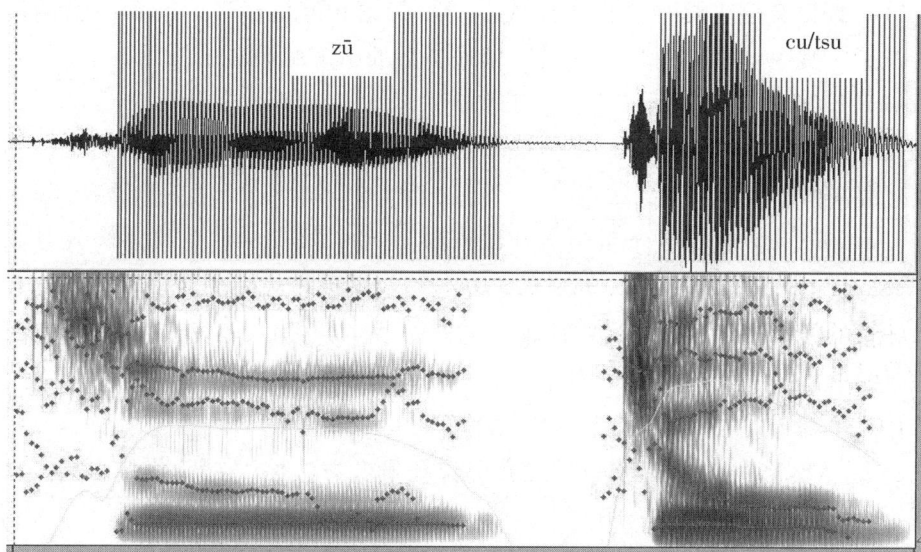

图4-6　标准普通话 zū/tsu^{55}/与标准印尼语 cu/tsu/的语图对比

表4-11　图4-6中普通话 zū/tsu^{55}/与印尼语 cu/tsu/中元音 u/u/的差异①

	F1（Hz）	F2（Hz）	音强（dB）	音长（ms）
u汉/u/	366.5	1118.6	66.1	477.8
u印/u/	390.5	1440.1	76.3	310.5
二者差异	-24	-321.5	-10.2	167.3

---

① 为了克服声调对两种语言发音时带来的影响，普通话选用了与印尼语调近似的阴平。

印尼汉语习得者发 6 个舌尖前/后辅音时，错成自己的母语中的有关辅音，多半伴随着元音的错误。如将 cī/tsʰɿ⁵⁵/错发成其母语 ci/tsi/时，同时也将该音节中的元音 −i/ɿ/错成了其母语的元音 i/i/；类似地，将 zū汉/tsu⁵⁵/错发成其母语 cu印/tsu/时，同时也将该音节中的汉语元音 u汉/u/错成了其母语的元音 u印/u/。因此，让他们知道汉语元音同印尼语相关元音之间的差别，将有助于他们汉语舌尖前/后辅音的正确发音。

第六节　结　论

本研究通过实验和统计分析得出，印尼汉语二语习得者发普通话 6 个舌尖前/后辅音时的偏误主要有如下特点：

（1）偏误类型主要有"母语误代""目的语相互混淆""母语—目的语杂糅"三种，其中"目的语相互混淆"偏误类型的出现率最高。

（2）发音部位的偏误率显著大于发音方法的偏误率。其中，发音部位偏误以偏成母语发音部位（舌叶）的出现率最高，发音方法偏误以目的语送气/不送气相互混淆的出现率最高。

（3）被试发普通话 6 个舌尖前/后辅音时，发音错误率的总排序为（从高到低）：ch/tʂʰ/ > zh/tʂ/ > c/tsʰ/ > z/ts/ > sh/ʂ/ > s/s/。即从发音部位角度考察，舌尖后辅音的偏误率大于相应舌尖前辅音的偏误率；从擦/塞擦发音方法角度考察，塞擦音的偏误率大于擦音的偏误率；从送气/不送气发音方法角度考察，送气辅音的偏误率大于对应不送气辅音的偏误率。

（4）元音对舌尖前/后辅音的发音部位和发音方法偏误有显著性影响。具体表现为：

①总体上舌尖前/后辅音后接元音为 u/u/的偏误率 > 后接元音为 −i（/ɿ/、/ʅ/）的偏误率 > 后接元音为 ɑ/A/的偏误率。

②错成被试母语的错误类型，多发生在后接元音是 ɑ/A/、u/u/两类音节中。其中，zh/tʂ/→c/ts/、zh/tʂ/→z印/z/、ch/tʂʰ/→c/ts/、ch/tʂʰ/→z印/z/错误类型在 −i（/ɿ/、/ʅ/）元音上分布均为 0。

③舌尖前/后辅音错成目的语辅音 j/tɕ/、q/tɕʰ/、x/ɕ/时，多发生在后接元音是 −i（/ɿ/、/ʅ/）、u/u/两类音节中，尤其是 u/u/类元音的音节中最多。

④6 个舌尖前/后辅音相互之间发生混淆时，多半发生在后接元音是 −i（/ɿ/、/ʅ/）的音节中。

（5）母语对印尼习得者舌尖前/后舌辅音发音有着强烈的影响。主要表现在三个方面：

　　①母语直接偏误占各个辅音总偏误的比重很大。

　　②母语对其他偏误的间接影响相当广。具体体现为 90% 的偏误中都存在舌位的偏误，而舌位偏误的一个突出特征是"央化"。

　　③母语元音也对习得者的舌尖前/后舌辅音发音造成很大的干扰。

　　（6）单音节舌尖前/后辅音发音偏误的产生，除了语际干扰（母语负迁移影响）、语内干扰（目的语内部语音项目相互影响）、自然度作用三大因素外，语音相似度、辅音知觉结构、汉语拼音书写符号规则、协同发音作用，也起着很大的负面作用。

第五章 汉语二语习得者普通话双音节舌尖前/后辅音感知实验

第一节 引 言

国外语音感知研究早期大多关注范畴感知（Categorical Perception）现象（Liberman，1957）。Eimas et al.（1971）的实验结果表明，婴儿的感知机制（Perceptual Mechanism）是天生的，且与语音的范畴一致。Trehub（1976）的研究结果表明，儿童对某些语音的区分能力会随着年龄增长而下降。后来，Logan et al.（1991）、Wang et al.（2003）等研究得出感知训练可以有效促进辅音的感知，感知能力的提高可以改善发音，并先后出现了"高变异语音训练法"（High Variability Phonetic Training）、"适应性知觉训练法"（Adaptive Training）和"视听知觉训练法"（Audiovisual Perceptual Training）等知觉训练法（Logan et al.，1991；Wang et al.，2003；Hazan et al.，2005）。

国内梁之安（1963）使用快速复述法研究汉语双唇塞音的送气特征，得到送气与不送气基本以40ms为界；送气特征主要表现为较长的噪声时程，这是听觉系统辨别辅音送气特性的主要依据；送气辅音在强度上可能略强于不送气辅音，但强度的差别在辅音辨别中不足以作为重要的依据。张家騄（1978）的研究结果表明：对不同的语言，物理特性差别较大的语音特征——发音方法，在言语知觉中占优势。张家騄、齐士钤、吕士楠（1981）对辅音知觉混淆数据进行处理，获得汉语辅音主要知觉特征的位次是：清/浊，送气/不送气，摩擦/非摩擦和部位（前、中、后）。齐士钤、张家騄（1982）的测量结果显示：①辅音音长与送气状态有直接关系，不送气塞音最短，送气塞擦音最长；各种发音方式之间有一定的音长比值，而音长与发音部位关系不大。②辅音音长与声调、全音节辅音长度关系不大，但送气塞擦音受后接元音影响，元音开口度大、音长短。③在连读中，前后两音节辅音中的辅音长度与所在位置的前后无关。④音长按不送气塞音（b/p/、d/t/、g/k/）—不送气塞擦音（j/tɕ/、zh/tʂ/、z/ts/）—浊音（m/m/、 n/n/、l/l/、r/ʐ/、ng/ŋ/）—送气塞音（p/pʰ/、t/tʰ/、k/kʰ/）—擦音（f/f/、h/x/、x/ɕ/、sh/ʂ/、s/s/）—送气塞擦音（q/tɕʰ/、ch/tʂʰ/、c/tsʰ/）这一顺序逐渐加大。若以不送气塞音音长进行归一，大体上呈1:3:5:6:8:8的比例关系。杨玉芳、方至（1984）以剪切磁带改变送气塞音的嗓音起始时间（VOT）为语料，通过辨认实验和ABX实验得到送气与不送气的分界存在于25ms处，且该分界与发音部位无关。王璇、于水源（2008）研究认为听感上VOT不一定是送气/不送气的主要依据。冉启斌等（2014）研究汉语普通话塞音b/p/－p/pʰ/、d/t/－t/tʰ/、g/k/－k/kʰ/在发音方法"送气/不送气"特征上的听感分界，结果显示听感边界表现出明显的动态性和模糊性，听辨范畴上，三个部位的送气听感范围都远大于不送气（均为70%：30%）。

关于汉语母语儿童的汉语语音习得，Ho & Bryant（1997）指出在语音意识的发展中，汉语儿童首先能够鉴别相对较大的语音单位（如声母、韵母相同但声调不同），然后逐渐可以鉴别较小的语音单位（如韵母和声调）。对汉语儿童而言，同音判断的任务要易于异音判断。李嵬等（2000）调查129名一岁半到四岁半说普通话的儿童得出普通话音节的四个组成部分中，声调习得非常早，在一岁半之前就已基本结束，其次是音节尾辅音和元音，最后是音节首辅音；普通话音节首辅音的习得顺序中sh/ʂ/、zh/tʂ/、ch/tʂʰ/、z/ts/、c/tsʰ/的习得最晚。司玉英（2006）通过个案追踪研究，根据普通话辅音的出现位置、发音方法、发音部位以及是否送气四个区别特征，得出辅音的习得顺序为：从发音部位上看，辅音韵尾的习得早于声母；从发音方法上看，塞音的习得早于塞擦音；双唇音的习得略早于舌尖前/后音；不送气音的习得早于送气音；具体的习得顺序为：m/m/、d/t/ < b/p/、p/pʰ/、t/tʰ/、x/ɕ/ < j/tɕ/、g/k/、k/kʰ/ < q/tɕʰ/、f/f/、h/x/ < n/n/、ng/ŋ/ < l/l/ < s/s/、sh/ʂ/、z/ts/、c/tsʰ/、zh/tʂ/、ch/tʂʰ/、r/ʐ/，亦即普通话舌尖前/后辅音的习得最晚。

大量教学实践和语音研究表明，汉语普通话的舌尖前/后辅音，无论是感知，还是发音，都是广大汉语二语习得者习得汉语语音的难点之一。众多研究人员针对不同母语背景的汉语习得者从语音对比、偏误分析、难度排序、教学对策等各个角度进行了研究，研究的母语背景涉及阿拉伯语（施光亨，1980）、日语（朱川，1981；王韫佳、上官雪娜，2004；梅丽，2005；申东月、伏学凤，2006；谢小丽，2006）、英语（倪彦、王晓葵，1992；朱永平，2004）、泰语（李红印，1995；蔡整莹，曹文2002）、韩语（王秀珍，1996；王宇，2000；李丹丹、周小兵，2005）、印尼语（董琳莉，1997；倪伟曼、林明贤，2000；林奕高、王功平，2005；王茂林、孙玉卿，2007；王功平，2008）、法语（刘苏乔、齐冲，2004）、越南语（吴门吉、胡明光，2004；傅氏梅，张维佳，2004）等诸多语种。

其中有关汉语二语习得者普通话辅音感知的研究，主要有王韫佳（2004）对日本留学生汉语普通话不送气/送气辅音加工模式的研究，傅氏梅、张维佳（2004）对越南汉语二语习得者习得汉语辅音的听觉偏误分析，李丹丹、周小兵（2005）对韩国汉语二语习得者汉语声母知觉—发音关系的研究，王功平（2008）对印尼汉语二语习得者普通话单音节辅音声母的感知实验研究。有关汉语二语习得者普通话双音节舌尖前/后辅音感知特点的研究，目前相当少。为此，本章将以印尼母语者为对象，集中考察以下四方面的问题：① 印尼汉语习得者普通话双音节舌尖前/后辅音的感知偏误有哪些规律？② 不同的辅音组合对感知偏误有何影响？③ 印尼汉语习得者普通话双音节舌尖前/后辅音的感知是如何发展的？④ 影响印尼汉语习得者普通话双音节舌尖前/后辅音感知的因素有哪些？

第二节 研究方法与过程

一、被试对象

全部被试一共43人①，其中初级17人，男生7人，女生10人，学习汉语时间6个月以下；中级15人，男生6人，女生9人，学习汉语时间在1年以上、2年以下；高级11人，男生5人，女生6人，学习汉语时间在2年以上。年龄都在15~30岁。见表5-1。

表5-1 双音节辅音舌尖前/后辅音感知实验被试分布

级别		初级	中级	高级	合计
性别	男	7	6	5	18
	女	10	9	6	25
合计		17	15	11	43

二、实验材料

本感知实验所用的材料包括三份双音节辅音舌尖前/后辅音感知材料。

第一组感知材料包括96个双音节辅音，其中72个双音节辅音的前/后辅音

---

① 这43人当中，有31位被试与第三章中的单音节感知是相同的。

都是相同的舌尖前/后辅音，如双音节辅音 zīzī 前后音节的辅音都是 z/ts/，前后音节的元音都是 –i/ɿ/；再如双音节辅音 shíshí 的前后音节辅音都是 sh/ʂ/，前后音节的元音都是 –i/ʅ/；其余 24 个属于有意杂入其中的双音节辅音。该组材料的设计过程考虑了以下要求：①每一个双音节辅音的前/后辅音和元音都相同；②要考察的 72 个双音节的前/后辅音都是舌尖前/后辅音；③6 个舌尖前/后辅音组合齐备；④6 个舌尖前/后辅音与 ɑ/A/、–i（包括 –i/ɿ/、–i/ʅ/）、u/u/三类元音组合齐全；⑤每组舌尖前/后辅音与四声的组合齐全；⑥所有的音节辅音进行了随机排列。本组材料简称为同辅同元组合。（见附录 5）

第二组感知材料包括 60 个双音节辅音，其中 36 个双音节的前/后辅音都是舌尖前/后辅音，其余 24 个属于有意杂入其中的双音节辅音。该组材料的设计要求关键在于每一个双音节的前/后辅音必须相同，但是元音必须不相同，如双音节辅音 sīsú 前后音节的辅音都是 s/s/，但前一音节的元音是 –i/ɿ/，后一音节的元音是 u/u/；再如双音节辅音 shāshí 前后音节的辅音都是 sh/ʂ/，但前一音节的元音是 ɑ/A/，后一音节的元音是 –i/ʅ/；其余要求与第一组材料基本相同。本组材料简称为同辅异元组合。（见附录 6）

第三组感知材料包括 120 个双音节辅音，其中 90 个双音节的前/后辅音都是舌尖前/后辅音，其余 30 个属于随意杂入其中的双音节辅音。该组材料的设计要求除了每一个双音节的前/后辅音必须不相同而元音必须相同外，其余要求与第一组材料基本相同。如双音节 zūshū 前后音节的元音都是 u/u/，但前一音节的辅音是 z/ts/，后一音节的辅音是 sh/ʂ/；再如双音节辅音 sìcì 前后音节的元音都是 –i/ɿ/，但前一音节的辅音是 s/s/，后一音节的辅音是 c/tsʰ/。本组材料简称为异辅同元组合。（见附录 7）

三、实验任务与过程

三组感知实验材料先由 2 位普通话标准的中国大学生朗读，用电脑和 Cool Edit 软件录音。朗读人员包括一位男生和一位女生，都获得普通话一级乙等证书。朗读的语速适中，每个音节辅音朗读 2 遍，其中男、女生各 1 遍；每遍之间间隔 2 秒，两个音节辅音之间间隔 3 秒。感知采用听后填空的方式，被试根据听到的音节辅音在相应的空格里写出辅音。整个实验采用随堂测试的方式统一时间进行。

第三节　实验结果

一、总体感知偏误类型及其变化趋势

与单音节辅音感知类似，偏误类型是指某个辅音在感知过程中，被感知成其他辅音的种类。所有被试感知 3 类双音节辅音组合时，6 个舌尖前/后辅音 z/ts/、c/ts^h/、s/s/、zh/tʂ/、ch/tʂ^h/、sh/ʂ/各自的总体偏误类型分别为 10、11、6、8、8、7。初级→中级→高级，3 类双音节辅音组合舌尖前/后辅音感知偏误类型的具体数值和变化趋势见表 5-2 和图 5-1。

表 5-2　不同级别被试双音节辅音舌尖前/后辅音感知偏误类型和变化趋势①

	z/ts/	c/ts^h/	s/s/	zh/tʂ/	ch/tʂ^h/	sh/ʂ/
初级	10	11	6	8	8	7
中级	5	7	4	3	6	4
高级	4	6	4	3	5	3
合计	10	11	6	8	8	7

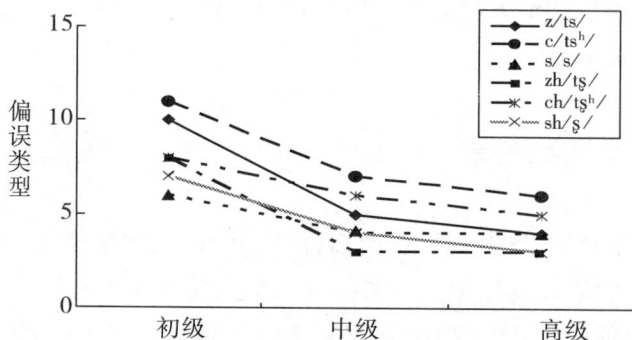

图 5-1　不同水平被试双音节辅音舌尖前/后辅音感知偏误类型变化趋势

综合以上实验结果，可以看出被试感知双音节辅音 6 个舌尖前/后辅音时，发生偏误的类型具有如下特点：

① "合计"栏中的数据，不是初、中、高 3 个级别数据的简单相加，排除了重复出现的类型。

（1）偏误类型的总排序为（从高到低）：c/tsʰ/ > z/ts/ > ch/tʂʰ/ > zh/tʂ/ > sh/ʂ/ > s/s/。不同级别的偏误类型排序略有不同，但是总体差异不大。

（2）从舌位上看，塞擦音中舌尖前辅音的感知偏误类型大于舌尖后的偏误类型。

（3）从擦/塞擦这一发音方法看，塞擦音的感知偏误类型大于擦音的偏误类型。

（4）从送气/不送气这一发音方法看，送气辅音的感知偏误类型大于对应不送气辅音的偏误类型。

（5）从感知偏误类型的变化情况看：从初级到中级偏误类型减少比较明显，从中级到高级偏误类型几乎没有减少。

二、感知偏误率

（一）总体感知偏误率

统计结果显示，所有被试感知同辅同元、同辅异元、异辅同元 3 类双音节辅音组合时，6 个舌尖前/后辅音的总体偏误率从大到小的顺序为：zh/tʂ/（69.3%）> c/tsʰ/（66.1%）> ch/tʂʰ/（47.8%）> z/ts/（45.4%）> s/s/（32.4%）> sh/ʂ/（26.5%）。

（二）不同水平被试感知偏误率及其变化趋势

初级→中级→高级 3 个级别被试感知同辅同元、同辅异元、异辅同元 3 类双音节辅音组合时，舌尖前/后辅音发生偏误的具体比率及其变化趋势见表 5 - 3 和图 5 - 2。

表 5 - 3　不同水平被试双音节舌尖前/后辅音感知偏误率变化趋势

单位:%

	z/ts/	c/tsʰ/	s/s/	zh/tʂ/	ch/tʂʰ/	sh/ʂ/
初级	67.9	70.3	47.4	77.1	55.8	35.1
中级	39.9	61.7	37.3	59.5	43.7	21.2
高级	31.2	62.6	25.9	65.3	42.8	19.8
平均	45.4	66.1	32.4	69.3	47.8	26.5

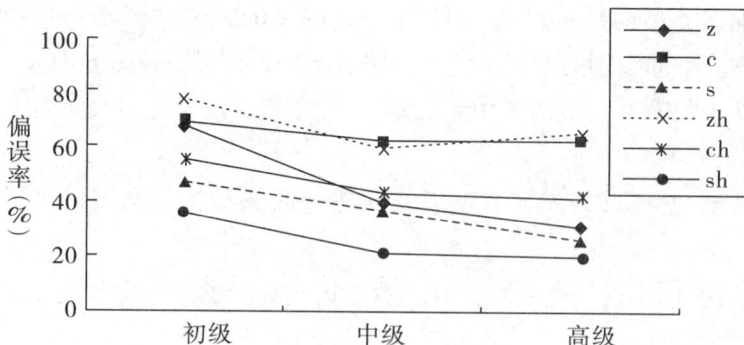

图 5-2   不同水平被试双音节舌尖前/后辅音感知偏误率变化趋势

综合表 5-3 和图 5-2，可以看出，印尼被试感知普通话双音节辅音组合中 6 个舌尖前/后辅音时，发生错误的比率具有如下特点：

（1）感知偏误率的总排序为（从高到低）：c/ts^h/ > zh/$t\text{ş}$/ > z/ts/ > ch/$t\text{ş}^h$/ > s/s/ > sh/ş/。

（2）从发音部位角度考察，送气辅音的偏误率是舌尖前音的 > 相应的舌尖后音的；不送气辅音的偏误率是舌尖后音的 > 相应的舌尖前音的。

（3）从擦/塞擦这一发音方法角度考察，塞擦音的偏误率 > 擦音的偏误率。

（4）从送气/不送气这一发音方法角度考察，舌尖前辅音是送气音的偏误率 > 对应不送气音的偏误率；舌尖后辅音是不送气音的偏误率 > 对应送气音的偏误率。

（5）从偏误率的变化情况看：初级→中级，错误率下降比较明显，中级→高级，下降不明显。

三、偏误成的辅音情况

（一）同水平不同组合偏误成的辅音

这里主要从横向考察同一水平被试感知不同双音节组合时，各类辅音偏误成其他类别的辅音有何规律，即辅音感知的偏误趋向。

1. 初级被试

从发音部位上的偏误结果看，初级被试感知同辅同元双音节辅音组合时，偏误成的辅音从舌位上看，首音节辅音被感知成舌尖后音的偏误率 > 被感知成舌尖前音的偏误率；尾音节辅音刚好相反，被感知成舌尖后音的偏误率 < 被感知成舌尖前音的偏误率。感知同辅异元双音节辅音组合与前者相反：首音节辅音被感知成舌尖后音的偏误率 < 被感知成舌尖前音的偏误率；尾音节辅音被感知成舌尖后音的偏误率 > 被感知成舌尖前音的偏误率。感知异辅同元双音节辅音组合与前二者既有相同的地方，也有不同的地方：首音节辅音被感知成舌尖后音的偏误率 > 被感知成舌尖前音的偏误率，这与感知同辅同元双音组合时相近，而与感知同辅异元双音节组合相异；尾音节辅音被感知成舌尖后音的偏误率＞被感知成舌尖前音的偏误率，这与感知同辅同元双音节组合时相反，而与感知同辅异元双音节组合相同。三类不同组合中首尾不同位置的音节辅音感知成舌面辅音的偏误率均很小，参见图5－3。

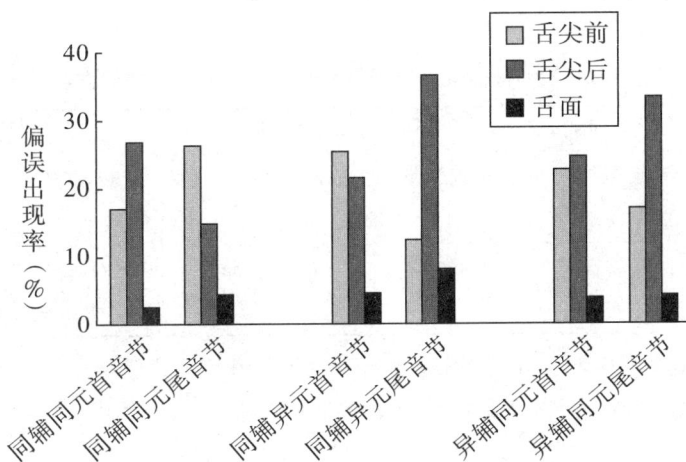

图5－3　初级被试双音节辅音发音部位感知偏误结果

对初级汉语水平被试同类双音节组合的同一位置辅音的感知偏误结果分别进行配对样本的 t 检验，结果显示：

（1）同辅同元双音节中，首音节辅音被感知成舌尖前音的偏误率显著小于被感知成舌尖后音的偏误率（$p < 0.01$）；尾音节辅音被感知成舌尖前音的偏误率显著大于被感知成舌尖后音的偏误率（$p < 0.01$）；首、尾音节辅音被感知成舌面辅音的偏误率均显著小于被感知成舌尖前/后音的偏误率（$p < 0.001$，$p < 0.001$，$p < 0.001$，$p < 0.001$）。

（2）同辅异元双音节辅音中，首音节辅音被感知成舌尖前音的偏误率略大于被感知成舌尖后音的偏误率，但是相差不显著（$p > 0.05$）；尾音节辅音被感知成舌尖前音的偏误率显著小于被感知成舌尖后音的偏误率（$p < 0.001$）；首音节辅音被感知成舌面辅音的偏误率均显著小于被感知成舌尖前/后音的偏误率（$p < 0.001$，$p < 0.001$）；尾音节辅音被感知成舌面辅音的偏误率显著小于被感知成舌尖后音的偏误率（$p < 0.001$）；尾音节辅音被感知成舌面辅音的偏误率略小于被感知成舌尖前音的偏误率，但是相差不显著（$p > 0.05$）。

（3）异辅同元双音节辅音中，首音节辅音被感知成舌尖前音的偏误率略小于被感知成舌尖后音的偏误率，但是相差不显著（$p > 0.05$）；尾音节辅音被感知成舌尖前音的偏误率显著小于被感知成舌尖后音的偏误率（$p < 0.001$）；首、尾音节辅音被感知成舌面辅音的偏误率均显著小于被感知成舌尖前/后音的偏误率

（$p < 0.001$，$p < 0.001$，$p < 0.001$，$p < 0.001$），参见表 5 - 4。

这说明，初级被试感知双音节辅音时发音部位感知偏误的特点为，同辅同元组合的首音节辅音，同辅异元和异辅同元组合的尾音节辅音极易被感知为舌尖后音；同辅同元组合的尾音节辅音也容易被感知为舌尖前音；同辅异元和异辅同元组合的首音节辅音被感知为舌尖前/后音的概率差不多。

表 5 - 4　初级被试双音节辅音发音部位被感知成的偏误结果

	同辅同元	同辅异元	异辅同元
首音节辅音	舌面音*** < 舌尖前音** < 舌尖后音	舌尖前音 > 舌尖后音*** > 舌面音	舌面音*** < 舌尖前音 < 舌尖后音
尾音节辅音	舌尖前音** > 舌尖后音*** > 舌面音	舌面音 < 舌尖前音*** < 舌尖后音	舌面音*** < 舌尖前音*** < 舌尖后音

说明：* 表示在 0.05 水平上显著；* * 表示在 0.01 水平上显著；* * * 表示在 0.001 水平上显著；无*表示不存在显著差异。后面的表格类同，不一一冗述。

从发音方法上的偏误结果看，初级被试感知同辅同元双音节辅音组合时，首、尾音节辅音发音方法的感知偏误结果出现率均为：强送气的 > 不送气的 > 弱送气的。[1] 感知同辅异元和异辅同元两类双音节辅音组合时，首音节辅音发音方法的感知偏误结果出现率均为：强送气的 > 弱送气的 > 不送气的；尾音节辅音发音方法的感知偏误结果出现率均为：强送气的 > 不送气的 > 弱送气的，参见图 5 - 4。

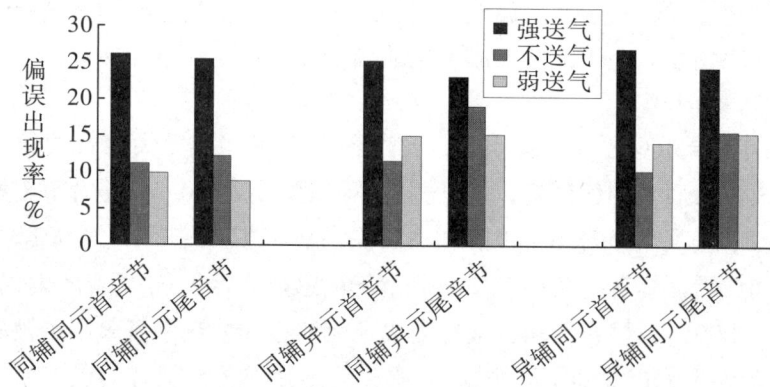

图 5 - 4　初级被试双音节辅音发音方法感知偏误结果

---

① 这里的强送气音指一般语音学书上的送气塞擦音，如辅音 c/tsʰ/、ch/tʂʰ/；不送气音指一般语音学书上的不送气塞擦音，如辅音 z/ts/、zh/tʂ/；弱送气音指一般语音学书上的无送气特性的擦音，如辅音 s/s/、sh/ʂ/。

对初级汉语水平被试同类双音节辅音组合的同一位置辅音发音方法上的感知偏误结果分别进行配对样本的 t 检验，结果显示：

（1）同辅同元双音节中，首、尾音节辅音被感知成强送气的偏误率均分别显著大于被感知成不送气和弱送气的偏误率（$p < 0.001$，$p < 0.001$，$p < 0.001$，$p < 0.001$）；被感知成不送气的偏误率均略大于被感知成弱送气的偏误率，但是相差不显著（$p > 0.05$，$p > 0.05$）。

（2）同辅异元双音节中，首音节辅音被感知成强送气的偏误率，分别显著大于被感知成不送气的和弱送气的偏误率（$p < 0.001$，$p < 0.001$）；被感知成不送气的偏误率略小于被感知成弱送气的偏误率，但是相差不显著（$p > 0.05$）；尾音节辅音被感知成强送气的偏误率略大于被感知成不送气的偏误率，但是相差不显著（$p > 0.05$）；尾音节辅音被感知成不送气的偏误率略大于被感知成弱送气的偏误率，但是相差不显著（$p > 0.05$）；尾音节辅音被感知成强送气的偏误率显著大于被感知成弱送气的偏误率（$p < 0.05$）。

（3）异辅同元双音节中，首、尾音节辅音被感知成强送气的偏误率，均分别显著大于被感知成不送气的和弱送气的偏误率（$p < 0.001$，$p < 0.001$，$p < 0.01$，$p < 0.01$）；首音节辅音被感知成不送气的偏误率略小于被感知成弱送气的偏误率，但是相差不显著（$p > 0.05$）；尾音节辅音被感知成不送气的偏误率略大于被感知成弱送气的偏误率，但是相差不显著（$p > 0.05$），参见表 5 - 5。

表 5 - 5　初级被试双音节辅音发音方法感知偏误结果

	同辅同元	同辅异元	异辅同元
首音节辅音	强送气*** > 不送气 > 弱送气	强送气*** > 弱送气 > 不送气	强送气*** > 弱送气 > 不送气
尾音节辅音	强送气*** > 不送气 > 弱送气	强送气 > 不送气 > 弱送气；强送气* > 弱送气	强送气*** > 不送气 > 弱送气

这说明，初级被试感知双音节辅音时，发音方法上的偏误特点为：同辅同元、同辅异元、异辅同元三种双音节的首、尾音节辅音不送气或者弱送气发音方法很容易被感知为强送气发音方法；同辅异元、异辅同元两种组合的首、尾音节辅音不送气或者强送气发音方法也容易被感知为弱送气发音方法。

2. 中级被试

从发音部位上的偏误结果看，中级被试感知同辅同元、同辅异元、异辅同元三种双音节组合时，不同位置的辅音被感知成的偏误辅音及其出现率与初级被试的有很大不同。除了同辅异元组合中的首音节辅音被感知成舌尖前音的偏误率小于被感知成舌尖后音的偏误率外，其余位置的辅音被感知成的偏误辅音出现率均为舌尖前音 > 舌尖后音。参见图 5 - 5。

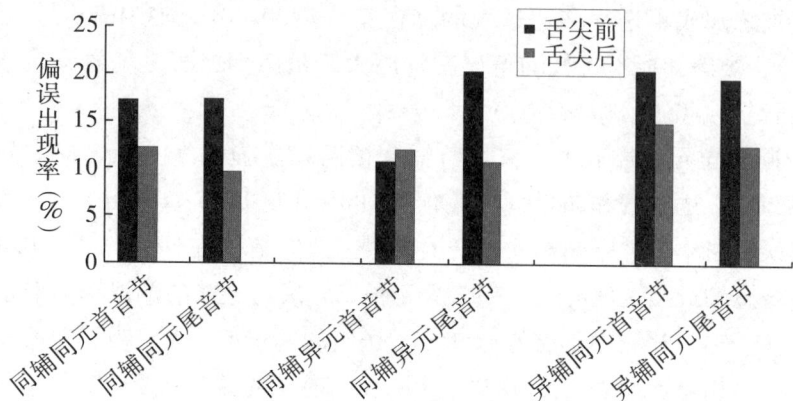

图 5 - 5　中级被试双音节辅音发音部位感知偏误结果

对中级汉语水平被试同类双音节辅音组合的同一位置辅音的感知偏误结果分别进行配对样本的 t 检验，结果显示：

（1）同辅同元双音节中，首、尾音节辅音被感知成舌尖前音的偏误率均显著大于被感知成舌尖后音的偏误率（$p < 0.05$，$p < 0.01$）；并且均没有出现被感知成舌面辅音的情况。

（2）同辅异元双音节中，首音节辅音被感知成舌尖前音的偏误率略小于被感知成舌尖后音的偏误率，但是相差不显著（$p > 0.05$）；尾音节辅音被感知成舌尖前音的偏误率显著大于被感知成舌尖后音的偏误率（$p < 0.001$）；并且首、尾音节辅音均没有出现被感知成舌面辅音的情况。

（3）异辅同元双音节中，首、尾音节辅音被感知成舌尖前音的偏误率显著大于被感知成舌尖后音的偏误率（$p < 0.05$，$p < 0.01$）；并且首、尾音节辅音均没有出现被感知成舌面辅音的情况，参见表 5 - 6。

表 5 - 6　中级被试双音节辅音发音部位感知偏误结果

	同辅同元	同辅异元	异辅同元
首音节辅音	舌尖前音 [*] > 舌尖后音	舌尖前音 < 舌尖后音	舌尖前音 [*] > 舌尖后音
尾音节辅音	舌尖前音 [**] > 舌尖后音	舌尖前音 [***] > 舌尖后音	舌尖前音 [**] > 舌尖后音

　　由此可见，中级被试感知双音节辅音时发音部位的偏误特点为，除了同辅异元组合的首音节辅音外，其余各类组合，不管首音节辅音还是尾音节辅音，均容易将舌尖后音感知为舌尖前音。

　　从发音方法上的偏误结果看，中级被试感知同辅同元、同辅异元、异辅同元三种双音节组合时，无论是首音节辅音还是尾音节辅音，偏误辅音出现率的大小排序均为：感知错成不送气的偏误率＞感知错成弱送气的偏误率＞感知错成强送气的偏误率，参见图 5 – 6。

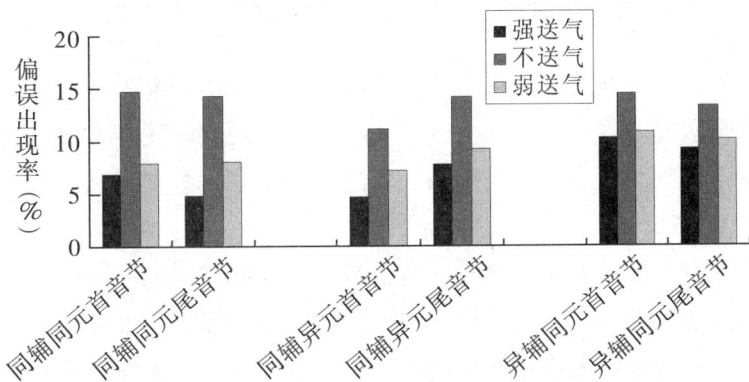

图 5 – 6　中级被试双音节辅音发音方法感知偏误结果

　　对中级汉语水平被试同类双音节组合的同一位置辅音发音方法上的感知偏误结果分别进行配对样本的 t 检验，结果显示：

　　（1）同辅同元双音节中，首、尾音节辅音被感知不送气的偏误率均分别显著大于被感知成强送气和弱送气的偏误率（$p < 0.001$，$p < 0.001$，$p < 0.001$，$p < 0.001$）；首、尾音节辅音被感知成强送气的偏误率分别略小于被感知成弱送气的偏误率，但是相差不显著（$p > 0.05$，$p > 0.05$）。

　　（2）同辅异元双音节中，首、尾音节辅音被感知成不送气的偏误率，分别显著大于被感知成强送气和弱送气的偏误率（$p < 0.001$，$p < 0.001$，$p < 0.05$，$p < 0.05$）；首、尾音节辅音被感知成强送气的偏误率分别略小于被感知成弱送气的偏误率，但是相差均不显著（$p > 0.05$，$p > 0.05$）。

　　（3）异辅同元双音节中，首、尾音节辅音被感知成不送气的偏误率，均分别大于被感知成强送气的和弱送气的偏误率，但是相差均不显著（$p > 0.05$，$p > 0.05$，$p > 0.05$，$p > 0.05$）；首、尾音节辅音被感知成强送气的偏误率均分别略小于被感知成弱送气的偏误率，但是相差不显著（$p > 0.05$，$p > 0.05$），参见表 5 – 7。

表 5 - 7 中级被试双音节辅音发音方法感知偏误结果

	同辅同元	同辅异元	异辅同元
首音节辅音	不送气 *** > 弱送气 > 强送气	不送气 *** > 强送气； 不送气 * > 弱送气； 弱送气 > 强送气	不送气 > 弱送气 > 强送气
尾音节辅音	不送气 *** > 弱送气 > 强送气	不送气 *** > 强送气； 不送气 * > 弱送气； 弱送气 > 强送气	不送气 > 弱送气 > 强送气

由此可见，中级被试感知双音节辅音时，发音方法的偏误特点与初级被试相反，极易将强送气或者弱送气的发音方法感知为不送气的发音方法；同时也容易将强送气或不送气的发音方法，感知为弱送气的发音方法。

3. 高级被试

从发音部位的感知偏误结果看，高级被试感知同辅同元、同辅异元、异辅同元三种双音节辅音组合时，与初级、中级被试均有不同，除了异辅同元组合中的前音节辅音被感知成舌尖前音的偏误率略小于被感知成舌尖后音的偏误率外，其余位置的辅音被感知成的偏误辅音出现率均为舌尖前音 > 舌尖后音，参见图 5 - 7。

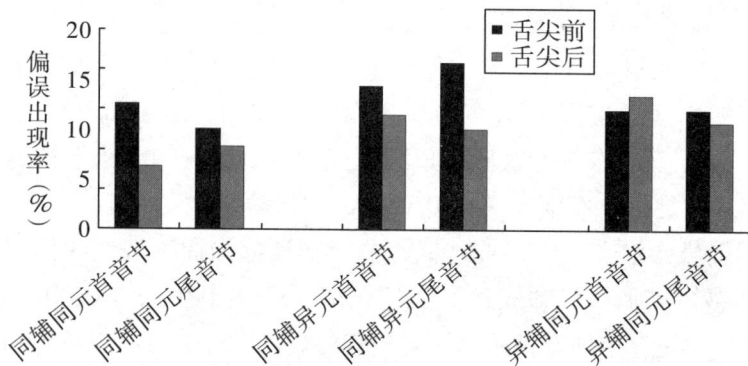

图 5 - 7 高级被试双音节辅音发音部位感知偏误结果

对高级汉语水平被试同类双音节组合的同一位置辅音的感知偏误结果分别进行配对样本的 t 检验，结果显示：

（1）同辅同元双音节中，首音节辅音被感知成舌尖前音的偏误率显著大于被感知成舌尖后音的偏误率（$p < 0.001$）；尾音节辅音被感知成舌尖前音的偏误率略大于被感知成舌尖后音的偏误率，但是相差不显著（$p > 0.05$）；并且首、尾音节辅音均没有出现被感知成舌面辅音的情况。

（2）同辅异元双音节中，首音节辅音被感知成舌尖前音的偏误率略大于被感知成舌尖后音的偏误率，但是相差不显著（$p > 0.05$）；尾音节辅音被感知成舌尖前音的偏误率显著大于被感知成舌尖后音的偏误率（$p < 0.001$）；并且首、尾音节辅音均没有出现被感知成舌面辅音的情况。

（3）异辅同元双音节中，首音节辅音被感知成舌尖前音的偏误率略小于被感知成舌尖后音的偏误率，但是相差不显著（$p > 0.05$）；尾音节辅音被感知成舌尖前音的偏误率略大于被感知成舌尖后音的偏误率，但是相差不显著（$p > 0.05$）；并且首、尾音节辅音均没有出现被感知成舌面辅音的情况，参见表 5－8。

表 5－8　高级被试双音节辅音发音部位感知偏误结果

	同辅同元	同辅异元	异辅同元
首音节辅音	舌尖前音 *** > 舌尖后音	舌尖前音 > 舌尖后音	舌尖前音 < 舌尖后音
尾音节辅音	舌尖前音 > 舌尖后音	舌尖前音 *** > 舌尖后音	舌尖前音 > 舌尖后音

这说明，高级被试感知双音节辅音时发音部位上的偏误特点为：除了同辅同元的首音节辅音和同辅异元的尾音节辅音更多被感知为舌尖前音外，其余情况下，舌尖前/后音感知混淆的概率相差不大。

从发音方法上的偏误结果看，高级被试感知同辅同元双音节组合时，首音节辅音发音方法的感知偏误结果出现率为：不送气的 > 弱送气的 > 强送气的；尾音节辅音发音方法的感知偏误结果为：不送气的 > 强送气的 > 弱送气的。感知同辅异元双音节组合时，首音节辅音发音方法的感知偏误结果为：不送气的 > 弱送气的 > 强送气的；尾音节辅音发音方法的感知偏误结果为：弱送气的 > 不送气的 > 强送气的。感知异辅同元两类双音节辅音组合时，首音节辅音发音方法的感知偏误结果为：不送气的 > 强送气的 > 弱送气的；尾音节辅音发音方法的感知偏误结果为：不送气的 > 弱送气的 > 强送气的，参见图 5－8。

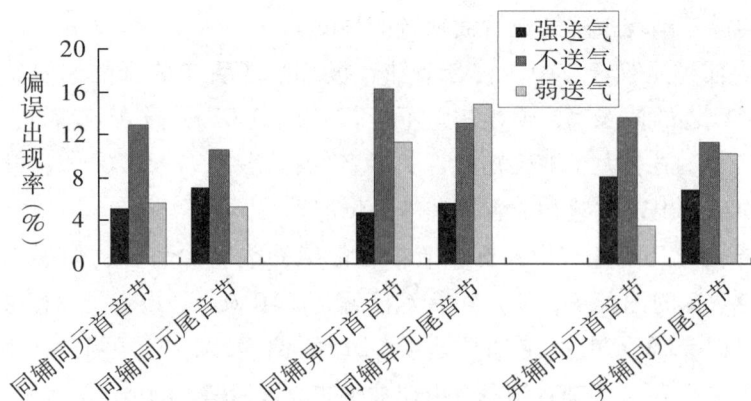

图 5-8　高级被试双音节辅音发音方法感知偏误结果

对高级汉语水平被试同类双音节组合的同一位置辅音发音方法上的感知偏误结果分别进行配对样本的 t 检验，结果显示：

（1）同辅同元双音节中，首音节辅音被感知不送气的偏误率均分别显著大于被感知成强送气和弱送气的偏误率（$p < 0.001$，$p < 0.001$）；首音节辅音被感知成强送气的偏误率略小于被感知成弱送气的偏误率，但是相差不显著（$p > 0.05$）；尾音节辅音被感知成不送气的偏误率显著大于被感知成弱送气的（$p < 0.01$），略大于被感知成强送气的，但是相差不显著（$p > 0.05$）；尾音节辅音被感知成强送气的偏误率略大于被感知成弱送气的，但是相差不显著（$p > 0.05$）。

（2）同辅异元双音节辅音中，首音节辅音被感知成不送气的偏误率，分别显著大于被感知成强送气和弱送气的偏误率（$p < 0.001$，$p < 0.05$）；首音节辅音被感知成强送气的偏误率显著小于被感知成弱送气的偏误率（$p < 0.001$）。尾音节辅音被感知成不送气和弱送气的偏误率，分别显著大于被感知成强送气的偏误率（$p < 0.001$，$p < 0.001$）；尾音节辅音被感知成不送气的偏误率略小于被感知成弱送气的偏误率，但是相差不显著（$p > 0.05$）。

（3）异辅同元双音节中，首音节辅音被感知成不送气和强送气的偏误率，均分别显著大于被感知成弱送气的偏误率（$p < 0.001$，$p < 0.01$）；首音节辅音被感知成不送气的偏误率显著大于被感知成强送气的偏误率（$p < 0.01$）。尾音节辅音被感知成不送气和弱送气的偏误率，分别显著大于被感知成强送气的偏误率（$p < 0.01$，$p < 0.05$）；尾音节辅音被感知成不送气的偏误率略大于被感知成弱送气的偏误率，但是相差不显著（$p > 0.05$），参见表 5-9。

表 5 - 9　高级被试双音节辅音发音方法感知偏误结果

	同辅同元	同辅异元	异辅同元
首音节 辅音	不送气 *** > 弱送气 > 强送气	不送气 *** > 强送气； 不送气 * > 弱送气； 强送气 *** < 弱送气	不送气 ** > 强送气 ** > 弱送气； 弱送气 *** < 强送气
尾音节 辅音	不送气 * > 弱送气； 不送气 > 强送气； 强送气 > 弱送气	弱送气 > 不送气 *** > 强送气； 不送气 < 弱送气	不送气 ** > 强送气； 弱送气 * > 强送气； 不送气 > 弱送气

　　由此可见，高级被试感知双音节辅音时，发音方法上的感知偏误突出表现为，将辅音的强送气或者弱送气发音方法感知为不送气的发音方法，特别是位于双音节首位的辅音，这种感知偏误的出现率更高；同时他们也容易将同辅异元双音节的首、尾音节辅音，以及异辅同元双音节后一音节辅音的强送气或者不送气感知为弱送气。

（二）同类组合不同级别的偏误发展情况

　　这里主要纵向考察同类组合中同一位置的辅音被感知错成的辅音随被试汉语水平的提高的发展趋势如何。

　　1. 同辅同元组合

　　同辅同元组合中，偏误成的辅音从发音部位上看具有如下特点：首音节辅音被感知成舌尖前音的出现率，从初级到高级变化幅度很小，并且均比较高，接近20%；首音节辅音被感知为舌尖后音的出现率，初级→中级→高级一直在下降，其中初级→中级的下降幅度尤其明显，到高级以后下降到了10%以下。相反，尾音节辅音被感知成舌尖前音的出现率，初级→中级→高级一直在下降，到高级以后出现率接近10%；尾音节辅音被感知为舌尖后音的出现率，初级→中级→高级出现率不大，下降幅度也不明显。首、尾音节辅音被感知为舌面音的偏误率均很小，中级以后出现率几乎为0，参见图5-9。

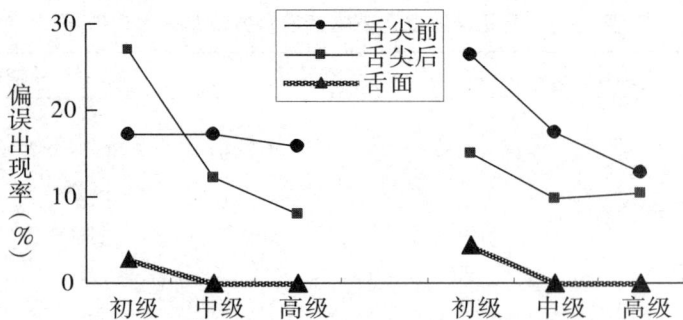

图 5 – 9　同辅同元组合首尾音节辅音发音部位偏误发展趋势①

对初、中、高三个不同级别被试感知同辅同元双音节组合时，首、尾音节辅音被感知为舌尖前、后辅音的偏误率分别进行独立样本的 t 检验，结果显示：

（1）初、中、高三个级别被试将首音节辅音感知为舌尖前音的偏误率相互之间均无显著差异（$p > 0.05$，$p > 0.05$，$p > 0.05$）；初级被试将首音节辅音感知为舌尖后音的偏误率分别显著大于中、高级被试的同类偏误率（$p < 0.001$，$p < 0.001$）；中级被试将首音节辅音感知为舌尖后音的偏误率略大于高级被试的同类编误率，但是相差不显著（$p > 0.05$）。

（2）初级被试将尾音节辅音感知为舌尖前音的偏误率分别显著大于中、高级被试的同类偏误率（$p < 0.01$，$p < 0.001$）；中级被试将尾音节辅音感知为舌尖前音的偏误率略大于高级被试的，但是相差不显著（$p > 0.05$）。初、中、高三个级别被试将尾音节辅音感知为舌尖后音的偏误率相互之间均无显著差异（$p > 0.05$，$p > 0.05$，$p > 0.05$）。

同辅同元组合中，偏误成的辅音从发音方法上看具有如下特点：不论是首音节辅音还是尾音节辅音，错成强送气辅音的出现率，初级→中级阶段都是急剧下降；中级→高级阶段，首音节辅音在缓慢下降，而尾音节辅音不但没有下降，反而在缓慢上升。不论是首音节辅音还是尾音节辅音，错成不送气辅音的出现率，初级→中级阶段都是缓慢上升；而中级→高级阶段在缓慢下降。不论是首音节辅音还是尾音节辅音，错成弱送气辅音的出现率，初级→中级→高级阶段都一直在缓慢下降，参见图 5 – 10。

---

① 图 5 – 9 中，左边为组合中的前字偏误发展趋势曲线，右边为组合中的后字偏误发展趋势曲线，图 5 – 9 到图 5 – 14 均同。

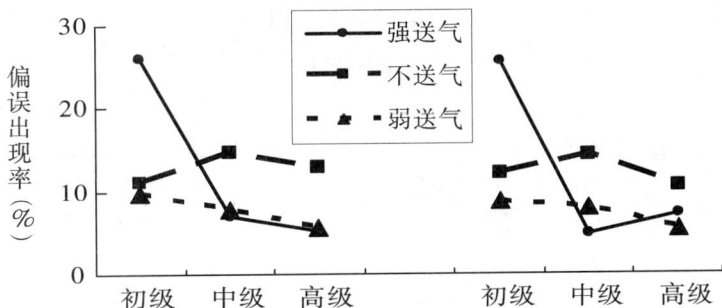

图 5 – 10 同辅同元组合首尾音节辅音发音方法偏误发展趋势

对初、中、高不同汉语水平被试感知同辅同元双音节辅音组合时，辅音发音方法上的感知偏误变化结果进行独立样本的 t 检验，结果显示：

初级被试将首、尾音节辅音感知为强送气的偏误率分别显著大于中、高级被试的同类偏误率（$p < 0.001$, $p < 0.001$, $p < 0.001$, $p < 0.001$）；中、高级被试之间将首、尾音节辅音感知为强送气的偏误率对应均无显著差异（$p > 0.05$, $p > 0.05$）；初、中、高三级被试将首、尾音节辅音感知为不送气的偏误率相互之间无显著差异（$p > 0.05$, $p > 0.05$, $p > 0.05$, $p > 0.05$, $p > 0.05$, $p > 0.05$）；初、中、高三级被试将首、尾音节辅音感知为弱送气的偏误率相互之间也无显著差异（$p > 0.05$, $p > 0.05$, $p > 0.05$, $p > 0.05$, $p > 0.05$, $p > 0.05$）。

这说明，进行同辅同元组合的辅音感知训练时，在发音部位方面，对于初级被试来说，首音节辅音重在预防将舌尖前音感知为舌尖后音，尾音节辅音则重在预防将舌尖后音感知为舌尖前音；而对于中、高级被试来说，首、尾音节辅音均要更注意预防将舌尖后音感知为舌尖前音。在发音方法方面，对于初级被试来说，首、尾音节辅音重在预防将不送气音感知为强送气音；而对于中、高级被试来说，首、尾音节辅音均应更注意预防将强送气音感知为不送气音。

2. 同辅异元组合

同辅异元组合中，偏误成的辅音从发音部位上看具有如下特点：①首音节辅音被感知成舌尖前/后音的出现率，即舌尖前/后感知相互混淆的概率，初级→中级下降幅度很大，中级→高级不但没有下降，反而在上升。②尾音节辅音被感知成舌尖前音的出现率，初级→中级→高级一直在上升，其中初级→中级上升比较明显；尾音节辅音被感知成舌尖后音的出现率，初级→中级下降非常明显，但是中级→高级不但没有下降，反而略有上升。③首、尾音节辅音被感知为舌面音的偏误率均很小，中级以后出现率几乎为 0，参见图 5 – 11。

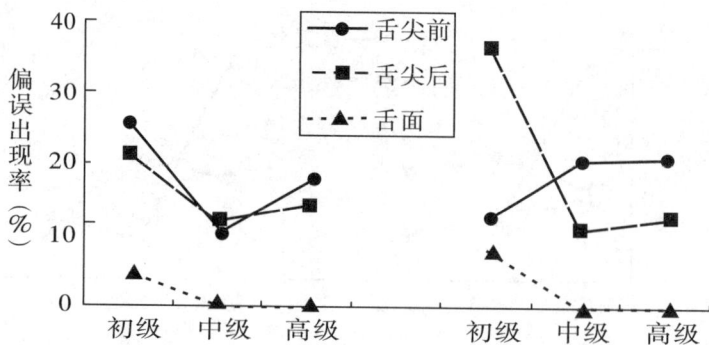

图 5 – 11　同辅异元组合发音部位的偏误发展趋势

对初、中、高三个不同级别被试感知同辅异元双音节辅音组合时，首、尾音节辅音被感知为舌尖前/后辅音的偏误率分别进行独立样本的 t 检验，结果显示：

（1）初级被试将首音节辅音感知为舌尖前音的偏误率显著大于中级被试的同类偏误率（$p < 0.001$）；初级被试将首音节辅音感知为舌尖前音的偏误率与高级被试的同类偏误率无显著差异（$p > 0.05$）；中级被试将首音节辅音感知为舌尖前音的偏误率显著小于高级被试的同类偏误率（$p < 0.05$）；初级被试将首音节辅音感知为舌尖后音的偏误率分别显著大于中、高级被试的同类偏误率（$p < 0.01$，$p < 0.05$）；中、高级被试之间将首音节辅音感知为舌尖后音的偏误率无显著差异（$p > 0.05$）。

（2）初级被试将尾音节辅音感知为舌尖前音的偏误率分别显著小于中、高级被试的同类偏误率（$p < 0.05$，$p < 0.05$）；中级被试将尾音节辅音感知为舌尖前音的偏误率与高级被试的相差不显著（$p > 0.05$）；初级被试将尾音节辅音感知为舌尖后音的偏误率分别显著大于中、高级的同类偏误率（$p < 0.01$，$p < 0.01$）；中、高级被试将尾音节辅音感知为舌尖后的偏误率无显著差异（$p > 0.05$）。

同辅异元组合中，偏误成的辅音从发音方法的角度看有如下特点：强送气偏误辅音的出现率，初级→中级阶段，不论是首音节辅音还是尾音节辅音都是急剧下降；中级→高级阶段，尾音节辅音在继续下降，而首音节辅音几乎没有变化。不送气偏误辅音的出现率，首、尾音节辅音有很大差异。首音节辅音，初级→中级阶段几乎没有变化，而中级→高级阶段，不仅没有下降反而有较大幅度的上升；尾音节辅音，初级→中级→高级阶段一直在持续下降。弱送气偏误辅音的出现率，不论是首音节辅音还是尾音节辅音，都是初级→中级阶段大幅下降后，中级→高级阶段又有较大幅度的上升，参见图 5 – 12。

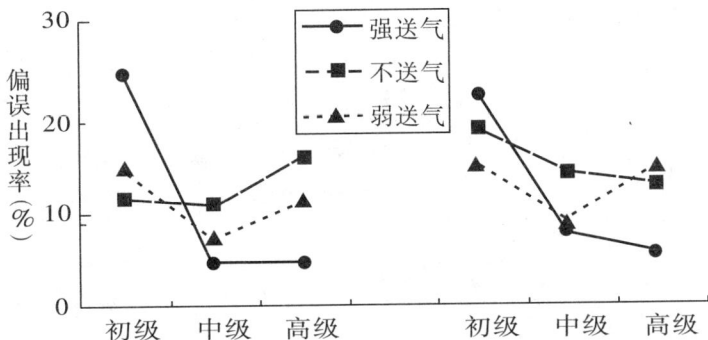

图 5 - 12　同辅异元组合发音方法的偏误发展趋势

对初、中、高不同汉语水平被试感知同辅异元双音节辅音组合时，辅音发音方法上的感知偏误变化结果进行独立样本的 t 检验，结果显示：

（1）初级被试将首、尾音节辅音感知为强送气音的偏误率分别显著大于中、高级被试的同类偏误率（$p < 0.001$，$p < 0.001$）；中、高级被试将首、尾音节辅音感知为强送气音的偏误率相互之间对应均无显著差异（$p > 0.05$，$p > 0.05$）。

（2）初、中级被试将首音节辅音感知为不送气的偏误率分别显著小于高级被试的同类偏误率（$p < 0.05$，$p < 0.05$）；初、中级被试之间将首音节辅音感知为不送气的偏误率无显著差异（$p > 0.05$）；初级与中级被试之间、中级与高级被试之间将尾音节辅音感知为不送气的偏误率均无显著差异（$p > 0.05$，$p > 0.05$）；初级被试将尾音节辅音感知为不送气的偏误率显著大于高级被试的同类偏误率（$p < 0.05$）。

（3）初级和高级被试将首音节辅音感知为弱送气的偏误率分别显著大于中级被试的同类偏误率（$p < 0.01$，$p < 0.05$）；初、高级被试之间将首音节辅音感知为弱送气的偏误率差异不显著（$p > 0.05$）；初级和高级被试将尾音节辅音感知为弱送气的偏误率分别显著大于中级被试的同类偏误率（$p < 0.05$，$p < 0.05$）；初、高级被试之间将尾音节辅音感知为弱送气的偏误率无显著差异（$p > 0.05$）。

3. 异辅同元组合

异辅同元组合中，偏误成的辅音从发音部位上看具有如下特点：

（1）首音节辅音被感知成舌尖前音的偏误率，初级→中级→高级阶段一直在持续下降；首音节辅音被感知成舌尖后音的偏误率，初级→中级阶段有较大幅度的下降，中级→高级阶段不仅没有下降，反而略有上升。

（2）尾音节辅音被感知成舌尖前音的偏误率，初级→中级阶段略有上升后，中级→高级阶段又略有下降；尾音节辅音被感知成舌尖后音的偏误率，初级→中级阶段下降非常显著，中级→高级阶段不仅没有下降，反而略有上升。

（3）首、尾音节辅音被感知成舌面音的偏误率，到中级阶段基本克服，以后也没有再出现，参见图 5 - 13。

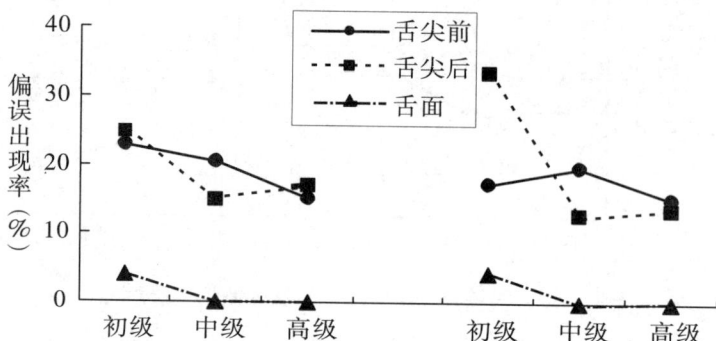

图 5 - 13   异辅同元组合发音部位的偏误发展趋势

　　对初、中、高三个不同级别被试感知异辅同元双音节辅音组合时，首、尾音节辅音被感知为舌尖前/后辅音的偏误率分别进行独立样本的 t 检验，结果显示：

　　（1）初、中级被试将首音节辅音感知为舌尖前音的偏误率分别显著大于高级被试的同类偏误率（$p < 0.05$，$p < 0.05$）；初、中级被试之间将首音节辅音感知为舌尖前音的偏误率无显著差异（$p > 0.05$）。

　　（2）初级被试将首音节辅音感知为舌尖后音的偏误率分别显著大于中、高级被试的同类偏误率（$p < 0.01$，$p < 0.01$）；中、高级被试之间将首音节辅音感知为舌尖后音的偏误率无显著差异（$p > 0.05$）。

　　（3）初、中、高三级被试将尾音节辅音感知为舌尖前音的偏误率相互之间无显著差异（$p > 0.05$，$p > 0.05$，$p > 0.05$，$p > 0.05$，$p > 0.05$，$p > 0.05$）。

　　（4）初级被试将尾音节辅音感知为舌尖后音的偏误率分别显著大于中、高级被试的同类偏误率（$p < 0.001$，$p < 0.001$）；中、高级被试之间将尾音节辅音感知为舌尖后音的偏误率无显著差异（$p > 0.05$）。

　　这说明异辅同元组合的辅音感知，主要预防尾音节辅音被感知为舌尖后音。

　　异辅同元组合中，偏误成的辅音从发音方法上看具有如下特点：

　　（1）强送气偏误辅音的出现率，首、尾音节辅音大体相似，初级→中级→高级阶段一直在持续下降，其中初级→中级阶段下降幅度相当显著。

　　（2）不送气偏误辅音的出现率，首音节辅音，初级→中级阶段有较大幅度的上升，中级→高级阶段略有下降；尾音节辅音，初级→中级→高级阶段一直在缓慢持续下降。

　　（3）弱送气偏误辅音的出现率，首音节辅音，初级→中级→高级阶段一直在持续大幅下降；尾音节辅音，初级→中级阶段有较大幅度的下降，中级→高级阶段几乎没有变化，参见图 5 - 14。

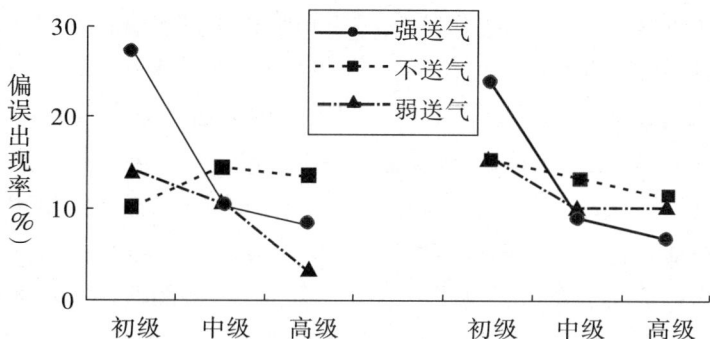

图 5 – 14　异辅同元组合发音方法的偏误发展趋势

对初、中、高不同汉语水平被试感知异辅同元双音节辅音组合时，辅音发音方法上的感知偏误变化结果进行独立样本的 t 检验，结果显示：

（1）初级被试将首、尾音节辅音感知为强送气的偏误率分别显著大于中、高级被试的同类偏误率（$p < 0.001$，$p < 0.001$）；中、高级被试之间将首、尾音节辅音感知为强送气的偏误率均无显著差异（$p > 0.05$，$p > 0.05$）。

（2）初级被试将首音节辅音感知为不送气的偏误率显著小于中级被试的同类偏误率（$p < 0.05$）；初、高级被试之间和中、高级被试之间将首音节辅音感知为不送气的偏误率差异均不显著（$p > 0.05$，$p > 0.05$）；初级被试将尾音节辅音感知为不送气的偏误率显著大于高级被试的同类偏误率（$p < 0.05$）；初、中级被试之间和中、高级被试之间将尾音节辅音感知为不送气的偏误率差异均不显著（$p > 0.05$，$p > 0.05$）。

（3）初、中级被试将首音节辅音感知为弱送气的偏误率，分别显著大于高级被试的同类偏误率（$p < 0.001$，$p < 0.001$）；初、中级被试之间将首音节辅音感知为弱送气的偏误率无显著差异（$p > 0.05$）；初级被试将尾音节辅音感知为弱送气的偏误率，分别显著大于中、高级被试的同类偏误率（$p < 0.001$，$p < 0.001$）；中、高级被试之间将尾音节辅音感知为弱送气的偏误率无显著差异（$p > 0.05$）。

这说明异辅同元双音节辅音组合的辅音感知，对于初学者要突出预防首、尾音节辅音被感知为强送气的辅音，对于中、高级水平的学习者要注意预防首、尾音节辅音被感知为不送气的辅音。

综合前面的纵横分析，从双音节辅音偏误成的辅音情况可以看出，双音节辅音感知偏误及其发展趋势存在两个显著的特点：

（1）从发音部位的偏误结果考察，初级被试是舌尖后偏误辅音的出现率 > 舌尖前偏误辅音的出现率；中、高级被试则是舌尖前偏误辅音的出现率 > 舌尖后偏误辅音的出现率。即印尼被试感知普通话双音节舌尖前/后辅音时，偏向舌尖后辅音的总体概率，随着级别的提高在急剧下降；而感知偏向舌尖前辅音的总体概率，随着级别的提高有时不但没有下降，反而有所回升。

（2）从发音方法的偏误结果考察，初级被试强送气偏误辅音的出现率＞不送气偏误辅音的出现率＞弱送气偏误辅音的出现率；中、高级被试则是不送气偏误辅音的出现率＞弱送气偏误辅音的出现率＞强送气偏误辅音的出现率。即印尼被试感知普通话双音节舌尖前/后辅音时，偏误成强送气辅音的概率，总体上随着级别的提高在急剧下降，而偏误成不送气和弱送气的的概率，总体上随着级别的提高不但没有下降，反而有较大幅度的回升。

第四节   偏误原因分析

单音节辅音感知偏误产生的原因，诸如语际因素干扰、语内因素干扰、语音识别心理机制的影响、汉语声母发音声学特征的影响等在双音节辅音组合中同样起作用。但是双音节辅音组合中各个辅音的偏误率都比在单音节辅音中的要大，这说明除了上述原因之外还有其他因素在起作用。

一、母语"感知磁吸效应"的作用

由本书第二章和第三章的汉语普通话辅音与印尼语辅音系统对比得知，在发音部位上，汉语普通话舌尖前辅音跟印尼语辅音 $z_{印}$/z/、$c_{印}$/ts/、$s_{印}$/s/ 的相似度，比普通话舌尖后辅音跟印尼语辅音 $z_{印}$/z/、$c_{印}$/ts/、$s_{印}$/s/ 的相似度更大；在发音方法上，汉语普通话不送气辅音跟印尼语相关辅音的相似度，比普通话送气辅音跟印尼语相关辅音的相似度更大。在母语"感知磁吸效应"的作用下（Kuhl，1991；Kuhl & Iverson，1995；Kuhl et al.，2008；Conboy & Kuhl，2011），印尼被试感知普通话舌尖前/后辅音时，发音部位上更容易出现舌尖前类偏误辅音，具体表现为，到了中、高级舌尖前类偏误出现率比舌尖后类偏误出现率还高（见图5-9、图5-11、图5-13）。在发音方法上，更容易出现不送气类偏误辅音，具体表现为，到了中、高级不送气类偏误出现率比强送气类偏误出现率还高（见图5-10、图5-12、图5-14）。

二、目的语内部之间的干扰

张家骆（2005、2006）对汉语普通话辅音区别特征系统的分析结果显示，普通话舌尖前/后辅音 z/ts/、c/tsʰ/、s/s/、zh/tʂ/、ch/tʂʰ/、sh/ʂ/之间的相似度非常大。尤其是舌尖前后发音部位，如 z/ts/ – zh/tʂ/、c/tsʰ/ – ch/tʂʰ/、s/s/ – sh/ʂ/之间只有集聚和沉钝两个区别特征之差（参见表 5 – 10），并且位于区别特征系统树状图的底层（参见图 2 – 1）。加上多数习得者到了中、高级往往减少甚至停止了专门的语音训练，因此被试感知汉语普通话 6 个舌尖前/后辅音时，各类发音部位混淆的偏误率，不是下降缓慢，就是不仅没有下降，反而上升（见图 5 – 9、图 5 – 11、图 5 – 12）。

表 5 – 10　汉语普通话舌尖前/后辅音区别特征系统

	z/ts/	c/tsʰ/	s/s/	zh/tʂ/	ch/tʂʰ/	sh/ʂ/
音节的	－	－	－	－	－	－
辅音的	＋	＋	＋	＋	＋	＋
集聚的	－	－	－	＋	＋	＋
沉钝的	－	－	＋	－	－	＋
连续的	－	－	＋	－	－	＋
送气的		＋			＋	
粗糙的	＋	＋	－	＋	＋	
降音的	＋	＋	＋	＋	＋	＋

三、发音生理特性作用

在人类的发音过程中，元音前的辅音的紧张总是迅速增加的，而元音后的辅音由于接着元音由强而弱的势头出现，往往发不满一个全过程，甚至只是发音器官接触一下就过去了（叶蜚声、徐通锵，1997：82）。因此，双音节辅音组合中尾音节的辅音都与单独发音时的同一辅音有一定的差异，非本族语的留学生就很容易将这种"变体"的辅音感知成其他相近的辅音。

在双音节辅音感知实验中，初、中、高 3 个级别的被试都有将首音节辅音舌尖前音错误地感知为舌尖后音，又将尾音节辅音的舌尖后音错误地感知为舌尖前音的现象。如有的将 zǎochá 感知为 zhǎochá，将 zàngzú 感知为 zhàngzú，将 cāsǎ 感知为 chāsǎ，将 sǎzá 感知为 shǎzá；有的又将 zhēnzhèng 感知为 zhēnzèng，将 zhǐzhā 感知为 zhǐzā，将 cháchí 感知为 chácí，将 chūchá 感知为 chūcá，将 chúshù 感知为 chúsù，将 shàngshū 感知为 shàngsū。这些都是发音生理特性作用的结果。该作用是双音节辅音组合感知偏误率大于单音节辅音感知偏误率的主要原因之一。

四、听觉掩蔽效应作用

实验心理学的研究结果显示，语音信号之间存在大量的掩蔽效应，即一个音的感受性会因另一个音的存在而发生改变。当两个声音的时间间隔很短时，后掩蔽的作用大于前掩蔽的作用，即后面的声音对前面声音的掩蔽作用更大（游旭群，2005：97～98）。反映在双音节辅音感知中，则表现为前面的辅音信号被后面紧接的元音信号掩蔽，从而导致被试将语音信号本来比较强的送气音错误地感知为语音信号比较弱的不送气音或者弱送气擦音。这一情况在中级和高级被试中表现尤其突出。如有的将 zìcí 感知为 zìzí，将 shìchǐ 感知为 shìzǐ，将 zhìcí 感知为 zhìsí，将 cìcì 感知为 cìsì。

有时在上述两种因素的共同作用下，被试感知一个双音节辅音组合时，将前一个音节辅音的舌尖前辅音错误地感知为舌尖后辅音，同时将后一个音节辅音的送气塞擦音感知为不送气的塞擦音或者弱送气的擦音。如有的将 zázhì 感知为 cháshì，将 cǎicài 感知为 chǎizài，将 cìcái 感知为 zhìzái。

五、语音学习策略的运用

上文所述发音生理特性和掩蔽效应，应该是同样作用于不同水平的被试。但是实验统计结果显示，初级被试同中、高级被试的感知结果存在很大的差异。如从舌位偏误看，初级被试出现舌尖后偏误音的数量比中、高级被试的要多，出现舌尖前偏误音的数量比中、高级被试的要少。从送气与否的偏误看，初级被试出现强送气偏误音的数量比中、高级被试的要多，出现不送气和弱送气偏误音的数量比中、高级被试的要少。事后我们对被试进行访谈时了解到，初级被试在不能肯定作答时，多使用了替代补偿策略，并且多用刚刚学习的目的语中与母语相似度比较大的音，如舌尖后音（zh/tʂ/、ch/tʂʰ/、sh/ʂ/）、送气音（c/tsʰ/、ch/tʂʰ/）。中、高级被试则很少使用该策略。江新（2007：228～234）通过研究得出，习得者汉语学习策略的使用在学习时间上有显著差异，即不同的汉语水平学习者，使用的学习策略存在差异，表现在双音节辅音感知中则是，初级水平被试多使用了替代补偿策略，中、高级被试则较少使用。因此，二者的感知结果就出现了差异。

第五节　结　论

（1）双音节辅音组合中 6 个舌尖前/后辅音的总体感知偏误率从大到小的顺序为：zh/tʂ/（69.3%）＞ c/tsʰ/（66.1%）＞ ch/tʂʰ/（47.8%）＞ z/ts/（45.4%）＞s/s/（32.4%）＞sh/ʂ/（26.5%）。

（2）偏误率的大小顺序具有如下特点：

①从发音部位角度考察，送气辅音的偏误率是舌尖前音＞相应的舌尖后音；不送气辅音的偏误率是舌尖后音＞相应的舌尖前音。

②从擦/塞擦这一发音方法角度考察，塞擦音的偏误率＞擦音的偏误率。

③从送气/不送气这一发音方法角度考察，舌尖前辅音是送气音的偏误率＞对应不送气音的偏误率；舌尖后辅音是不送气音的偏误率＞对应送气音的偏误率。

（3）从双音节辅音偏误成的辅音情况可以看出双音节辅音感知偏误其及发展趋势存在两个显著的特点：

①从发音部位的偏误结果考察，初级被试是舌尖后偏误辅音的出现率＞舌尖前偏误辅音的出现率；中、高级被试则是舌尖前偏误辅音的出现率＞舌尖后偏误辅音的出现率。即印尼被试对舌尖后辅音的选择，随着级别的提高反而在急剧下降。

②从发音方法的偏误结果考察，初级被试强送气偏误辅音的出现率＞不送气偏误辅音的出现率＞弱送气偏误辅音的出现率；中、高级被试则是不送气偏误辅音的出现率＞弱送气偏误辅音的出现率＞强送气偏误辅音的出现率。即印尼被试对强送气辅音的选择，随着级别的提高反而在急剧下降。

（4）影响双音节辅音组合感知偏误产生的因素，除了语际因素干扰、语内因素干扰、语音识别心理机制的影响、汉语声母发音声学特征的影响等之外，还包括母语"感知磁吸效应"、目的语内部之间的干扰、人类发音生理特性的作用、听觉掩蔽效应作用和习得者语音学习策略运用的差异等影响因素。

第六章　汉语二语习得者普通话
双音节舌尖前/后辅音产出实验

第一节　引　言

汉语语音的最大特点是双音化，在汉语词汇中，双音节词占了大多数，苏新春通过对《现代汉语词典》的计量统计，在总计 56 147 条词目中，双音节词有 35 056 条，占了 62.4%。[①] 在 HSK 常用的 5 168 个词汇中，双音节词有 3 725 个，占了 72.1%。因此，双音节语音教学不仅是音素教学向语流教学过渡的桥梁和纽带，也是语音教学的重点。

关于印尼汉语习得者普通话辅音发音研究，董琳莉（1997）调查发现，印尼留学生多将普通话的舌面音（j/tɕ/ – q/tɕʰ/ – x/ɕ/）和部分舌尖后音（zh/tʂ/ – ch/tʂʰ/ – sh/ʂ/）读成舌叶音（/tʃ/、/tʃʰ/、/ʃ/）。倪伟曼、林明贤（2000）调查 10 名在中国习得半年以上汉语的印尼华裔学生的辅音发音偏误情况后发现，舌尖前音、舌尖后音、舌面音这三组发音印尼学生误读的次数较多，绝大部分是将舌尖后音发成介于舌尖前音和舌面音之间的一组尖音（兼音）。林奕高、王功平（2005）借助实验语音的方法，从浊音起始时间、送气时长、元音时长、闭塞时长和浊音间隔等几个方面，对印尼留学生习得汉语普通话塞音和塞擦音进行了考察。

这些研究都在不同的方面取得了一定的突破，但是还存如下不足：①调查的语料设计没有充分考虑元音和声调对辅音习得的影响；②过多地注意习得者发音方法（主要是送气/不送气）的偏误，对发音部位的偏误研究不够深入，而习得者的语音化石化现象突出表现在发音部位上；③对偏误形成的原因分析仅仅局限于母语迁移、目的语内部干扰等因素，有失全面。为此，本章将对初、中、高 3

---

① 参见苏新春．关于《现代汉语词典》词汇计量研究的思考．世界汉语教学，2001（4）：39 – 47.

个级别的印尼汉语习得者的发音进行实验，从发音部位和发音方法两个方面对下述问题进行比较全面的研究：①印尼汉语习得者的普通话双音节舌尖前/后辅音发音有何特点？偏误发生有何规律？②习得者在发音部位上的偏误与发音方法上的偏误有无差异？③双音节发音偏误与感知偏误有何关系？④影响双音节发音偏误的因素主要有哪些？

第二节　实验方法与过程

一、实验设计

采用 $3 \times 3 \times 2$ 三因素方差分析。其中被试汉语水平因素为被试间因素，包括初级、中级、高级 3 个水平；辅音组合类型和辅音在双音节中所处的位置为两个被试内因素。辅音组合类型，包括同辅同元、同辅异元、异辅同元 3 个组合；辅音所处位置，包括双音节的首位和尾位 2 个位置。

二、实验材料

本实验所用的材料包括了同辅同元、同辅异元、异辅同元三类双音节发音材料。为了便于考察双音节感知与发音的关系，各组材料的设计过程和要求与双音节感知材料基本相同：① 6 个舌尖前/后辅音组合齐备；② 各自与 ɑ/A/、－i（包括/ɿ/、/ʅ/）、u/u/三类元音组合齐全；③每组舌尖前/后辅音与四声的组合齐全。最大的不同在于杂入的其他双音节不同，并进行了重新随机排列。（见附录8～10）

此外，增加了一份印尼被试朗读的印尼语双音节发音材料。印尼语发音材料由笔者与一位在读对外汉语与华文教育专业的印尼硕士研究生共同制作。制作过程遵循了以下要求：包含所有印尼语辅音；每个辅音与印尼语 a/a/、i印/i/、u印/u/ 3 个元音的组合尽量齐备；其中，与汉语普通话的 6 个舌尖前/后辅音相似的印尼语辅音 z/z/、c/ts/、s印/s/，不仅与 a/a/、i印/i/、u印/u/ 3 个元音的组合齐备，而且包括了与汉语 3 组材料对应的同辅同元、同辅异元、异辅同元 3 类组合，例如 susul、zizit 等属于同辅同元组合，susah、cicak 等属于同辅异元组合，sicit、casa 等属于异辅同元组合。个别不存在的组合音节除外。（见附录11）

三、被试对象

全部被试一共41人，均属于双音节舌尖前/后辅音感知实验的被试，包括31名印尼留学生和10名中国学生。31名印尼留学生中，初级11人，其中男生5人，女生6人，习得汉语时间在6个月以下；中级10人，其中男生5人，女生5人，习得汉语时间在1年以上、2年以下；高级10人，其中男生5人，女生5人，习得汉语时间在2年以上。年龄都在15～30岁。10名中国学生，包括男生5人，女生5人；2名女生为对外汉语专业硕士研究生，其余8人均为对外汉语专业本科生；普通话水平均为一级乙等。

四、声音录制

41位被试在自然状态下用正常语速朗读实验材料，研究人员用电脑和Cool Edit软件录音。采样频率为16 000Hz，全部录音均在安静的录音工作室内进行。印尼被试完整地朗读4份实验材料；中国学生只朗读其中3份汉语双音节发音材料。每位被试在朗读前都给10分钟准备，以便熟悉材料。朗读过程中，被试自己如果发现发音有误，可以自我纠正。

五、声音标注与参数提取

双音节录音文件的标注人员和标注方法与单音节基本相同（参见第四章）。共有7人参与录音语料的听辨和标注，包括4位中国人和3位印尼人。4位中国人均为语言学及应用语言学专业研究生，普通话水平均为二级甲等及以上。3位印尼人均为语言学专业研究生，HSK水平[①]均在8级以上。印尼留学生主要负责审听印尼被试偏误成母语的发音情况和印尼语录音材料的标注校对工作。提取的参数包括：各个辅音前两个共振峰频率，即F1、F2；各个辅音的VOT长度。

六、统计项目和计算方法

统计项目包括：各个辅音的总体偏误率；同一辅音在不同级别、不同辅元组合（指同辅同元、同辅异元、异辅同元3类组合）、不同位置（指双音节的前后

---

① 这里的HSK水平等级依据的是旧版的水平等级划分标准。

位置）中的偏误率；每位被试（包括中国发音人）舌位对立辅音之间的 ΔF 差值；送气/不送气对立辅音之间的 VOT 差值。其中，舌位对立辅音之间的 ΔF 差值计算过程包括以下两步：

第一步，计算出 6 个辅音的 ΔF 数值，即 $\Delta F_z = F_z2 - F_z1$、$\Delta F_c = F_c2 - F_c1$、$\Delta F_s = F_s2 - F_s1$、$\Delta F_{zh} = F_{zh}2 - F_{zh}1$、$\Delta F_{ch} = F_{ch}2 - F_{ch}1$、$\Delta F_{sh} = F_{sh}2 - F_{sh}1$。

第二步，计算出 3 组舌位对立辅音的 ΔF 之差，即 $\Delta F_z - \Delta F_{zh}$、$\Delta F_c - \Delta F_{ch}$、$\Delta F_s - \Delta F_{sh}$ 的值。

送气/不送气对立辅音之间 VOT 差值的计算过程为：$VOT_c - VOT_z$、$VOT_{ch} - VOT_{zh}$。

上面各项相关数值计算出来后，最后将中—印两组发音人、不同级别印尼发音人的相关数值进行比较。

第三节　实验结果

一、普通话舌尖前/后辅音与印尼语相似辅音的差异

统计结果显示，在舌尖前/后发音部位的相关参数方面，印尼语辅音 $z_{印}$/z/、$c_{印}$/ts/、$s_{印}$/s/的 F2 – F1，更接近普通话舌尖前辅音 z/ts/、c/tsʰ/、$s_汉$/s/的相关参数；相较而言，与普通话舌尖后辅音 zh/tʂ/、ch/tʂʰ/ sh/ʂ/的相关参数相差较大；送气/不送气发音方法的相关参数方面，印尼语辅音 $c_{印}$/ts/的时长，更接近普通话不送气辅音 z/ts/、zh/tʂ/的平均时长，相较而言，与普通话送气辅音 c/tsʰ/、ch/tʂʰ/的平均时长相差较大（参见表 6 – 1）。根据吴宗济、林茂灿（1989：112 ~ 126）等的语音声学实验结果，上述数据表明，发音部位上，印尼语辅音 $z_{印}$/z/、$c_{印}$/ts/、$s_{印}$/s/差不多介于普通话舌尖前/后辅音之间；而且距离舌尖前辅音更近。发音时长上，印尼语辅音与普通话舌尖前/后不送气辅音相距较小；与普通话舌尖前/后送气类辅音相距较大。

表 6 – 1　普通话舌尖前/后塞擦音与印尼语相似辅音对比

语种	辅音	F2 – F1（Hz）	时长（ms）
汉	z/ts/	1 512. 1	105. 7
汉	c/tsʰ/	1 633. 9	187. 9
汉	s/s/	1 325. 7	163. 5

（续上表）

语种	辅音	F2－F1（Hz）	时长（ms）
印	$z_印$/z/	1 308.6	183.1
印	$c_印$/ts/	1 126.3	69.3
印	$s_印$/s/	1 207.8	141.2
汉	zh/tʂ/	1 014.2	78.1
汉	ch/tʂʰ/	942.7	171.8
汉	sh/ʂ/	823.8	152.7

二、发音偏误类型

初、中、高3个级别印尼被试产出双音节组合时，6个舌尖前/后辅音的偏误类型和偏误类率分别见表6-2和图6-1。

表6-2　6个舌尖前/后辅音发音偏误类型及其变化①

	z/ts/	c/tsʰ/	s/s/	zh/tʂ/	ch/tʂʰ/	sh/ʂ/
初级	8	9	5	10	10	6
中级	5	6	3	7	6	4
高级	4	4	3	5	4	3
合计	9	10	6	11	10	7

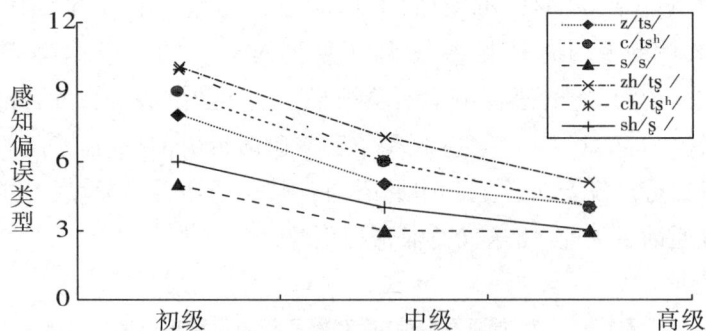

图6-1　6个舌尖前/后辅音发音偏误类型及其变化

① "合计"栏中的数据，不是初、中、高3个级别数据的简单相加，排除了重复出现的类型。

综合以上数据可以看出，印尼被试产出普通话 6 个舌尖前/后辅音时，发生偏误的类型具有如下特点：

（1）偏误的总排序为（从高到低）：zh/tʂ/ > ch/tʂʰ/ > c/tsʰ/ > z/ts/ > sh/ʂ/ > s/s/。

（2）从舌位上看，舌尖后辅音的偏误类型略大于相应舌尖前辅音的偏误类型。

（3）从擦/塞擦这一发音方法看，塞擦音的偏误类型显著大于擦音的偏误类型。

（4）从送气/不送气这一发音方法看，舌尖前辅音的偏误类型是送气辅音的偏误类型略大于不送气辅音的；舌尖后辅音的偏误类型是不送气辅音的偏误类型略大于送气辅音的。

（5）从偏误的变化趋势看：初级→中级阶段偏误类型下降显著，中级→高级阶段的偏误类型变化不大。

三、发音偏误率

初、中、高 3 个级别印尼被试产出双音节组合时，6 个舌尖前/后辅音的偏误类率分别如表 6-3 和图 6-2 所示。

表 6-3　6 个舌尖前/后辅音发音偏误率及其变化趋势

单位:%

	z/ts/	c/tsʰ/	s/s/	zh/tʂ/	ch/tʂʰ/	sh/ʂ/
初级	73.1	76.9	53.7	90.1	80.3	60.1
中级	45.2	53.1	35.8	68.9	58.4	37.9
高级	41.2	49.5	25.6	57.8	47.3	26.3
平均	55.9	59.7	38.6	78.6	67.6	41.3

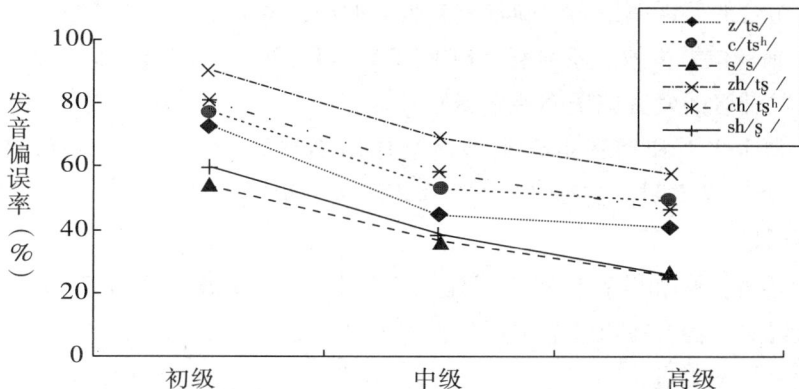

图 6-2　6 个舌尖前/后辅音发音偏误率及其变化趋势

综合以上数据可以看出，印尼被试产出普通话 6 个舌尖前/后辅音的偏误率与偏误类型具有较大的一致性：

（1）平均偏误率的总排序为（从高到低）：zh/tʂ/ > ch/tʂʰ/ > c/tsʰ/ > z/ts/ > sh/ʂ/ > s/s/。

（2）从舌位上看，舌尖后辅音的偏误率大于相应舌尖前辅音的偏误率。

（3）从擦/塞擦这一发音方法看，塞擦音的偏误率大于擦音的偏误率。

（4）从送气/不送气这一发音方法看，舌尖前辅音的偏误率是送气辅音的大于不送气辅音的；舌尖后辅音的偏误率是不送气辅音的大于送气辅音的。

（5）从偏误的变化趋势看：初级→中级阶段偏误率下降显著，中级→高级阶段变化不明显。

四、发音偏误因素方差分析

为了进一步考察辅音组合类型、辅音所在位置对不同级别被试双音节辅音发音偏误的影响，本研究对 31 位印尼发音人的双音节辅音发音偏误率进行了 $3 \times 3 \times 2$ 多因素方差分析。其中汉语水平因素为被试间因素，包括初级、中级、高级 3 个水平；辅音组合类型和辅音在双音节中所处的位置均为被试内因素。辅音组合类型，包括同辅同元、同辅异元、异辅同元 3 个水平；辅音所处位置，包括双音节的首位和尾位 2 个位置。因变量为 3 组不同级别被试的发音偏误率。方差分析结果显示：

（1）语言水平主效应显著，$F(2, 28) = 7.301$，$p = 0.001 < 0.05$。事后多重比较结果显示，初级—中级与初级—高级两两之间的差异达到显著水平（$p < 0.0001$，$p < 0.001$），中级—高级两两之间的差异未达到显著水平（$p > 0.05$）。

（2）辅音组合类型主效应显著，$F(2, 28) = 11.015$，$p = 0.001 < 0.05$。事后多重比较结果显示，3 类辅音组合两两之间的差异均达到显著水平（$p = 0.011 < 0.05$，$p = 0.021 < 0.05$，$p = 0.001 < 0.05$），其中同辅同元组合的偏误率最低，异辅同元组合的偏误率最高，同辅异元组合的偏误率居中。

（3）辅音位置主效应不显著，$F(1, 29) = 1.336$，$p = 0.531 > 0.05$。即处于前后位置的辅音的发音偏误率差异不显著。

（4）语言水平和辅音组合类型交互作用不显著，$F(4, 56) = 0.517$，$p = 0.653 > 0.05$。这说明，辅音组合类型对不同级别被试发汉语舌尖前/后辅音的影响差异不明显。

（5）语言水平和辅音位置交互作用不显著，$F(2, 28) = 0.117$，$p = 0.701 > 0.05$。这说明，辅音在双音节中所处位置对不同级别被试汉语舌尖前/后辅音产出的影响差异不明显。

（6）辅音组合类型和辅音位置的交互作用显著，$F(2, 28) = 10.225$，$p = 0.001 < 0.05$。简单效应检验结果为，同辅同元组合中，首尾位置辅音的发音偏误率差异不显著（$p > 0.05$）；同辅异元和异辅同元组合中，尾音节辅音的发音偏误率显著大于首音节的（$p < 0.05$，$p < 0.05$）。

（7）语言水平、辅音组合类型和辅音位置的交互作用不显著，$F(4, 56) = 2.107$，$p = 0.171 > 0.05$。

五、舌位偏误分析

为了考察初、中、高不同级别汉语二语被试和汉语母语发音人舌位对立辅音之间的舌位距离是否存在显著差异，本研究对上述 4 组发音人的 3 组差值（$\Delta F_z - \Delta F_{zh}$、$\Delta F_c - \Delta F_{ch}$、$\Delta F_s - \Delta F_{sh}$）分别进行了两个独立样本的 t 检验，检验结果为：$\Delta F_z - \Delta F_{zh}$、$\Delta F_c - \Delta F_{ch}$、$\Delta F_s - \Delta F_{sh}$ 3 组差值，初级被试分别显著小于中、高级被试和汉语母语发音人的（$p < 0.01$，$p < 0.01$，$p < 0.001$）；中、高级被试分别显著小于汉语母语发音人的（$p < 0.001$，$p < 0.001$）；中、高级被试之间差异不显著（$p > 0.05$）。如表 6-4 与图 6-3 所示。

表 6-4　不同级别发音人舌位前/后对立辅音 ΔF 之差独立样本 t 检验

检验项目	检验被试	平均值之差（Hz）	t	p	N
$\Delta F_z - \Delta F_{zh}$	初级—中级	-124.6	4.281	0.007	21
	初级—高级	-147.1	5.057	0.004	21
	初级—母语者	-413.8	23.585	0	21
	中级—高级	-22.5	0.602	0.725	20
	中级—母语者	-289.2	11.583	0	20
	高级—母语者	-266.7	10.931	0	20
$\Delta F_c - \Delta F_{ch}$	初级—中级	-138.6	3.881	0.005	21
	初级—高级	-153.3	6.086	0.003	21
	初级—母语者	-465.8	27.531	0	21
	中级—高级	-14.7	0.813	0.439	20
	中级—母语者	-327.2	18.583	0	20
	高级—母语者	-312.5	17.583	0	20

（续上表）

检验项目	检验被试	平均值之差（Hz）	t	p	N
$\Delta F_s - \Delta F_{sh}$	初级—中级	-178.9	3.881	0.001	21
	初级—高级	-190.5	6.086	0.001	21
	初级—母语者	-405.1	27.531	0	21
	中级—高级	-11.6	0.813	0.439	20
	中级—母语者	-226.3	18.583	0	20
	高级—母语者	-214.5	17.583	0	20

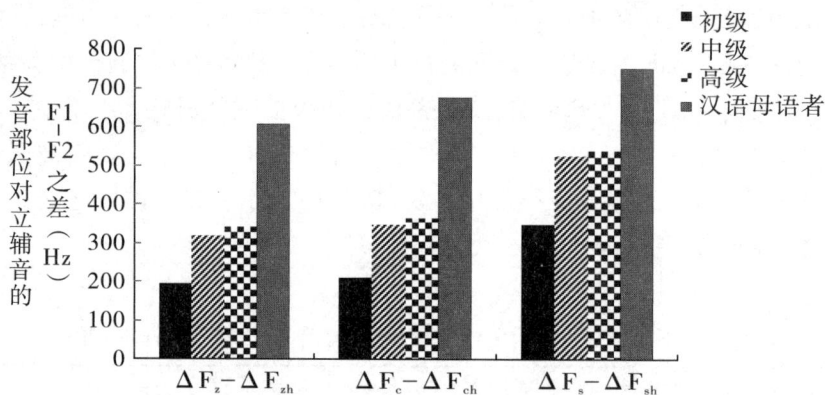

图 6 - 3　不同级别发音人双音节舌位前/后对立辅音之间的 ΔF 差异

上述结果表明，初、中、高 3 组不同汉语水平的二语被试产出 z/ts/ - zh/tʂ/、c/tsʰ/ - ch/tʂʰ/、s/s/ - sh/ʂ/3 组辅音时，发音部位的 3 组 ΔF 之差（$\Delta F_z - \Delta F_{zh}$、$\Delta F_c - \Delta F_{ch}$、$\Delta F_s - \Delta F_{sh}$）均显著小于汉语母语者相应的 ΔF 之差（$\Delta F_z - \Delta F_{zh}$、$\Delta F_c - \Delta F_{ch}$、$\Delta F_s - \Delta F_{sh}$）。初级汉语水平被试产出 z/ts/ - zh/tʂ/、c/tsʰ/ - ch/tʂʰ/、s/s/ - sh/ʂ/3 组辅音时，发音部位上 3 组 ΔF 之差（$\Delta F_z - \Delta F_{zh}$、$\Delta F_c - \Delta F_{ch}$、$\Delta F_s - \Delta F_{sh}$）均显著小于中、高 2 组汉语水平被试产出的相应 ΔF 之差（$\Delta F_z - \Delta F_{zh}$、$\Delta F_c - \Delta F_{ch}$、$\Delta F_s - \Delta F_{sh}$）。但是，中级被试产出 z/ts/ - zh/tʂ/、c/tsʰ/ - ch/tʂʰ/、s/s/ - sh/ʂ/3 组辅音时，发音部位上 3 组 ΔF 之差（$\Delta F_z - \Delta F_{zh}$、$\Delta F_c - \Delta F_{ch}$、$\Delta F_s - \Delta F_{sh}$）与高级被试产出的相应 ΔF 之差无显著差异。这就意味着从横向上看，初、中、高 3 组不同汉语水平被试发上述 3 组辅音时，均将舌尖前音 z/ts/、c/tsʰ/、s/s/的舌位靠后了，同时将舌尖后音 zh/tʂ/、ch/tʂʰ/、sh/ʂ/的舌位靠前了。即发音时舌位前/后对立特征不明显。从纵向上看，初级水平被试在这方面的偏误尤其突出，从中级阶段直到高级阶段该方面的偏误改善不明显。

六、发音方法偏误分析

类似地，为了考察初、中、高不同级别汉语二语被试和汉语母语发音人送气/不送气对立辅音之间的送气特征是否存在显著差异，本研究对该 4 组发音人的 2 组 VOT 差值（$VOT_c - VOT_z$、$VOT_{ch} - VOT_{zh}$）分别进行了两个独立样本的 t 检验，检验结果为：$VOT_c - VOT_z$、$VOT_{ch} - VOT_{zh}$ 2 组差值，初级汉语二语被试分别显著小于中、高级汉语二语被试和汉语母语发音人的（$p < 0.001$，$p < 0.001$，$p < 0.001$，$p < 0.01$，$p < 0.01$，$p < 0.001$）；中、高级汉语二语被试的 $VOT_c - VOT_z$ 差值与汉语母语发音人无显著差异（$p > 0.05$，$p > 0.05$）；中级汉语二语被试的 $VOT_{ch} - VOT_{zh}$ 差值显著小于汉语母语发音人的（$p < 0.05$）；高级汉语二语被试的 $VOT_{ch} - VOT_{zh}$ 差值与汉语母语发音人无显著差异（$p > 0.05$）；中、高级汉语二语被试之间 $VOT_c - VOT_z$、$VOT_{ch} - VOT_{zh}$ 2 组差值差异不显著（$p > 0.05$，$p > 0.05$）。如表 6 – 5 与图 6 – 4 所示。

表 6 – 5 不同级别发音人对应辅音 VOT 差值独立样本 t 检验

检验项目	检验被试	平均值之差	t	p	N
VOT_c – VOT_z	初级—中级	– 60.6	14.115	0	21
	初级—高级	– 78.1	17.572	0	21
	初级—母语者	– 88.1	21.851	0	21
	中级—高级	– 17.5	1.762	0.817	20
	中级—母语者	– 27.5	2.503	0.139	20
	高级—母语者	– 10.1	0.803	0.305	20
VOT_{ch} – VOT_{zh}	初级—中级	– 36.6	9.316	0.005	21
	初级—高级	– 47.3	13.167	0.001	21
	初级—母语者	– 66.1	15.319	0	21
	中级—高级	– 10.7	0.693	0.390	20
	中级—母语者	– 29.5	7.583	0.021	20
	高级—母语者	– 18.8	2.774	0.107	20

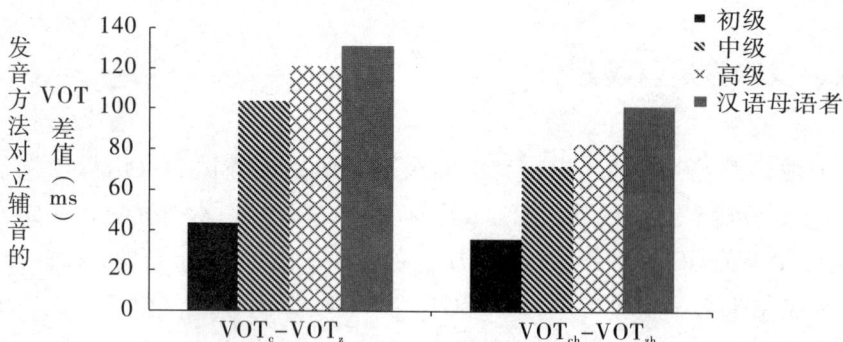

图6-4　印—中发音人双音节组合对应辅音 VOT 差值

上述结果意味着从横向看，初、中、高3组不同汉语水平被试发上述2组辅音时，均将送气时长缩短了，同时将不送气时长延长了，即发音时发音方法上送气/不送气对立特征不如汉语母语者明显。从纵向看，初级水平被试在这方面的偏误尤其突出，中、高级水平被试在该方面偏误改善明显，尤其是到了高级阶段，与汉语母语者相差不明显。

第四节　综合讨论

一、偏误原因分析

双音节中辅音发音的偏误率，比单音节发音和双音节感知中相应辅音的偏误率都要高，其原因有四个方面。

1. 母语负迁移作用

前面的实验统计结果显示，在发音部位上，印尼语辅音 $z_{印}$/z/、$c_{印}$/ts/、$s_{印}$/ts/差不多位于普通话舌尖前辅音 z/ts/、c/ts^h/、s$_汉$/s/和舌尖后辅音 zh/tʂ/、ch/tʂ^h/、sh/ʂ/之间；可以简单表示如图6-5。在发音方法上，印尼语辅音 $c_{印}$/ts/跟普通话的 z/ts/、zh/tʂ/很相似，印尼语辅音 $z_{印}$/z/跟普通话的 c/ts^h/、ch/tʂ^h/也有点相似。

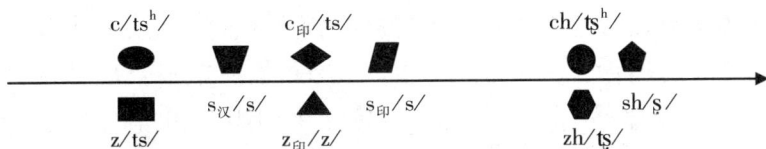

图6-5　普通话舌尖前/后塞擦辅音与印尼语相似辅音发音部位相对距离

在母语"感知磁吸效应"作用下，印尼汉语二语习得者产出普通话舌尖前/后辅音时，发音部位的3组 ΔF 之差（$\Delta F_z - \Delta F_{zh}$、$\Delta F_c - \Delta F_{ch}$、$\Delta F_s - \Delta F_{sh}$）均显著小于汉语母语者相应的 ΔF 之差（$\Delta F_z - \Delta F_{zh}$、$\Delta F_c - \Delta F_{ch}$、$\Delta F_s - \Delta F_{sh}$）。在发音方法上，2组 VOT 差值（$VOT_c - VOT_z$、$VOT_{ch} - VOT_{zh}$）也分别显著小于汉语母语者。除了母语的影响，目的语语内因素干扰也非常明显。

2. 语音同化作用

语音同化作用指在连续的语流中，原来不相同或不相近的音，其中一个音因受另一个音的影响而变得相同或相近。（高名凯、石安石，1987：80）被试发双音节词时，从同化音节与被同化音节的位置关系上看，有顺同化和逆同化两种。其中顺同化指双音节的尾音节辅音被首音节的辅音同化。逆同化指双音节的首音节辅音被尾音节的辅音同化。这两种同化现象在初、中、高3级被试中均大量存在。如有的被试将 sǎshā 发成 sǎsā，将 zǎocāo 发成 zǎozāo，将 sìcì 发成 sìsì，就是典型顺同化作用的结果。有的被试又将 zhùzú 发成 zùzú，将 cāsǎo 发成将 sāsǎo，就是典型逆同化作用的结果。统计发现，顺同化的出现率大于逆同化的出现率，即双音节尾音节被首音节同化的概率，大于首音节被尾音节同化的概率。这是前面提到的尾音节塞擦音的差异比首音节更不明显的原因之一。

从同化音节与被同化音节的同化结果上看，有完全同化和部分同化两种。上面的例子都属于完全同化。这里的部分同化包括仅发音部位被同化而发音方法未变，以及发音方法被同化而发音部位未变两种。如有的被试将 chūzhù 发成 chūchù，就是尾音节辅音部分地被首音节辅音同化了，即只是不送气的发音方法被首音节辅音同化为送气的发音方法，但是发音部位没有变；有的将 zhīchí 发为 chīchí，则是首音节辅音部分地被尾音节辅音同化了，即只是不送气的发音方法被尾音节辅音同化为送气的发音方法，但是发音部位没有变；有的将 sìshí 发为 shìshí，也是首音节辅音部分地被尾音节辅音同化了，即只是舌尖前发音部位被尾音节辅音同化为舌尖后发音部位，但是发音方法没有变。同化作用是异辅同元类组合中辅音产生发音偏误的主要原因之一。

3. 语音异化作用

语音异化作用指在连续的语流中，原来相同或相近的音，其中一个音因受另一个音的影响，而变得不相同或不相近。被试发双音节时，从异化音节与被异化音节的位置关系上看，也有顺异化和逆异化两种。这里的顺异化指双音节的尾音节辅音被首音节的辅音异化。逆异化指双音节的首音节辅音被尾音节的辅音异化。这两种异化现象在初、中、高3级被试中均不同程度地存在。如有的将zuìzǎo发成zuìcǎo，将zìzú发为zìcú，将cūcāo发为cūzāo，就是顺异化作用的结果。有的被试将zǎozǎo发为chǎozǎo，将cāicí发为zāicí，则是逆异化作用的结果。异化作用是同辅同元和同辅异元两类组合中的辅音产生发音偏误的主要原因之一。在异辅同元类组合中也存在少量的部分异化现象，即首尾音节相同的发音方法，由于异化而变为不同。如有的将zázhì发为zácì，将zìzhì发为zìsì，就是相同的发音方法异化为不同的发音方法。前者是相同的发音方法不送气＋不送气异化为不同的发音方法不送气＋送气，后者是相同的发音方法塞擦＋塞擦异化为不同的发音方法塞擦＋摩擦。

4. 语音换位作用

语音换位作用就是两个音的前后位置互相调换。这种现象在初、中、高3级被试中也不同程度地存在。如有的将shǎsǎ发为sǎshǎ，有的将zhùzú发为zùzhú，有的将zìzhì发为zhìzì，有的将cízhí发为zhící，都是语音换位作用的结果。语音换位作用是异辅同元类组合中辅音产生感知偏误的主要原因。

不同的影响因素对不同的辅音组合产生的作用不同，如辅音的同化和语音换位作用就只可能作用于异辅同元组合，辅音的异化作用则多作用于同辅同元和同辅异元组合，少量作用于异辅同元组合。至此我们可以将印尼被试发同辅同元、同辅异元、异辅同元3类组合时受到的干扰因素归纳如表6-6所示。

表6-6　不同辅音组合发音时受到的干扰因素

干扰因素	同辅同元	同辅异元	异辅同元
母语干扰	＋	＋	＋
目的语干扰	＋	＋	＋
元音同化		＋	
辅音同化			＋
辅音异化	＋	＋	（＋）
辅音换位			＋
综合干扰指数	＋＋＋	＋＋＋＋	＋＋＋＋（＋）

说明：表中加括号的（＋），表示作用比较少。

由此可见，发异辅同元组合时受到的干扰因素最多，发同辅同元组合时受到的干扰因素最少，因此3类组合的辅音发音偏误率大小排序不同。

二、双音节辅音发音与感知的关系

在偏误类型方面，舌尖前各辅音均是感知时的偏误类型大于发音时的偏误类型；舌尖后辅音除了擦音外，各辅音均是发音的偏误类型大于感知的偏误类型。

偏误率方面，除了辅音 c/ts^h/外，其余 5 个辅音都是发音时的偏误率大于感知时的偏误率。6 个舌尖前/后辅音的发音偏误率排序与感知时有较大差异。

通过对初、中、高 3 级被试感知偏误率与发音偏误率分别进行相关分析，结果显示：初级被试双音节发音与感知之间的相关性很小（$t = 0.032 < 0.05$，$r = 0.251$）；中级被试的相关性比较大（$t = 0.001 < 0.05$，$r = 0.574$）；高级被试的相关性最大（$t = 0 < 0.05$，$r = 0.685$）。该结论与李丹丹、周小兵（2005）对韩国学生的实验研究结果基本一致，即习得者的水平越高，发音与感知之间的相关性越大。

表 6-7　不同级别被试感知与发音偏误率相关分析

级别	Sig.（2-tailed）	r
初级	0.032 < 0.05	0.251
中级	0.001 < 0.05	0.574
高级	0 < 0.05	0.685

第五节　结　论

通过以上的语音实验和统计分析，可以得出如下结论：

（1）双音节的组合对印尼汉语习得者的普通话双音节舌尖前/后辅音发音存在显著影响，三组辅音组合两两之间的发音偏误率差异均达到显著水平，其大小排序为：异辅同元组合 > 同辅异元组合 > 同辅同元组合。

（2）发音部位方面，印尼被试舌位前/后对立辅音（如 z/ts/ – zh/tṣ/）的舌位差异不明显，即发舌位前/后对立辅音时，舌位距离比中国发音人标准普通话的相应距离要小。

（3）发音方法方面，印尼被试送气/不送气对立辅音（如 z/ts/ – c/ts^h/）的 VOT 差异不明显，即发送气/不送气对立辅音时，VOT 差异比中国发音人标准普通话的相应差异要小。

（4）被试感知偏误率与发音偏误率的相关性，随着汉语水平的提高而增强。

（5）造成双音节发音偏误的原因，除了语际因素干扰、语内因素干扰、语音识别心理机制的影响、汉语声母发音声学特征外，还有母语负迁移作用、语音同化、语音异化、语音换位等因素的影响。

第七章　汉语二语习得者普通话单音节舌尖前/后辅音纵向习得实验

第一节　引　言

第二语言习得有普遍的规律，同时也有不同习得者的个体差异。我们经常强调教师教学要"因材施教"，第二语言习得研究除了研究一般二语习得者，或者某一类别的二语习得者的共同习得规律外，还需要大力研究不同习得者个体的习得规律。而且，我们研究得到的一般习得规律只有在个体中得到充分体现，才算是符合客观规律的。

关于汉语二语语音习得的纵向研究，田靓（2003）采用实验法和调查法，系统探讨了初、中级留学生汉语语音意识的发展及其与语音记忆的关系，结果表明：在语音加工和语音意识发展过程中，母语特征显著地影响了习得者第二语言语音加工和发展的具体模式，留学生的汉语音节意识与其语音短时记忆显著相关。张冬红（2006）对在校零起点外国留学生语音意识进行培养训练后发现：成人语音意识虽然已经基本定型，但是通过训练，汉语语音意识仍能继续发展；但需要长期的连续不间断的训练过程。谢小丽（2006）采用跟踪调查的方法研究得出日本习得者汉语舌尖后音的发展一般经历四个阶段：第一阶段，不论是感知还是发音，习得者均将 zh/tʂ/、ch/tʂʰ/、sh/ʂ/与 j/tɕ/、q/tɕʰ/、x/ɕ/两组辅音完全混同；到了第二阶段，习得者开始能将这两组辅音感知为两个语音范畴，但发音仍然不能区分；到了第三阶段，习得者在感知和发音时，均能将这两组辅音感知为两个语音范畴，但有偏误发生；第四阶段，习得者系统建立正确稳定的舌尖后音系统，并走向成熟。陈默、王建勤（2008）对一位韩国留学生习得汉语的韵律边界声学特征进行个案研究后得出，韩国留学生无声停顿和填充停顿的次数远多于中国发音人，韵律边界前后音节的音域高音点和低音点设置中的音域设置整体高于中国发音人，平均语流长度则明显比中国发音人短。

为了考察汉语二语习得者习得普通话舌尖前/后辅音的纵向发展特点，以及不同习得者的个体差异，本章的研究以 3 名印尼汉语习得者为被试，进行了为期一年半的追踪实验研究，并着重考察了以下几个问题：①汉语二语习得者习得普通话舌尖前/后辅音的纵向发展有哪些规律？②不同的习得者的发展路径有无差异？如果有，有哪些因素影响了差异的产生？③个案纵向追踪研究与前面研究得到的不同级别习得者的习得过程有无差异？

第二节　研究方法与过程

一、实验材料设计

本实验所用的材料包括普通话感知、发音材料与印尼语发音材料两大类。普通话感知、发音材料包括 180（ = 72 × 2 + 36）个普通话单音节。其中 144 个单音节为舌尖前/后辅音，另外 36 个单音节为随机杂入的非舌尖前/后辅音。为了便于与前面的单音节感知与发音研究结果相比较，设计过程考虑的要求与第三、四章实验材料所考虑的要求基本相同，即包含普通话的 6 个舌尖前/后辅音（不包括辅音 r[①]），并且与元音 ɑ、– i（/ɿ//ʅ/）、u 的组合齐备，每一类组合中包括的 4 类声调分布平衡。所有的音节进行了随机排列。

为了避免学生熟悉材料，靠记忆作答，每次实验所用的材料均有变化，每次感知的材料与发音的材料也不同。其中第一次感知所用的材料包含了第二、三章感知材料中的主要实验目标辅音音节，即声母为舌尖前/后辅音的音节（见附录 12 ~ 18）。发音所用的材料与第四章的发音材料相同，但各次的排列次序不同（见附录 19 ~ 24）。印尼语单音节发音材料与前面第四章的相同（见附录 4）。

二、被试对象

为了便于与前面的横向实验结果进行对比，本纵向实验对象为 3 名印尼留学生[②]，其中男生 2 人，女生 1 人，均为暨南大学华文学院学生，年龄都在 17 ~ 23 岁。他们习得的课程、教师教学的方法、习得的环境都相同。所有被试对象听力和发音都正常。

---

① 排除的原因参见前面第一章"绪论"说明。

② 开始为 6 人，后来 2 人在初级下后，就没有再继续学习。另外有 1 人因为中间有事回国，因此缺少 3 次数据，这里一并剔除。本书将 2 位男生编号为 M01、M02，1 位女生编号为 F01。

三、实验过程

　　整个追踪试验前后历时一年半，从入学开始，到中级上学期结束为止，包括 3 个学期的习得时间，每一位被试都参加了 7 次感知实验和 7 次录音实验。其中第一次录音实验包括了相应的印尼语言单音节录音。

　　第一次感知和录音为被试入学习得一个月后进行，第二次实验在第一次实验的两个月后进行，第三次在第一学期结束时进行，第四次在第二学期（初级下）开始的第二个月进行，第五次在第二学期（初级下）结束前一个月进行，第六次在第三学期（中级上）开始的第二个月进行，第七次在第三学期（中级上）结束前一个月进行。每一次实验的材料内容与前一次的都有不同，主要在于杂入的非舌尖前/后辅音不同，包含的 144 个舌尖前/后辅音排列顺序也不同。每一次实验都是感知在前，发音在后，两份材料内容也略有不同。

　　用于每次感知实验的材料，均先由 2 位普通话标准的中国大学生朗读，用电脑和 Cool Edit 软件录音。其中包括一位男生和一位女生，都获得普通话一级乙等证书。朗读的语速适中，每个音节朗读 2 遍，其中男生 1 遍，女生 1 遍；每遍之间间隔 2 秒，两个音节之间间隔 3 秒。采用听后填空的方式，被试根据听到的音节在相应的空格里写出辅音。

第三节　实验结果

一、感知偏误类型

　　统计结果显示，3 位被试感知偏误类型的总体发展趋势都是开始减少比较明显；中间减少不太明显，并且呈现上下波动势态；后期多数保持平稳。

　　从各个辅音的具体发展趋势看：s/s/、sh/ʂ/的变化幅度都比较小，除了开始有减少外，以后基本都处于平稳状态，z/ts/、c/tsʰ/、zh/tʂ/、ch/tʂʰ/的变化幅度都比较大，不仅开始减少明显，而且后期也呈波浪式减少趋势。

　　各被试的具体发展趋势：被试 M01 开始的偏误类型最大，除了前三次下降比较明显外，以后下降都很小，并且都有较大起伏。被试 M02 开始的偏误类型比较大（居中），但是下降幅度最快。被试 F01 开始的偏误类型最小，以后有所下降，但是多保持平稳状态。参见表 7 - 1 和图 7 - 1、图 7 - 2。

二、感知偏误率情况

统计结果显示，3 位被试的感知偏误率总体发展趋势为：M02 与 F01 比较接近，都呈现出明显的下降趋势；M01 与前二者有着比较大的差异。

各自的感知偏误率具体发展趋势与感知偏误类型的发展趋势相似，被试 M01 开始的偏误率最大，前三次一直呈现下降趋势，第四次相比第三次有所回升，第五次又下降到低于第三次的水平，第六次相比第五次又有所回升，第七次又下降到低于第五次的水平。因此，第四次至第七次，呈现波浪式下降状态。

表 7 – 1　3 位被试 6 个辅音的感知偏误类型及其变化

	z/ts/							c/tsʰ/							s/s/						
次序	1	2	3	4	5	6	7	1	2	3	4	5	6	7	1	2	3	4	5	6	7
M01	6	5	4	5	4	4	3	6	5	4	5	4	4	3	3	3	2	2	2	2	2
M02	5	4	2	2	1	2	1	5	4	2	3	2	3	2	2	2	1	2	2	2	2
F01	3	2	1	2	2	2	2	5	4	3	2	2	2	2	2	2	1	2	2	2	2

	zh/tʂ/							ch/tʂʰ/							sh/ʂ/						
次序	1	2	3	4	5	6	7	1	2	3	4	5	6	7	1	2	3	4	5	6	7
M01	5	4	3	4	3	3	3	5	4	3	4	3	3	3	4	4	3	4	3	3	3
M02	4	3	2	3	2	2	2	3	3	3	3	2	2	1	3	3	2	1	1	1	1
F01	4	2	1	2	2	2	2	3	2	1	2	2	2	2	2	2	1	1	1	1	1

说明：表中 M01、M02、F01 分别表示发音人编号。次序栏中 1~7 表示实验的次序。

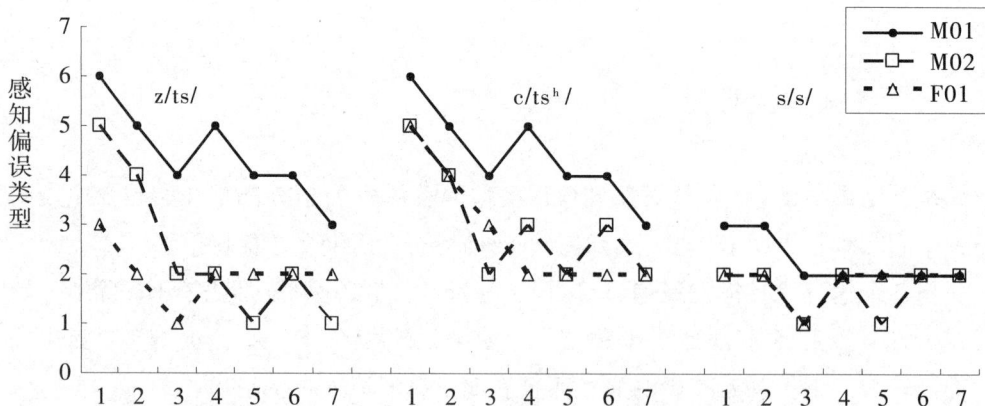

图 7 – 1　3 位被试辅音 z/ts/、c/tsʰ/、s/s/感知偏误类型变化

说明：图中 M01、M02、F01 分别表示发音人编号。横轴中 1~7 表示实验的次序。其余各图类同，不一一说明。

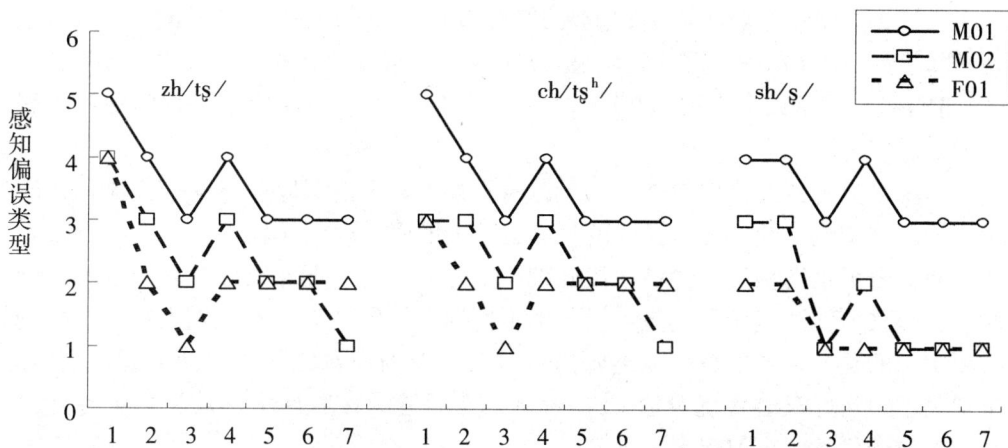

图 7 - 2　3 位被试辅音 zh/tʂ/、ch/tʂʰ/、sh/ʂ/感知偏误类型变化

被试 M02 开始的偏误率比较大（居中），第一次至第三次下降最快，第四次相比第三次有大幅度回升，第五次又下降到低于第三次的水平，第六次相比第五次又有所回升，第七次又下降到低于第五次的水平。

被试 F01 开始的偏误率最小，第一次至第三次下降也比较快，第四次至第七次尽管下降幅度没有前两次大，但自始至终都呈现持续下降趋势。参见表 7 - 2 和图 7 - 3。

表 7 - 2　不同被试纵向实验感知偏误率发展变化

单位:%

	第一次	第二次	第三次	第四次	第五次	第六次	第七次
M01	68.1	59.7	50.1	54.2	44.4	47.2	40.3
M02	56.9	43.1	26.4	36.1	22.2	26.3	18.1
F01	51.3	41.7	36.5	34.7	29.1	25.1	21.5

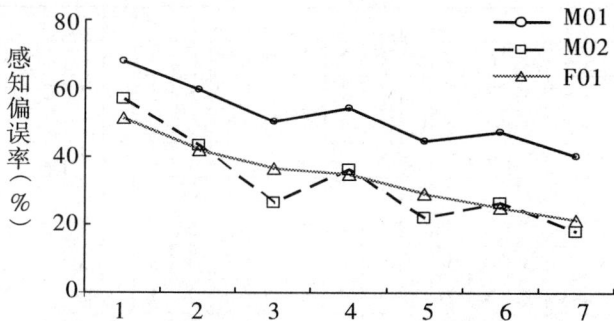

图 7 - 3　纵向实验感知偏误率发展变化曲线

尽管 3 位被试的偏误率发展趋势曲线看起来不同，但是有一个共同特点是都呈现下降趋势。开始阶段下降比较明显，以后下降比较缓慢，有时有波动、有起伏。

3 位被试的偏误率发展趋势曲线之所以不同，可能与我们平时教学观察了解到的情况有关。

M01 号男生，性格比较内向，上课时不爱发言，下课以后与同学交流也比较少，用汉语交流更少，习得汉语的目的也不太明确，迟到比较多。

M02 号男生则相反，性格活泼开朗，上课爱发言，下课以后总是与别的同学聊天，而且多尝试用汉语交流，错了也不怕别人指出，甚至不怕别人笑话。特别需要提出的是，该男生总是找老师拷贝有关上课的声音文件，以便下课以后听。他自己常说学好汉语后就参加 HSK 考试，然后继续在暨南大学攻读中文专业本科。他属于优秀语言习得者。

F01 号女生，尽管性格上与 M01 号男生相似，也不太活泼，上课害怕老师提问，下课以后也不大与别的同学聊天，即使聊天也多用印尼语（与印尼同学时）或英语（与别的国家的同学时）。不过她习得非常认真，也想学好汉语后参加 HSK 考试，然后继续在暨南大学攻读中文专业本科。

可见习得者的性格特点、习得目的、习得态度等，对语音的习得效果有明显的影响。

三、发音偏误类型

统计结果显示，3 位被试发音偏误类型的总体发展趋势，与感知偏误类型的总体发展趋势既有相似的地方，也有不同的地方。相似的地方是开始减少比较明显，后期多数保持平稳。不同的地方在于，开始虽然有减少，但是减少的幅度没有感知的那么大，中间上下波动不明显。

从各个辅音偏误类型的具体发展趋势看：s/s/、sh/ʂ/几乎没有变化，z/ts/、c/tsʰ/、zh/tʂ/、ch/tʂʰ/的变化幅度都比较大。参见表 7-3、图 7-4 和图 7-5。

表 7-3　3 位被试 6 个辅音的发音偏误类型及其变化

z/ts/								c/tsʰ/								s/s/						
次序	1	2	3	4	5	6	7	次序	1	2	3	4	5	6	7	次序	1	2	3	4	5	6	7
M01	4	3	2	4	3	3	2	M01	4	4	2	4	3	3	3	M01	2	3	2	3	2	2	2
M02	3	3	2	3	2	2	2	M02	3	3	2	3	2	2	1	M02	2	2	1	1	1	1	2
F01	3	2	2	2	2	2	2	F01	3	3	2	3	2	2	2	F01	2	2	1	1	1	1	1

zh/tʂ/								ch/tʂʰ/								sh/ʂ/						
次序	1	2	3	4	5	6	7	次序	1	2	3	4	5	6	7	次序	1	2	3	4	5	6	7
M01	5	3	3	4	3	4	3	M01	5	4	3	5	3	3	3	M01	3	2	3	2	3	2	2
M02	4	3	2	3	2	2	2	M02	5	4	3	4	2	2	2	M02	2	2	2	2	1	1	1
F01	3	2	2	2	2	2	2	F01	4	3	2	3	2	2	2	F01	2	1	2	1	1	1	1

说明：表中 M01、M02、F01 分别表示发音人编号。次序栏中 1～7 表示实验的次序。

　　从各辅音发音偏误类型在不同习得者个体表现上看：越是发音难度大的辅音，个体差异性就越显著；相反，越是发音难度小的辅音，个体差异性就越不显著。如 s/s/，3 位被试发音发生偏误时，都是错发成汉语的 sh/ʂ/，或者发成印尼语的 s/s/。而 ch/tʂʰ/，被试 M02 多错发成不到位的汉语辅音 z/ts/或者 c/tsʰ/，被试 M01 多错发成不到位的汉语辅音 q/tɕʰ/或者 c/tsʰ/，被试 F01 多错发成不到位的汉语辅音 zh/tʂ/或者 ch/tʂʰ/。这是因为发音难度小的辅音（s/s/），其物理声学特征相对比较稳定，发音时舌位变化也相对比较小；相反，发音难度大的辅音，其物理声学特征变化复杂，发音时舌位变化幅度大。因此，前者在不同习得者个体中呈现的变易小，后者在不同习得者个体中呈现的变易大。

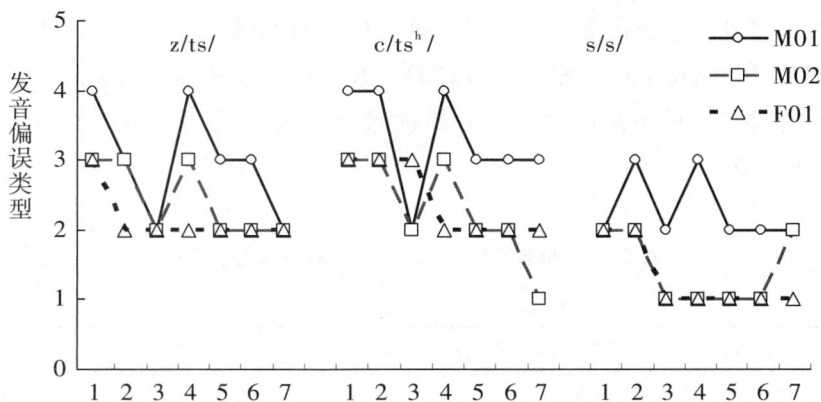

图 7-4　3 位被试辅音 z/ts/、c/tsʰ/、s/s/发音偏误类型变化

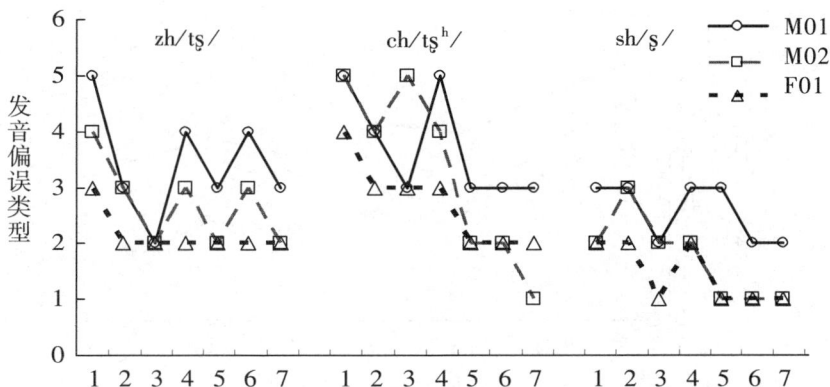

图 7-5　3 位被试辅音 zh/tʂ/、ch/tʂʰ/、sh/ʂ/发音偏误类型变化

四、发音偏误率

（一）总体发音偏误率及其变化

统计结果显示，3 位被试的偏误率总体发展趋势与感知偏误率比较接近，开始下降比较明显，后期下降幅度不大。各自具体数值比感知偏误率都要高。这一结果与前面的横向实验结果一致，即发音偏误率大于感知偏误率。

各被试发音偏误率的具体发展趋势与偏误类型相似：被试 M01 开始的偏误率最大，前三次一直呈现下降趋势，第四次有回升，第五次又继续下降，第六次又有回升，第七次继续下降。被试 M02 开始的偏误率比较大（居中），第一次至第三次下降最快，并低于被试 F01；第四次有较大幅度回升，并高于被试 F01；第五次又下降到低于被试 F01 的水平；第六次又有回升，并高于被试 F01；第七次又下降到低于被试 F01 的水平。被试 F01 开始的偏误率最小，第一至第七次一直呈现下降趋势，但下降幅度除了开始两次比较大外，以后都比较小。参见表7-4 和图 7-6。

表 7-4   纵向实验各被试发音偏误率发展变化

单位:%

	第一次	第二次	第三次	第四次	第五次	第六次	第七次
M01	89.1	78.7	65.1	69.2	57.4	63.2	55.3
M02	76.9	60.1	39.4	45.1	30.2	34.6	21.1
F01	61.3	50.7	42.5	37.7	32.1	27.9	25.2

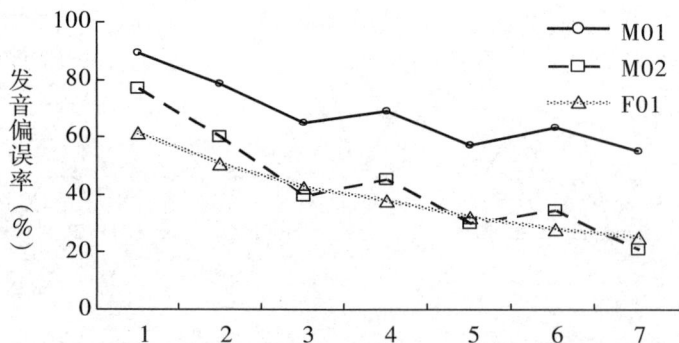

图 7-6   纵向实验发音偏误率发展变化曲线

综合前面的实验结果，可以看出 3 位被试感知与发音偏误率发展变化的共同特点为：开始两次呈现直线下降趋势，并且下降幅度比较大，第四次相比第三次有回升（如 M01、M02），即使下降，幅度也比较小（如 F01），第五次都呈现下降趋势，第六次相比第五次又有所回升（F01 除外）。如果将各次录音的时间与习得时期对应起来，则不难发现，教学训练对习得者语音水平提高有显著影响。前三次录音都是第一学期，这正好是被试接受大量语音训练的时期[①]。第四次为第二学期开始不久，除了比较用功的被试外，一般进行语音练习都比较少，因此语音水平与第一学期相比往往有所退步。经过第二学期的再次比较大强度的课堂语音训练[②]，留学生的语音水平又会大大提高。这是实验中第五、七次偏误率下降的主要原因。这也说明课堂语音教学是影响被试语音水平发展的主要因素。

（二）发音部位偏误率变化

主要考察了 3 位被试 z/ts/ – zh/tʂ/、c/tsʰ/ – ch/tʂʰ/、s/s/ – sh/ʂ/ 这 3 组发音部位对立辅音两两之间的 $\Delta F(F2 – F1)$ 之差，同中国发音人相比的差距变化。即印—中发音人之间的 $\Delta F_z – \Delta F_{zh}$、$\Delta F_c – \Delta F_{ch}$、$\Delta F_s – \Delta F_{sh}$ 差异之变化。这里的计算比较复杂，实际包括了 4 层差值，第一层差值指 6 个舌尖前/后辅音自身的 F2 与 F1 之差，具体包括了 6 个 ΔF 数值，即 $\Delta F_z = F_z2 – F_z1$、$\Delta F_c = F_c2 – F_c1$、$\Delta F_s = F_s2 – F_s1$、$\Delta F_{zh} = F_{zh}2 – F_{zh}1$、$\Delta F_{ch} = F_{ch}2 – F_{ch}1$、$\Delta F_{sh} = F_{sh}2 – F_{sh}1$；第二层差值指 3 组对立的舌尖前/后辅音的 ΔF 之差，具体包括了 3 个差值，即 $\Delta F_z – \Delta F_{zh}$、$\Delta F_c – \Delta F_{ch}$、$\Delta F_s – \Delta F_{sh}$ 的差值；第三层差值指印—中发音人之间的 $\Delta F_z – \Delta F_{zh}$、$\Delta F_c – \Delta F_{ch}$、$\Delta F_s – \Delta F_{sh}$ 的差值，即印尼被试的 $\Delta F_z – \Delta F_{zh}$、$\Delta F_c – \Delta F_{ch}$、$\Delta F_s – \Delta F_{sh}$ 与中国发音人相应的 $\Delta F_z – \Delta F_{zh}$、$\Delta F_c – \Delta F_{ch}$、$\Delta F_s – \Delta F_{sh}$ 的差异；第四层差值指 7 次纵向录音中，印尼被试与中国发音人之间的 $\Delta F_z – \Delta F_{zh}$、$\Delta F_c – \Delta F_{ch}$、$\Delta F_s – \Delta F_{sh}$ 差异的变化。

总体上看，印—中发音人之间的 $\Delta F_s – \Delta F_{sh}$ 差异的变化幅度最小，除了开始有减少外，以后都处于平稳状态；$\Delta F_c – \Delta F_{ch}$ 差异的变化幅度最大，不仅开始时减少明显，而且后期也有较大幅度的减少；$F_z – \Delta F_{zh}$ 差异的变化幅度居中，开始减少明显，后期变化不大。参见图 7 – 7。

这是"感知磁吸效应"作用的结果。Kuhl 等（Kuhl，1991；Kuhl et al.，2008；Conboy & Kuhl，2011）提出的母语磁吸效应理论认为，人类在认知空间里形成的母语语音范畴，是一种实际物理属界线模糊的原型范畴，这一原型即感知磁石，它对外部语音发挥磁吸效应。二语习得者听辨二语语音的难易程度取决于二语里某个音和母语磁石的实际声学空间分布距离，这个距离越短，二语的这个

[①]　一般新生第一学期除了精读课包含语音讲解和训练内容外，另外都还开设有口语（会话）、听力等专门的语音训练课程。

[②]　第二学期，语音训练时间相比第一学期一般大大减少，但还开设有口语（会话）、听力等专门的语音训练课程。

音和习得者母语的原型音感知效果越接近，习得者就越难把二语的音和母语的音区分开；反之，如果新音位与母语音位原型相差很大，母语原型就无法发挥磁吸效应，不能将它拉到自己的周围，听者就会认为该语音是一个独立的新音位。

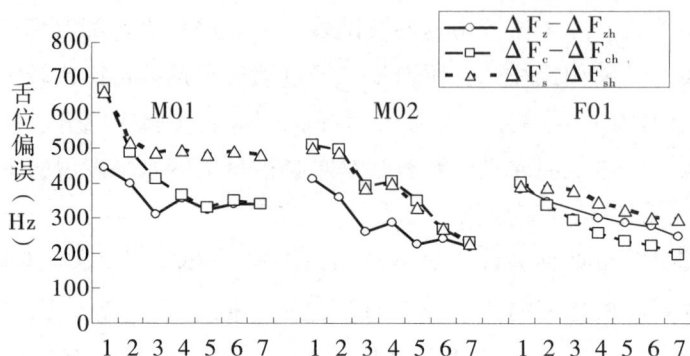

图 7 - 7　3 位被试发音部位偏误变化趋势

如果我们将汉语普通话的 3 组舌尖前/后辅音 z/ts/ - zh/tʂ/、c/tsʰ/ - ch/tʂʰ/、s/s/ - sh/ʂ/舌位上的相关参数与印尼语相似辅音 z印/z/、c印/ts/、s印/s/舌位上的参数进行对比（见第六章表 6 - 1），则可以发现，汉语普通话的辅音 s/s/ - sh/ʂ/与印尼语相似辅音 s印/s/在舌位上的距离，比汉语普通话辅音 z/ts/ - zh/tʂ/、c/tsʰ/ - ch/tʂʰ/与印尼语相似辅音 z印/z/、c印/ts/在舌位上的距离要小。因此，被试在发普通话辅音 s/s/、sh/ʂ/的过程中，在舌位上所受的母语磁吸效应作用要比发普通话辅音 z/ts/、zh/tʂ/、c/tsʰ/、ch/tʂʰ/时大。这样，习得者产出普通话辅音 s/s/、sh/ʂ/时，在舌位方面的偏误不仅比产出普通话辅音 z/ts/、zh/tʂ/、c/tsʰ/、ch/tʂʰ/的舌位偏误改善更缓慢，而且到了最后阶段还是最大。

（三）VOT 偏误率及其变化

主要考察了 3 位被试对于两组送气/不送气对立辅音（z/ts/ - c/tsʰ/、zh/tʂ/ - ch/tʂʰ/）两两之间的 VOT 之差（VOT$_c$ - VOT$_z$、VOT$_{ch}$ - VOT$_{zh}$），同中国发音人对应数值差距的变化。这里的计算比较复杂，实际包括 3 层差值，第一层差值指 2 组送气/不送气对立辅音两两之间的平均 VOT 之差（VOT$_c$ - VOT$_z$、VOT$_{ch}$ - VOT$_{zh}$）；第二层差值指印尼被试 2 组送气/不送气对立辅音两两之间平均 VOT 之差（VOT$_c$ - VOT$_z$、VOT$_{ch}$ - VOT$_{zh}$）与中国发音人相应数值的差异；第三层差值指 7 次纵向录音中，印尼被试第二层差值的变化。

统计结果显示，印尼被试 VOT$_c$ - VOT$_z$、VOT$_{ch}$ - VOT$_{zh}$同中国发音人的差距，自始至终都呈直线下降趋势。到第三学期结束（第七次实验）时，与中国发音人标准发音的相应数值相差无几，平均相差大约 15%（参见图 7 - 8）。

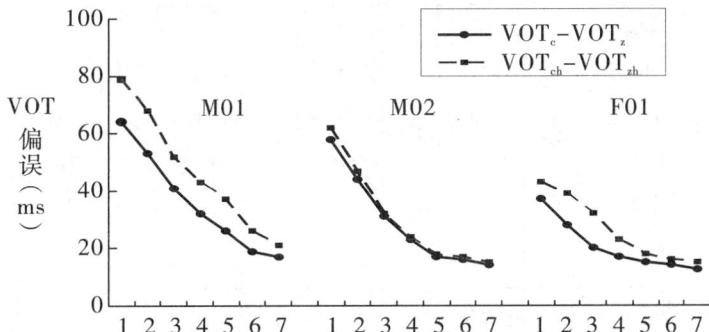

图7-8　3位被试VOT偏误变化趋势

第四节　分析与讨论

一、纵向感知与发音的关系

从偏误类型看：①感知的偏误类型比发音的偏误类型多。②感知的偏误类型与发音的偏误类型具有不一致性。感知中有的偏误类型，发音中不一定有。如被试M02感知辅音 $c/ts^h/$ 时，出现的 $s/s/$、$zh/t\underline{s}/$、$j/t\textci/$、$x/\textci/$、$t/t^h/$ 5类偏误类型，发音中就没有出现；同样，发音中有的偏误类型，感知中不一定有，如被试M02发辅音 $c/ts^h/$ 时有的 $q/t\textci^h/$、$c/ts/$ 2类偏误类型，感知中就没有出现。③有时即使感知与发音二者都有的偏误类型，出现的时间也不一定一致，如 $z/ts/$，在第一次发音偏误中就出现了，而在感知偏误中直到第三次才出现（参见图7-9）。

从偏误率看：①各个被试的发音偏误率都大于感知的偏误率。②感知偏误率的下降速度比发音偏误率的下降速度快。这与前面的横向实验结果一致。原因在于人类听觉器官平时所得到的训练，远比发音器官所得到的训练要多。在日常生活中，人们有意无意地会听到各种不同类型的声音，包括非人类的发音，这些声音尽管与习得者的目的语语音不同，但是对其听觉训练是有帮助的，对其二语语音感知也是有帮助的。相比之下，人们在日常生活中所说的语音种类就少得多，因此发音器官发母语以外的语音，往往感到困难。

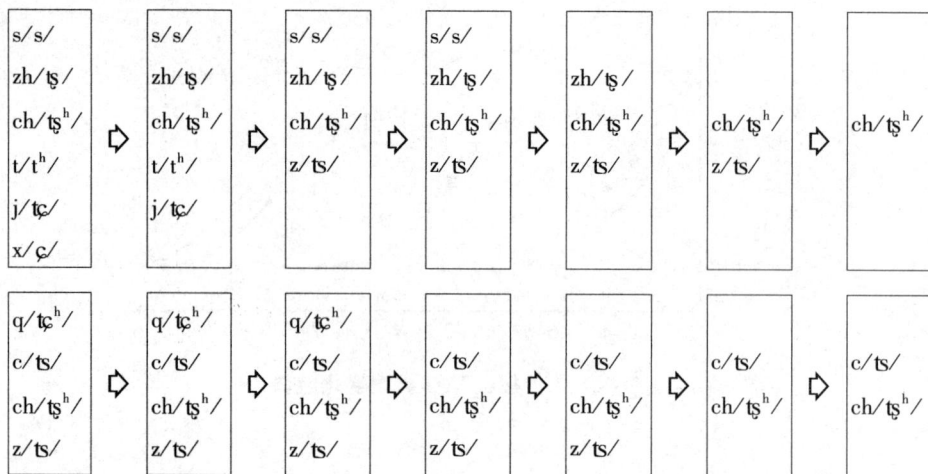

图 7 - 9　被试 M02 辅音 c/tsʰ 感知与发音偏误类型发展变化

说明：图中上半部分为感知偏误类型发展变化情况，下半部分为发音偏误类型发展变化情况。

二、发音部位偏误与发音方法偏误

上面的结果显示，习得者对发音方法偏误的克服与发音部位偏误的克服相比，不仅速度快，而且与中国发音人的差距更小，这与前面几章实验的结果一致。其中的原因在于：辅音送气时长这一语音特征，相对于舌位前/后这一语音特征来讲，不仅物理特性更为显著，更容易被人感知[①]，而且发音的生理过程也比舌位前/后容易控制。这也从习得者个体差异的角度证明了第三章实验中得出的关于汉语辅音主要知觉特征位次：清/浊、摩擦/非摩擦、送气/不送气、发音部位（前/后）。

三、不同个体发音和感知偏误的差异

实验中的 3 位被试，无论是感知偏误类型和偏误率的发展趋势，还是发音偏误类型和偏误率的发展趋势，都各不相同。这主要与习得者的性格特点、习得目的、习得态度、语音习得策略的差异有关。外向型性格习得者往往比内向型性格习得者的语音习得效果好；习得目的明确的习得者往往比习得目的不明确的习得者语音习得效果好；较多使用语音习得策略的习得者往往比较少使用者的语音习得效果好。

————————

① 这里用"感知"一词，不是本研究中的感知之意，而是心理学中所说的感受和体察。

第五节　结　论

（1）印尼汉语习得者普通话舌尖前/后辅音习得，在纵向发展上，总体呈现出波浪式变化趋势——偏误率呈波浪式下降趋势，相应地，其语音水平也呈波浪式提高趋势。

（2）同一习得者的总体感知的偏误类型大于发音的偏误类型；感知偏误率小于其发音的偏误率。

（3）感知的偏误类型与发音的偏误类型具有不一致性。感知中有的偏误类型，发音中不一定有；同样，发音中有的偏误类型，感知中也不一定有。感知与发音二者都有的偏误类型，出现的时间也不一定同步。

（4）印尼被试发音部位的偏误比发音方法的偏误更加突出，并且发音部位偏误的克服也比发音方法偏误的克服缓慢。

（5）不同的习得者，感知和发音偏误发展趋势存在明显差异，产生这些差异的因素包括习得者不同的性格特点、习得目的、习得态度、习得策略的运用等。

第八章　汉语二语习得者普通话双音节声调感知实验

第一节　引　言

声调是汉语的突出语音特征，也是广大留学生习得汉语语音的最大困难之一。普通话双音节语音教学，既是语流教学的基石，也是语流教学最基本的形式。目前，全球以西班牙语为官方语言的国家有 20 多个，其中主要集中在拉丁美洲。进入 21 世纪以来，中拉关系日益密切，经贸往来持续发展，中国已经成为拉丁美洲的第二大贸易伙伴，拉丁美洲也成为中国的第三大贸易伙伴（潘成，2014）。来自该地区的留学生日益增多。随着汉语教学国别化和汉语教材编写国别化的发展，我们亟须掌握西班牙语区汉语二语习得者感知普通话双音节声调的偏误特点及其形成机制。

吴宗济（1982）曾对普通话语流中的双音节变调规律进行过研究。徐世荣（1982）对普通话双音节词的音量进行详细分析后得出："后重"（中重）读法的双音节词占绝大多数。林茂灿、颜景助、孙国华（1984）的实验结果也表明：北京话两字组正常重音为后字比前字读得重一些，听起来后字比前字突出清晰。李子殷（1985）统计得出汉语二字词前/后字四声调域的平均结果为：阴平和阳平均是前字的调域大于后字的调域；上声和去声均是后字的调域大于前字的调域。邓丹、石锋（2008）通过实验得出，普通话双音节词声调间顺向的影响主要表现为"同化"；逆向的影响既存在"异化"，也存在"同化"，其中异化的作用范围大于同化的作用范围。

关于普通话双音节声调的知觉特征，不少学者进行过一系列的实验。其中，林焘、王士元（1984）的实验得出，双音节词中前面音节的终点音高和后面音节的起点音高之间的音高差（D 值）对前面音节调类的判断起到重要作用。王韫佳、李美京（2010）的实验显示，在调阶较低的条件下，普通话母语者对于阳平的感知不需要很大的升幅，而在调阶较高的条件下，阳平的感知需要一定的升幅。曹文（2010）的实验结果表明，调形、调阶对双音节组合中的字调感知都有影响作用，当调形相同时，调阶上的差异就会被特别注意。

关于汉语二语习得者的普通话声调感知特点，不少研究表明：母语为声调语言的汉语二语习得者，比母语为非声调语言的习得者对汉语声调的范畴性感知要高；母语为非声调语言的汉语二语习得者中，高级汉语习得者比初级汉语习得者对汉语声调的范畴性感知要高，初级汉语习得者对汉语声调趋向连续感知（Halle et al.，2004；Huang，2004；Xu et al.，2006；张林军，2010；王韫佳、李美京，2011）。感知普通话声调时，母语为非声调语言的习得者更多依靠元音、辅音和调域线索（Jongman & Moore，2000；Mattock & Burnham，2006）。非声调语言的汉语二语习得者对后字声调特征的关注度明显高于前字（陈默、王建勤，2010）。双音节后位四类调中，一般是阳平的感知难度最大，去声的感知难度最小（王又民，1998；陈珺、孙莎琪，2012）。

一般的教学经验认为：对汉语二语习得者来说，上声最难，阳平比较难，阴平比较容易，去声最容易；声调之间主要是阳平和上声、阴平和去声之间容易混淆。本章在借鉴上述诸多研究成果的基础上，选取32位来自西班牙语区的汉语二语习得者为被试，使用80个普通话双音节，围绕下述问题进行了感知实验：①西班牙语区汉语二语习得者感知普通话双音节时，4类调的难度差异有何特点？②四类调之间的混淆度有何特点？③四类调处于双音节前/后不同位置时对其感知有无影响？如果有影响，其影响结果如何？产生这些影响结果的深层机制是什么？④不同性别的汉语二语习得者对普通话声调感知有无差异？

第二节　研究方法与过程

一、实验设计

本研究采用 $2 \times 2 \times 4$ 的三因素方差分析方法。三个自变量分别为：①性别因素，包括男、女2个水平；②声调所处位置因素，包括前、后2个水平；③调类因素，包括阴平、阳平、上声、去声4个水平。因变量为被试感知普通话双音节声调的偏误率。

二、实验材料

本感知实验所用的材料包括80（$=16 \times 5$）个普通话双音节。设计过程考虑了以下因素：包含普通话阴平、阳平、上声、去声 4 个调类（以下分别简称 T1、T2、T3、T4）的 16 种组合（即 T1T1、T1T2、T1T3、T1T4、T2T1、T2T2、T2T3、T2T4、T3T1、T3T2、T3T3、T3T4、T4T1、T4T2、T4T3、T4T4）；该 16 类组合出现的频率相等，均为 5 频次；不同调类组合的双音节词语都属于《汉语水平词汇与汉字等级大纲》中的甲、乙级词汇；测试过程中对所有的语音材料进行了随机排序（参见附录 26）。

三、被试对象

参加感知实验的被试一共 32 人，均为在暨南大学华文学院就读的来自西班牙语区的初级留学生，他们分别来自西班牙、秘鲁、智利、巴拿马、委内瑞拉、厄瓜多尔和哥伦比亚 7 个以西班牙语为官方语言的国家。其中男生 15 人，女生 17 人，年龄均在 16～31 岁，学习汉语时间均在 3 个月以上、12 个月以下。全体被试听力正常。

四、实验过程与数据处理

（一）制作感知语料

感知的语音材料由 2 位普通话水平达到国家一级甲等的中国人在自然状态下朗读，其中男、女生各读 1 遍。全部录音均在标准的实验室内进行。

（二）设计感知软件

本实验设计专门的感知软件，主要达到了如下效果：①所有实验均在计算机上自动进行（一人一机）；②计算机自动严格控制每个感知声音之间的播放时间间隔，同一个音节播放两遍，两遍之间间隔 2 秒，两个不同音节之间间隔 3 秒；③计算机自动记录被试作答结果；④电脑屏幕显示 8 个备选答案，其中前/后字各 4 个声调，每个声调为一个备选答案，被试只需要点击屏幕相关声调的选择区域就可以，被试作答简单直观；⑤屏幕同时用数字显示当前播放的题号和被试作答的结果，包括其每次修改后的结果，以便被试在下一个声音播放之前修改当前音节的作答。

（三）实验模拟训练

正式实验前，实验主持人告知全体被试详细答题须知，并给被试 5 分钟时间进行模拟训练。为了避免在测试过程中，被试短时间内转化变调答案（将 T3T3 组合中的第一个 T3 变为 T2）出错，我们特别提醒被试，在感知 T3T3 组合时，将前 T3 选答为 T2 和 T3 均算对。

（四）正式感知实验

正式感知实验一共历时 21 分 31 秒，感知语音材料开始播放后，中间不停顿，感知结束后，所有实验数据自动导入 Excel 表中。

（五）数据统计分析

本研究数据统计包括：4 个调类处于双音节前/后不同位置下不同性别被试的感知偏误率，4 个调类处于双音节前/后不同位置下的相互混淆度。数据分析包括了三因素方差分析和配对样本 t 检验。所有统计和分析均在 SPSS21.0 上进行。

第三节　实验结果

一、感知偏误的总体情况

统计结果显示，全体被试所有实验音节字调的感知偏误率为 44.5%，其中所有居于双音节前位字调的总体感知偏误率为 48.8%，所有居于双音节后位字调的总体偏误率为 40.2%。[①] 全体男被试所有音节字调的总体感知偏误率为 53.8%，全体女被试所有音节字调的总体感知偏误率为 35.1%。所有实验音节字调中，四类调（T1、T2、T3、T4）的总体感知偏误率分别为：49.5%、48.3%、43.7%、35.4%。参见表 8-1。

表 8-1　四类调处于不同位置时男、女不同被试的感知偏误率

单位:%

性别	调类	前音调		后音调		前后合计	
		Mean	Std.	Mean	Std.	Mean	Std.
男	T1	57.746	7.195	66.541	9.105	62.143	3.465
	T2	56.269	6.915	59.779	7.329	58.524	3.078
	T3	58.482	6.877	40.933	5.407	49.708	2.415
	T4	60.209	8.901	29.269	3.916	44.739	2.006
合计		58.126	2.450	49.131	2.450	53.778	3.752

---

① 本研究的实验材料均为双音节。这里的"双音节前位"指这些实验双音节材料中的第一个音节；"双音节后位"指这些实验双音节材料中的第二个音节。如"bàomíng"双音节中"bào"的去声为居于"双音节前位"，"míng"的阳平为居于"双音节后位"。

（续上表）

性别	调类	前音调		后音调		前后合计	
		Mean	Std.	Mean	Std.	Mean	Std.
女	T1	37.024	6.324	38.525	5.815	36.774	3.165
	T2	36.329	5.411	43.686	4.669	40.008	3.857
	T3	47.549	3.714	27.958	3.054	37.754	2.879
	T4	35.407	4.900	16.520	2.487	25.963	2.423
合计		39.077	2.450	31.172	2.450	35.125	1.732
男女合计	T1	47.385	3.465	51.533	4.559	49.459	3.285
	T2	46.799	3.465	52.733	3.973	48.266	2.092
	T3	53.016	3.465	34.446	4.190	43.731	2.557
	T4	48.708	3.465	22.895	4.982	35.351	1.178
总计		48.752	2.137	40.152	1.732	44.452	1.225

二、不同因素对被试感知偏误的影响

本书以性别（包括男、女两个水平）、声调所处位置（包括前、后两个水平）、调类（包括阴平、阳平、上声、去声 4 个水平）为自变量，以被试感知双音节声调的偏误率为因变量，进行 $2 \times 2 \times 4$ 的三因素方差分析。结果显示：调类的主效应显著 $[F(3, 28) = 7.308, p < 0.01]$；位置的主效应显著 $[F(1, 31) = 12.325, p < 0.001]$；性别的主效应显著 $[F(1, 31) = 57.965, p < 0.001]$；调类和位置的交互作用显著 $[F(3, 28) = 9.873, p < 0.001]$；调类和性别的交互作用不显著 $[F(3, 28) = 1.250, p > 0.05]$；位置和性别的交互作用不显著 $[F(1, 31) = 0.081, p > 0.05]$；调类、性别和位置三者的交互作用不显著 $[F(3, 28) = 0.857, p > 0.05]$。

通过不同调类之间的多重比较发现，在不区分音节字调所处前/后位置的情况下，被试感知四类调的偏误率差异情况为：T1 - T2 之间为 T1 的感知偏误率略大于 T2 的感知偏误率，但未达到显著性水平（$p > 0.05$）；T1 - T3 之间为 T1 的感知偏误率大于 T3 的感知偏误率，不过也未达到显著性水平（$p > 0.05$）；T1 - T4 之间为 T1 的感知偏误率显著大于 T4 的感知偏误率（$p < 0.001$）；T2 - T3 之间为 T2 的感知偏误率略大于 T3 的感知偏误率，但未达到显著性水平（$p > 0.05$）；T2 - T4 之间为 T2 的感知偏误率显著大于 T4 的感知偏误率（$p < 0.001$）；T3 - T4 之间为 T3 的感知偏误率在 0.05 的水平上显著大于 T4 的感知偏误率

（$p < 0.001$）（参见图 8 - 1）。

通过对居于双音节前/后不同位置字调感知偏误率之间的多重比较发现，居于双音节前位字调的总体感知偏误率显著大于居于双音节后位字调的总体感知偏误率（$p < 0.001$）（参见图 8 - 2）。

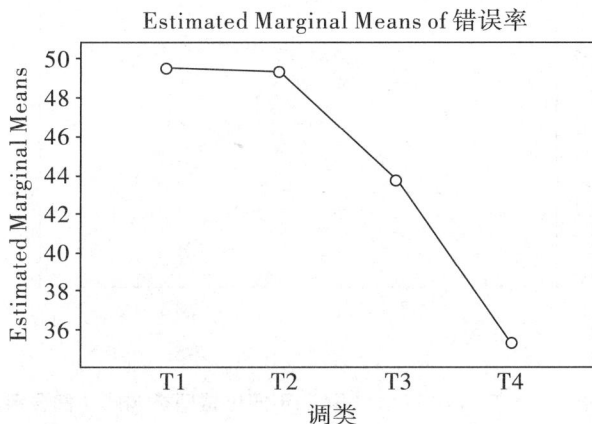

Estimated Marginal Means of 错误率

图 8 - 1　四类调的总体感知偏误率差异

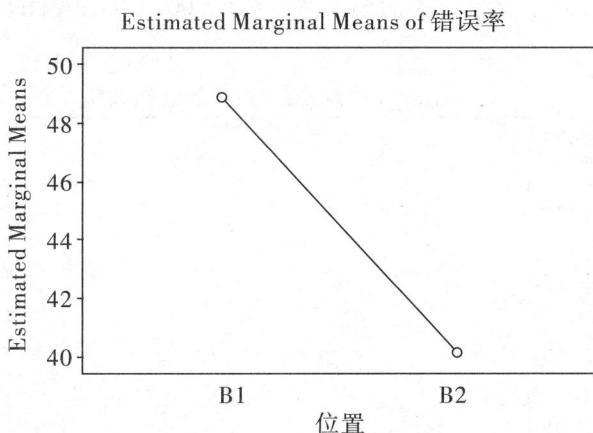

Estimated Marginal Means of 错误率

图 8 - 2　前（B1）后（B2）位置字调感知偏误率（%）①

由于位置和调类的交互作用显著，进行简单效应检验发现，T1、T2 两类调均是位于双音节前位的感知偏误率小于位于双音节后位的感知偏误率，不过没有达到显著性水平（$p > 0.05$，$p > 0.05$）；T3、T4 两类调均是位于双音节前位的感

---

① B1、B2 分别表示双音节前位和后位的字调感知偏误率，而不分字调的类别。如"shàngbān""píngguǒ"中前一字调的 T4 和 T2 都用"B1"表示，后一字调的 T1 和 T3 都用"B2"表示。

知偏误率大于位于双音节后位的感知偏误率，并且分别达到了显著性水平（$p < 0.001$，$p < 0.001$）（参见图 8 - 3）。

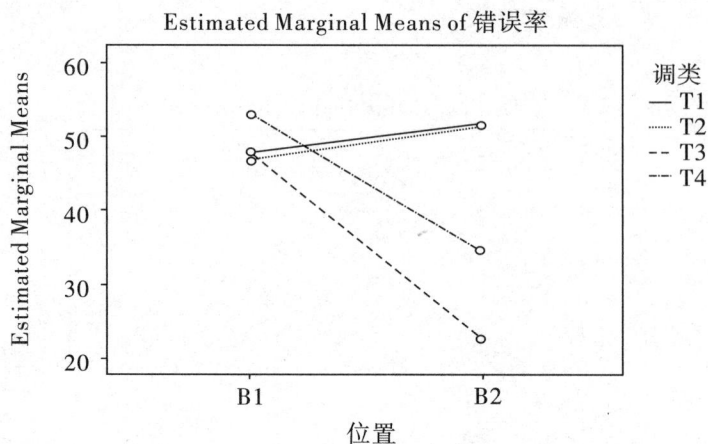

图 8 - 3　前（B1）后（B2）不同位置四类调感知偏误率

通过对不同性别被试之间的感知偏误率进行多重比较发现，男生对四类调的总体感知偏误率显著高于女生的感知偏误率（$p < 0.001$）（参见图 8 - 4）。

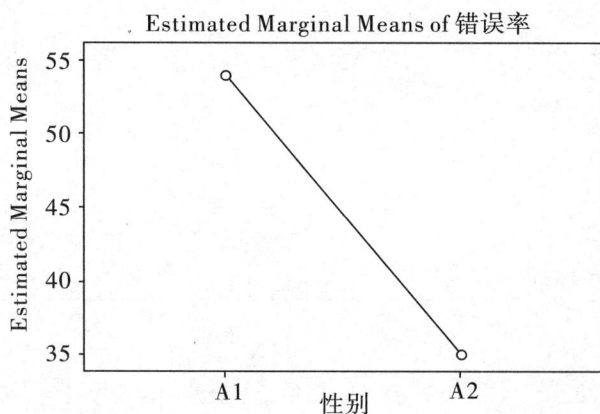

图 8 - 4　男（A1）女（A2）生的总体感知偏误率
说明："A1"表示男被试，"A2"表示女被试。

三、感知偏误倾向

感知偏误倾向主要分析四类调处于双音节前/后不同位置时，被试感知出错后到底错成了什么调,并且从同比和环比两个视角分别进行考察。同比主要考察同一调类处于双音节前/后不同位置时,感知错成其他某一调类的出现率是否存在差异。如同是 T1 调,处于双音节前位时被试感知错成 T2 的出现率,与处于双音节后位时被试感知错成 T2 的出现率是否存在差异。环比主要考察同一调类处于双音节前位或后位时,感知错成其他 3 个调类的出现率是否存在差异。如同是 T1 调,处于双音节前位时被试感知错成 T2、T3、T4 的出现率是否有差异,处于双音节后位时被试感知错成 T2、T3、T4 的出现率是否有差异。本研究主要采用配对样本 t 检验,对相应调类的感知偏误率进行了统计。统计结果如下:

(一) T1 调

1. 同比结果

T1 调处于双音节前位时,被试感知错成 T2、T3、T4 的各自出现率,与其处于双音节后位时被感知错成 T2、T3、T4 的出现率对应相差不大 ($p > 0.05$, $p > 0.05$, $p > 0.05$)。

2. 环比结果

T1 调处于双音节前位时,T2 - T3、T3 - T4 两两之间的偏误出现率差异分别达到了显著性水平 ($p < 0.001$, $p < 0.001$)[1],T2 - T4 的偏误出现率差异未达到显著性水平 ($p > 0.05$);处于双音节后位时,T2 - T3、T3 - T4 两两之间的偏误出现率分别达到了显著性水平 ($p < 0.001$, $p < 0.001$),T2 - T4 的偏误出现率差异未达到显著性水平 ($p > 0.05$)。参见表 8 - 2 和图 8 - 5。

表 8 - 2　被试感知前/后四调的偏误趋向对比

	感知偏误趋向			
	T1	T2	T3	T4
T1 前	—	19.3	6.4	21.7
T1 后	—	17	7.8	26.7
T1 前后合计	—	18.2	7	24.3
T2 前	21.5	—	19.1	6.2
T2 后	11.9	—	31.7	9.1
T2 前后合计	17.1	—	25.5	7.7
T3 前	20.9	26.3	—	5.8
T3 后	7.1	14.9	—	12.4

————————

[1]　这里 T2 - T3、T3 - T4 两两之间的偏误出现率,分别指同一位置上 T1 错成 T2 与错成 T3 的出现率比较,以及 T1 错成 T3 与错成 T4 的出现率比较。以下类同。

（续上表）

	感知偏误趋向			
	T1	T2	T3	T4
T3 前后合计	13.9	20.9	—	8.9
T4 前	23.1	18.3	7.3	—
T4 后	8.5	9.7	4.7	—
T4 前后合计	15.7	13.8	5.9	—

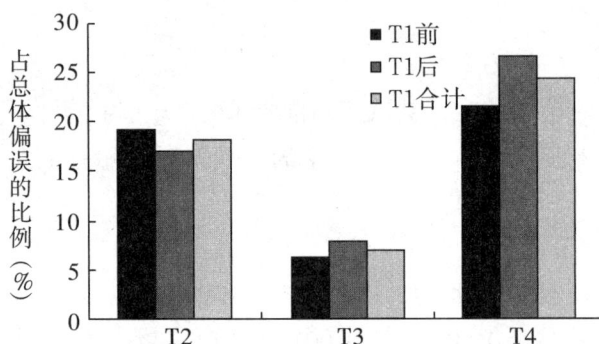

图 8 - 5　前/后位 T1 感知错成趋向对比

（二）T2 调

1. 同比结果

T2 处于双音节前位时被感知成 T1 的出现率，显著大于 T2 处于双音节后位时被感知成 T1 的出现率（$p < 0.001$）；T2 处于双音节前位时被感知成 T3 的出现率，显著小于 T2 处于双音节后位时被感知成 T3 的出现率（$p < 0.001$）；T2 处于双音节前位时被感知成 T4 的出现率，小于 T2 处于双音节后位时被感知成 T4 的出现率，不过未达到显著性水平（$p > 0.05$）。

2. 环比结果

T2 处于双音节前位时，T1 - T4、T3 - T4 两两之间的偏误出现率分别达到了显著性水平（$p < 0.001$，$p < 0.001$），T1 - T3 的偏误出现率差异未达到显著性水平（$p > 0.05$）；T2 处于双音节后位时，T1 - T3、T3 - T4 两两之间的差异分别达到了显著性水平（$p < 0.001$，$p < 0.001$），T1 - T4 之间的偏误出现率未达到显著性水平（$p > 0.05$）。参见表 8 - 2 和图 8 - 6。

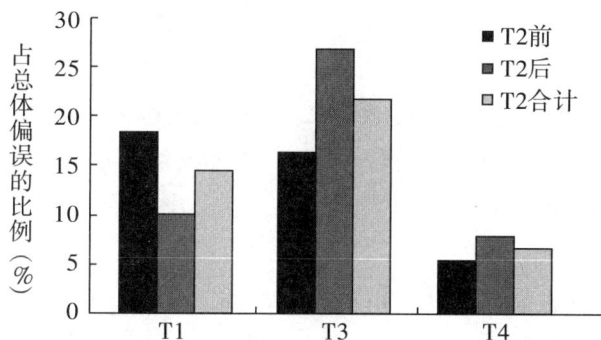

图 8-6 前/后位 T2 感知错成趋向对比

(三) T3 调

1. 同比结果

T3 在双音节前位时被感知成 T1 的出现率,显著大于 T3 在双音节后位时被感知成 T1 的出现率($p < 0.001$);T3 处于双音节前位时被感知成 T2 的出现率,大于 T3 处于双音节后位时被感知成 T2 的出现率,不过未达到显著性水平($p > 0.05$);T3 在双音节前位时被感知成 T4 的出现率,显著小于 T3 在双音节后位时被感知成 T4 的出现率($p < 0.001$)。

2. 环比结果

T3 处于双音节前位时,T1-T4、T2-T4 两两之间的偏误出现率分别达到了显著性水平($p < 0.001$,$p < 0.001$),T1-T2 之间的偏误出现率差异未达到显著性水平($p > 0.05$);T3 处于双音节后位时,T1-T2、T1-T4 两两之间的偏误出现率分别达到了显著性水平($p < 0.001$,$p < 0.001$),T2-T4 之间的偏误出现率差异未达到显著性水平($p > 0.05$)。参见表 8-2 和图 8-7。

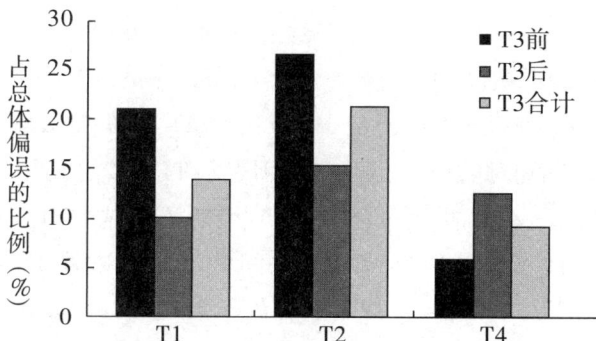

图 8-7 前/后位 T3 感知错成趋向对比

（四）T4 调

1. 同比结果

T4 在双音节前位时被感知成 T1、T2、T3 的出现率，分别大于 T4 处于双音节后位时被感知成 T1、T2、T3 的出现率，并且都达到显著性水平（$p < 0.001$，$p < 0.001$，$p < 0.01$）。

2. 环比结果

T4 处于双音节前位时，T1 – T3、T2 – T3 两两之间的偏误出现率分别达到了显著性水平（$p < 0.001$，$p < 0.001$），T1 – T2 之间的偏误出现率差异未达到显著性水平（$p > 0.05$）；T4 处于双音节后位时，T1 – T3、T2 – T3 两两之间的偏误出现率分别达到了显著性水平（$p < 0.001$，$p < 0.001$），T1 – T2 之间的偏误出现率差异未达到显著性水平（$p > 0.05$）。参见表 8 – 2 和图 8 – 8。

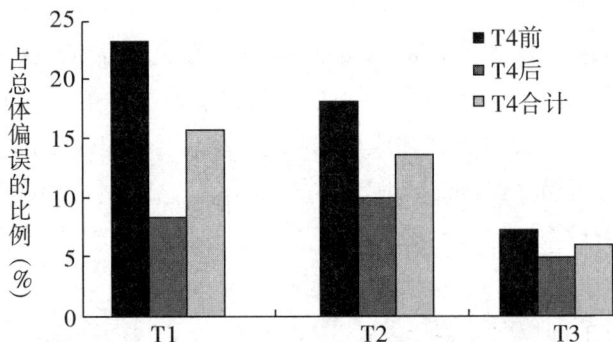

图 8 – 8　前/后位 T4 感知错成趋向对比

四、不同调类之间的感知混淆度

本研究主要采用了张家骅、齐士钤、吕士楠（1981）的语音混淆度计算公式：某两类调之间的混淆度 $S = (px + py) / (pm + pn)$，其中，$px$ 表示 x 类调错成 y 类调的概率，py 表示 y 类调错成 x 类调的概率，pm 表示 x 类调感知对的概率，pn 表示 y 类调感知对的概率，x、y 分别表示 T1、T2、T3、T4 不同的调类。

实验统计结果显示，四类调处于双音节前/后不同位置时，相互之间的混淆度次序不同：处于前位时，四类调相互之间的混淆度次序为：T2 – T3 > T1 – T4 > T1 – T2 > T1 – T3 > T2 – T4 > T3 – T4；处于后位时，四类调相互之间的混淆度次序为：T2 – T3 > T1 – T2 > T1 – T4 > T1 – T3 > T2 – T4 > T3 – T4。从混淆度的具体数值上看，T1 – T3、T1 – T4、T2 – T4 三组调类处于双音节前/后不同位置的混淆度差异均达到了显著性水平（$p < 0.001$，$p < 0.001$，$p < 0.001$），其处于双

音节前位时的混淆度显著大于其处于双音节后位时的混淆度（参见表 8 - 3）。

表 8 - 3　前后位置上不同调类之间的混淆度

	T1 - T2	T1 - T3	T1 - T4	T2 - T3	T2 - T4	T3 - T4
双音节前位	0.386	0.274	0.431	0.453	0.234	0.133
双音节后位	0.302	0.131	0.280	0.413	0.151	0.120
双音节前后位总计	0.352	0.196	0.348	0.438	0.188	0.122

五、不同母语被试加工普通话双音节声调的异同[①]

由于关于汉语二语习得者汉语双音词声调感知方面的研究比较少，本研究主要分别与匈牙利语母语汉语二语习得者和韩语母语汉语二语习得者感知汉语双音词声调的结果进行比较（王又民，1998；陈珺、孙莎琪，2012）。发音方面，主要选取了印尼语和瑞典语母语汉语二语习得者汉语双音词声调发音的结果（陈默、王建勤，2010）进行比较。比较的项目包括如下两个方面：

（一）同一声调处于双音节前/后位置对不同母语被试加工的影响

1. T1 调

本研究西班牙语区被试感知的结果与韩语母语被试的感知结果相同，都是前位 T1 的正确率比后位 T1 的正确率高；但与匈牙利语母语被试的感知结果相反，也与印尼语母语被试和瑞典语母语被试的发音结果相反。

2. T2 调

本研究西班牙语区被试感知的结果与匈牙利语母语被试的感知结果相同，都是前位 T2 的正确率比后位 T2 的正确率高；但与韩语母语被试的感知结果相反，也与印尼语母语被试和瑞典语母语被试的发音结果相反。

3. T3 调

本研究西班牙语区被试感知的结果与匈牙利语母语被试的感知结果相同，也与印尼语母语被试和瑞典语母语被试的发音结果相同，都是前位 T3 的正确率比后位 T3 的正确率低，但与韩语母语被试的感知结果相反。

4. T4 调

本研究西班牙语区被试感知的结果既与匈牙利语母语被试和韩语母语被试的感知结果相同，也与印尼语母语被试和瑞典语母语被试的发音结果相同，都是前

---

① 这里的"加工"，既包括感知，也包括发音。这里的异同比较，既包括不同母语类型被试之间的感知结果比较，也包括不同母语类型被试之间感知与发音的结果比较。

位 T4 的正确率比后位 T4 的正确率低。

（二）不同母语被试加工汉语四类声调的难易顺序

在双音节前位四类声调加工的平均正确率排序中，本研究西班牙语区被试感知 T4 的正确率排序（第三），与韩语母语被试感知 T4 的正确率排序相同，也与印尼语母语被试 T4 发音的正确率排序相同；其余不同母语被试之间各类声调加工的正确率排序几乎各不相同。

在双音节后位四类声调加工的平均正确率排序中，本研究西班牙语区被试感知四类声调的正确率排序，与匈牙利语母语被试的感知结果一致；本研究西班牙语区被试感知 T4、T2 两类调的感知正确率排序与韩语母语被试的感知结果相同（第一、第四），本研究西班牙语区被试感知 T1、T2 两类调的感知正确率排序也与瑞典语母语被试的发音正确率排序相同（第三、第四）。具体结果见表 8-4。

表 8-4　不同母语被试加工普通话双音节声调的异同

研究结果出处		本研究	王又民 （1998）	陈珺、孙莎琪 （2012）	陈默、王建勤 （2010）	
基本 信息	被试母 语背景	西班牙语	匈牙利语	韩语	印尼语	瑞典语
	被试母 语类型	音节重音	音节重音	无声调 和重音	无声调 和重音	有声调
	加工类型	感知	感知	感知	发音	发音
前后位 四调正 确率	前后 T1	前 T1 > 后 T1	前 T1 < 后 T1	前 T1 > 后 T1	前 T1 < 后 T1	前 T1 < 后 T1
	前后 T2	前 T2 > 后 T2	前 T2 > 后 T2	前 T2 < 后 T2	前 T2 < 后 T2	前 T2 < 后 T2
	前后 T3	前 T3 < 后 T3	前 T3 < 后 T3	前 T3 > 后 T3	前 T3 < 后 T3	前 T3 < 后 T3
	前后 T4	前 T4 < 后 T4	前 T4 < 后 T4	前 T4 < 后 T4	前 T4 < 后 T4	前 T4 < 后 T4
前后位 四调难 易排序 （易到难）	前位 4 调 难易排序	T2 >/T1 > T4 > T3	T1 >/T4 > T3 > T2	T1 >/T3 > T4 > T2	T3 > T1/T4 > T2	T3 > T4 > T2 > T1
	后位 4 调 难易排序	T4 >/ T3 > T1 > T2	T4 >/ T3 > T1 > T2	T4 >/ T1 > T3 > T2	T3 > T4 > T2 > T1	T3 / T4 > T1 > T2

说明：1. 表中带"/"的，表示两类调相差很小。

　　　2. 表中的难易度排序是按感知正确率大小次序排的习得难易度，因此，越靠左的越容易。

第四节　综合讨论与感知偏误原因分析

一、语际因素影响

　　母语相似音高的作用指西班牙语与汉语语音之间的异同对被试感知普通话双音节声调发生偏误所造成的影响。二语习得者的第一语言对其第二语言的习得会产生很大的影响（Lado，1957：2；Ellis，1999：19~41 等）。西班牙语属于无声调的词重音语言，其词重音类似汉语的去声（T4）；同时由于西班牙语的浊辅音比较多，其非词重音相当于汉语的 11 或者 22（陆经生，1991）。普通话上声（T3）的基本特征是低平（王力，1979；石锋、冉启斌，2011 等），上声在非上声前发生变调时，这种低平或低降的特征更明显（吴宗济，1982）。因此，在不发生变调的情况下，位于双音节前位的普通话上声（T3）的音高与西班牙语的非词重音的音高比较接近。根据二语语音习得的声母"感知磁吸效应"（Kuhl，1991、1992），被试感知普通话双音节前位的去声（T4）和上声（T3）的偏误率就很高，参见表 8-1。

　　从音节构成和词重音的分布规律看，西班牙语的词重音多居于末尾音节（顾红娟，2008：4~6；温大琳，2008：26~30），这与普通话双音节"后重"读法占绝大多数（徐世荣，1982；林茂灿、颜景助、孙国华，1984）相似。在母语正迁移作用的影响下，西班牙语区被试感知普通话双音节时，对后一音节字调的感知比对前一音节字调的感知要敏感，感知后一音节字调出现的偏误率也就显著小于感知前一音节字调的偏误率。参见表 8-1 和图 8-2。

　　前面表 8-4 中，被试母语类型越相似，加工普通话双音节声调的特点也越相似，如西班牙语母语被试与匈牙利语母语被试的感知结果表现出了更多的相似特点。这充分体现了母语对被试加工汉语声调的影响。

二、语内因素的干扰

　　语内因素的干扰指普通话语音系统内部特征对被试感知普通话双音节字调所造成的影响。

（一）连读变调的负向作用
　　众所周知，普通话双音节组合中，前音节的上声（T3）变调比较复杂，并且变化后的声调特征与正常的单音节上声（T3）的声调特征有很大差异，这无疑会加大被试的感知难度。因此，上声（T3）居于双音节前位时的感知偏误率，显著大于居于双音节后位时的感知偏误率。参见表8-1和图8-3。

实际上，普通话双音节组合中，除了前上声（T3）变调外，去声（T4）在双音节前时也会发生很大的改变，其调值变为53（罗常培、王均，2002：144~146；林涛、王理嘉，1992：161~162）。连读变调，不仅包括调值的变化，同时还伴随调域、调阶的变化。去声（T4）在双音节前位时，调域变窄，调阶升高，从而与阴平（T1）更为相似。这一变调趋势，加重了普通话去声（T4）与阴平（T1）的混淆。因此，去声（T4）居于双音节前位时的感知偏误率，显著大于居于双音节后位时的感知偏误率。并且双音节前位上的T1-T4之间的感知混淆度高达0.431，位居12对声调感知混淆度的第二位。阳平（T2）居于双音节后位时的变化突出表现为调域变窄，调阶降低，从而与居于双音节后位上声（T3）更为相似。因此，阳平（T2）居于双音节后位时更容易错成T3，导致双音节后位上T2-T3之间的感知混淆度高达0.413，位居12对声调感知混淆度的首位。参见表8-1、表8-3和图8-3。

（二）声调自身特征的影响

李子殷（1985）对汉语二字词前/后字四声的调域进行统计后得出：T1和T2均是前字的调域大于后字的调域；T3和T4均是后字的调域大于前字的调域；不管是二字词的前字还是后字，T4的调域都比T1、T2和T3的调域大很多。具体结果见表8-5。

表8-5　汉语二字词四声调域的平均值①

调型 Tone Type	阴平调 1st Tone		阳平调 2nd Tone		上声调 3rd Tone		去声调 4th Tone	
	CR1	CR2	CR1	CR2	CR1	CR2	CR1	CR2
调域 Contour Range (in Octave)	0.495	0.408	0.715	0.453	0.523	0.661	1.077	1.119

林茂灿（1988）的声调感知实验结果表明，调域在声调感知中起关键性作用。王韫佳、李美京（2010）的实验结果也表明，一般情况下，调域越宽，越有利于感知。这样，T1、T2处于双音节前位时的调域比其居于双音节后位时的调域要宽，因此，T1、T2处于双音节前位时的感知偏误率比其居于双音节后位时

---

① 数据摘自李子殷. 汉语二字调图样分析及其在合成语言中的应用. 声学学报，1985（2）：73-84.

的感知偏误率要小；T3、T4 处于双音节前位时的调域比其居于双音节后位时的调域要窄，因此，T3、T4 处于双音节前位时的感知偏误率比其居于双音节后位时的感知偏误率大。这正是本研究中调类与位置交互作用形成的主要动因之一。那为何 T1、T2 处于双音节前/后不同位置时的感知偏误率差异没有达到显著性水平，而 T3、T4 处于双音节前/后不同位置时的感知偏误率差异达到了显著性水平呢？主要在于被试感知处于双音节前位的 T3、T4 时，会受到普通话变调负向作用的影响。

三、感知机制的影响

　　实验心理学的研究结果表明，人类感知两个同时呈现的声音时，相互之间会发生掩蔽效应。这种掩蔽效应具有四个突出的特点：一是当两个音的时间间隔很短时，后掩蔽的作用大于前掩蔽的作用，即后出现的声音信号对先出现的声音信号的掩蔽作用更大。二是低频纯音对高频纯音的掩蔽作用大于高频纯音对低频纯音的掩蔽作用。三是噪音对较高频率声音的掩蔽作用大于对较低频率声音的掩蔽作用。四是噪音的掩蔽作用大于纯音的掩蔽作用（游旭群，2005：97～98）。被试感知一个双音节时，前、后两个声调既受到纯音掩蔽作用的影响（参见图8-9的最顶层），也受到噪音掩蔽作用的影响（参见图8-9的最底层），但是前、后两个声调所受到的掩蔽作用大小是不同的：根据上述掩蔽规律，如果只考虑纯音之间的掩蔽作用，则双音节中后一声调对前一声调的掩蔽作用，大于前一声调对后一声调的掩蔽作用；如果考虑声母噪音对声调的掩蔽作用的话，则双音节词中的前一声调，同时受到来自前、后两个噪音（声母）的掩蔽作用；而后一声调只受到来自前一个噪音（声母）的掩蔽作用（参见图8-9）。所以，在掩蔽效应的作用下，被试感知普通话双音节的声调时，在不分声调类别的情况下，前音节声调的感知偏误率自然显著大于后音节声调的感知偏误率。这与徐世荣（1982）统计的结果"普通话双音节词'后重'（中重）读法占绝大多数"的结果相吻合，也与林茂灿、颜景助、孙国华（1984）的实验结果"北京话两字组听起来后字比前字突出清晰"相一致，同时也与陈默、王建勤（2010）的实验结果"无声调语言非汉语母语者对后字声调特征的关注程度明显高于前字"相吻合。

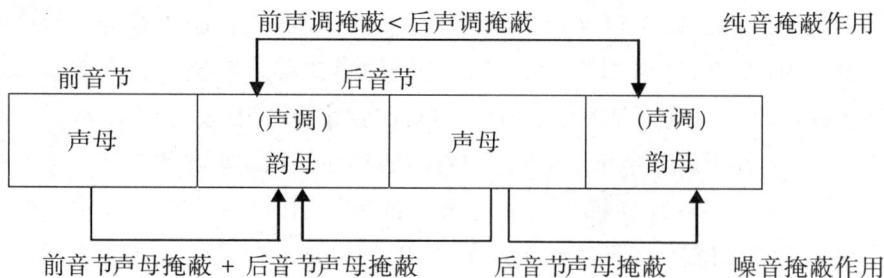

图 8-9　双音节前、后声调所受掩蔽作用示意图

在表 8-4 中，尽管被试的母语不同，甚至差异很大，但是仍然具有很多相似的加工特点。如不管被试母语有无重音，感知 T4 时，都是前位 T4 的正确率比后位 T4 的正确率低；感知四类调时，都是 T4 的正确率最高，T2 的正确率最低。这是普通话声调本身的特点和人类语音加工的共同规律等多因素共同作用的结果。

从表 8-4 中还可以看出，尽管实验中被试的加工任务不同，但是仍然具有一些相似的加工特点。不管是被试感知，还是被试发音，甚至不管被试母语有、无声调，如从同一调类的前后位加工结果比较，加工 T3、T4 时，都是前位的正确率比后位的正确率低；如从四类的加工难易比较，双音节后位四类调中，都是 T2 的加工难度最大。这体现了感知加工与发音加工的相互关系。

四、生理特性的制约

神经语言学的研究成果表明，人脑半球的语言功能在性别上存在明显差异，成年之前的女性比男性更早确定言语优势半球（王德春、吴本虎、王德林，1997：37~38）。女性大脑中连接大脑两个半球的胼胝体含量也明显多于男性（Allen et al.，1991：933~942）。在处理语言信息的过程中，女性倾向于采取同时使用左右半脑的综合型处理模式，也明显优于男性运用单侧左脑的分析型处理模式（Oxford，1993：65~94；文秋芳、王立非，2004：28~32）。本实验选取的被试均为 15~25 岁的年轻学生，所以，男性被试的感知偏误率显著高于女性被试的感知偏误率（参见表 8-1 和图 8-4）。

第五节　教学建议

根据上述实验结果和原因分析，对于西班牙语区汉语二语习得者的声调教学，笔者提出如下建议：

一、确定难度等级和混淆度

重新定位四类调的难度差异和相互之间的混淆度，从而确定教学重点尤其是声调感知训练的重点。一般的教学经验认为：二语习得者习得普通话声调时，上声（T3）最难，阳平（T2）比较难，阴平（T1）比较容易，去声（T4）最容易；声调之间的混淆主要是阳平（T2）和上声（T3）、阴平（T1）和去声（T4）之间容易混淆。而本实验结果表明：通常认为最容易的去声（T4）处于双音节前位时，感知难度也很大，比处于双音节前位阴平、阳平的感知难度还要大；同样认为比较容易的阴平（T1）处于双音节后位时，感知难度也很大，比处于双音节后位上声（T3）的感知难度还要大；反之，通常认为最难的上声（T3）处于双音节后位时，感知难度大大降低，仅仅比处于双音节后位去声（T4）的感知难度大一点（参见表 8－1）。调类之间混淆方面，T2 不仅仅容易与 T3 混淆，也容易与 T1 混淆；而且 T2 处于双音节前位时，更容易与 T1 混淆。T3 不仅仅容易与 T2 混淆，处于双音节前位时也容易与 T1 混淆（参见表 8－2）。因此，在教学过程中，要加强双音节前位去声（T4）和双音节后位阴平（T1）的感知训练；在进行调类之间的区别感知训练时，除了加强 T1－T4、T3－T2 的区分感知训练外，还要加强双音节前位 T1－T2、T1－T3 和双音节前后位 T1－T2 的区分感知训练。

二、适当细化语音教学大纲

要适当细化语音教学大纲，尤其是声调习得难度等级大纲。根据实验统计的结果，本章将感知偏误率小于 30% 的定为第一级（容易），感知偏误率介于 30%～40% 的定为第二级（次易），感知偏误率介于 40%～50% 的定为第三级（次难），感知偏误率大于 50% 的定为第四级（最难），从而提出单个声调感知训练的难度等级，如图 8－10 所示。

第四级（最难）   T3$_前$、T2$_后$、T1$_后$、
第三级（次难）   T4$_前$、T1$_前$、T2$_前$
第二级（次易）   T3$_后$
第一级（容易）   T4$_后$

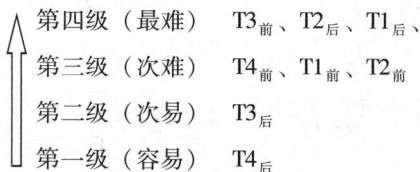

图 8 – 10   普通话单个声调感知训练难度等级顺序

本章将感知混淆度小于 0.2 的定为第一级（容易），感知混淆度介于 0.2 ~ 0.3 的定为第二级（次易），感知混淆度介于 0.3 ~ 0.4 的定为第三级（次难），感知混淆度大于 0.4 的定为第四级（最难），从而提出调类之间混淆的难度等级，如图 8 – 11 所示。

第四级（最难：混淆度大于 0.4）   T2 – T3（前）、T1 – T4（前）、T2 – T3（后）
第三级（次难：混淆度介于 0.3 ~ 0.4）   T1 – T2（前）、T1 – T2（后）
第二级（次易：混淆度介于 0.2 ~ 0.3）   T1 – T4（后）、T1 – T3（前）、T2 – T4（前）
第一级（容易：混淆度小于 0.2）   T2 – T4（后）、T3 – T4（前）、T1 – T3（后）、
T3 – T4（后）

图 8 – 11   调类之间感知混淆的难度等级顺序

三、强化普通话语流音变教学

在对外汉语语音教学中，普通话语流音变教学需要加强。其中双音节语流音变教学是整个语流音变教学的基石，必须给予足够的重视。如表 8 – 1 的统计结果显示，全体被试的所有实验双音节声调感知的偏误率高达 44.5%，这就是说被试感知普通话双音节时，有将近一半的声调感知出现了偏误。其中音变越大的声调，感知偏误率越大，如处于双音节前位的上声（T3）、去声（T4），处于双音节后位的阳平（T2）等变调，感知偏误率都很大，必须增加其练习时间。

第六节   结   论

本实验的结果表明：西班牙语区汉语二语习得者感知普通话双音节时，四类调处于双音节前后不同位置时，对被试的感知有很大影响。四类调不分双音节前后位时的总体感知难度次序为：T1 > T2 > T3 > T4；四类调处于双音节前位时的

感知难度次序为：T3 > T4 > T1 > T2；四类调处于双音节后位时的感知难度次序为：T2 > T1 > T3 > T4。三者的次序均不相同，与大家通常认为的难度次序（T3 > T2 > T1 > T4）也不相同。总体上看，T1 – T2 之间的混淆度比 T1 – T4 之间的混淆度要大。T1、T3 处于双音节前位时相互之间的混淆度，也比 T1、T4 处于双音节后位时相互之间的混淆度大。这与大家常常认为的 T2 – T3、T1 – T4 最容易混淆也有很大出入。影响被试上述感知结果的主要因素包括语际因素、语内因素、声调声学特征、感知认知机制、生理特征等。这些影响因素的作用彼此交错，相互交融，共同作用于习得者的感知过程。我们在教学过程中，必须综合考虑上述诸多因素，突出声调感知训练的重点。

第九章 汉语二语习得者普通话双音节轻声音高加工实验

第一节 引 言

    轻声作为汉语普通话语音的一个重要特征，不仅语言功能广泛，而且出现频率相当高。据统计，在汉语交际过程中，平均每5～7个音节就有一个轻声音节，轻声的使用率（13.9%），与阴平（17.3%）、阳平（19.8%）和上声（17.5%）相差无几（毛世桢、叶军，2002：75）。因此，正确掌握汉语轻声对于掌握汉语的韵律特征具有重要意义。

    关于轻声的性质和特点，不少学者曾经进行过研究。林茂灿、颜景助（1980：166～178）用实验方法对北京话轻声的声学性质进行过研究，结果表明：两字词里，后字读轻声时，字音长度比它在重读时大大缩短，所用能量显著减少；后字读轻声时，失去原有的声调，字音的音高随前面重读字的声调而变化。林焘先生（1983：16～37）使用合成语音刺激，研究了普通话轻重音感知中音长、音强和音高的作用后得出：强度对分辨轻重音的作用很小。随着实验技术设备的改善，曹剑芬（1986：1～6）通过改进语音刺激，对普通话轻声音节在音强、音长、音高和音色各方面的声学特性进行分析实验后得出：音长和音高的变化是构成轻声特点的两个比较重要的因素。比较起来，音高的作用更大些。王韫佳（1996：52）用 Visi-Pitch 对轻声的音高进行测量实验，进一步证实了轻声的音高取决于前面非轻声音节的调类，并同时指出，非轻声对轻声音高的决定形式并不相同。后来，王韫佳（2004：453～461）又采用心理—声学实验方法，探讨音高和时长两种因素在普通话轻声知觉中的作用方式，并比较两种因素所起作用的大小。结果表明：音高和时长对于普通话轻声的知觉均有显著作用；音高对于轻声知觉的作用明显大于时长；音高曲线的起点、高音点和调型曲拱均对轻声的知觉起作用。这些成果都为本实验提供了大量的启示。

    轻声这种调型不固定、音高变化复杂的特性，令汉语二语习得者感到难学，从事对外汉语教学的教师也感到难教。到目前为止，Li Aijun & Xia Wang（2003）和陈娟文、李爱军、王霞（2003）等对标准普通话和地方普通话①之间的语音差异做过不少研究，有关汉语二语习得者汉语普通话轻声习得的专门研究当前所见尚少。考虑到在轻声学习过程中，音长比较容易控制，而音高难以把握，因此，本实验以汉语二语习得者的轻声音高偏误为研究内容，并重点考察以下四个问题：①汉语二语习得者普通话双音节轻声的感知和发音偏误有哪些规律？②汉语二语习得者发普通话双音节轻声的音高与中国人的轻声音高有哪些异同？③影响汉语二语习得者双音节轻声感知和发音偏误的因素有哪些？④双音节轻声组合中，汉语二语习得者轻声的感知偏误和发音偏误之间的关系如何？

第二节　感知实验

一、实验材料

本实验所用的材料包括 125 个普通话双音节，其中包含轻声的双音节为 92 个。双音节轻声的设计过程考虑了以下要求：① 4 种双音节轻声组合齐全，即阴平＋轻声、阳平＋轻声、上声＋轻声、去声＋轻声；② 4 种组合的出现频率相等，并均在 20 次以上；③实验语料中，轻声组合中的汉字基本属于《汉语水平词汇与汉字等级大纲》中的甲、乙级汉字；④制作成感知材料时，对所有的双音节进行了随机排列；⑤感知实验材料的每个音节由 2 位普通话标准的中国人朗读 2 遍，其中男生 1 遍，女生 1 遍。朗读的语速适中，每遍之间间隔 2 秒，两个音节之间间隔 3 秒。录音在语音实验室内进行，具体录音材料见附录 26。

二、被试对象

共计 60 名被试，均为暨南大学华文学院在读留学生。其中初级上 30 人，他们学习汉语的时间在 2 个月以上、3 个月以下；初级下 30 人，他们学习汉语的时间在 6 个月以上、12 个月以下。其中男生 27 人，女生 33 人，年龄都在 20～30 岁，分别来自韩国、印度尼西亚、委内瑞拉、巴拿马、法国、俄罗斯、乌克兰等国家。所有被试报告听力均为正常。

───────────────

① 地方普通话，指带有地方方言特点的普通话。

三、实验过程与数据统计

感知实验采用听后填空的方式，让被试根据听到的音节在相应的音节上写出声调。参与实验的被试均在统一的时间内完成。根据被试的实验答卷，对如下项目进行了统计：①所有被试全部 $X+0$ 双音节轻声组合的声调模块错误率①；②双音节轻声组合的后字声调感知的错误率；③所有被试感知错成的声调出现率；④不同双音节轻声组合中，前、后字错成的声调类型出现率。

四、实验结果与分析

（一）发生感知错误的总体情况

通过对所有被试感知全部 $X+0$ 双音节轻声组合发生错误的总体情况进行统计得出：①所有被试全部双音节轻声组合的声调模块错误率为49.1%；②所有被试四类双音节轻声组合中，前、后字同时出错的模块错误率为13.9%；③所有被试全部双音节轻声组合中，后字声调感知的错误率为32.1%；④所有被试对阴平＋轻声、阳平＋轻声、上声＋轻声、去声＋轻声4种双音节轻声组合中，后字声调感知的错误率分别为34.1%、32.9%、24.8%、36.9%。具体结果见表9－1。

表9－1　所有被试全部双音节轻声组合的总体感知错误比率

单位:%

	阴平＋轻声	阳平＋轻声	上声＋轻声	去声＋轻声	合计
总错误（或前或后）	50.4	55.8	44.2	45.7	49.1
双字同错（前并后）	9.6	11.7	14.2	20.0	13.9
后字（轻声）错	34.1	32.9	24.8	36.9	32.1

（二）感知错误的调型情况

感知错误的调型情况，指所有被试感知全部双音节轻声组合时，出现的各类错误调型在总体错误中的比例。结果显示：去声错误调型的出现比例最大（44%），其次是阴平（29.8%），再次是上声（16.6%），阳平错误调型的出现比例最小（6.2%）。参见表9－2。

---

① 声调模块错误率，指将 $X+0$ 双音节作为一个整体单位来统计，即不论是前音节感知出错、后音节感知出错，还是两个音节感知均出错，都算该模块感知出错。

表 9-2　所有被试全部双音节轻声组合感知错误调型的类别分布

错误的调型	阴平	阳平	上声	去声	不清①	合计
占总错误的比例	29.8	6.2	16.6	44.0	3.5	32.1

（三）感知错误的调型分布与四声组合类型之间的关系

为了进一步探索全部被试感知错成的调型与四类双音节轻声组合之间的关系，我们对各类组合出现的轻声错误调型在四声中的分布进行了分类统计，结果显示：不同错误调型的出现率与轻声组合类型之间存在较大关系，即各类轻声组合中，轻声字感知成的错误调型，在阴、阳、上、去四类调型中的分布并不完全一致。其中阳平 + 轻声与去声 + 轻声两类组合中，轻声错误调型在四声中的分布比较一致，都是去声 > 阴平 > 上声 > 阳平，不过具体数值也不相同。在阴平 + 轻声和上声 + 轻声两类组合中，轻声错误调型在四声中的分布，既互不相同，也与前二者不一致，分别为去声 > 上声 > 阴平 > 阳平和阴平 > 去声 > 阳平 > 上声，见表 9-3。

表 9-3　轻声感知错误的调型分布与四声组合类型之间的关系

	阴平 + 轻声	阳平 + 轻声	上声 + 轻声	去声 + 轻声
阴平	19.6	25.3	53.8	27.1
阳平	8.7	5.1	10.1	2.3
上声	28.3	12.7	0.0	20.3
去声	41.3	53.2	33.6	45.2
不清	2.2	3.8	2.5	5.1
合计	34.1	32.9	24.8	36.9

五、讨　论

（一）轻声本身物理声学特性作用

关于轻声的性质和特点，吴宗济（1982），＋林茂灿、颜景助（1980：166～178），林焘（1983：16～37），曹剑芬（1986：1～6），王韫佳（1996：52）等学者曾经进行过研究，尽管具体音高值不同，但是他们都一致认为，在两字组音节中，后字轻声的音高随着前字音高的变化而变化，即后字轻声的音高主要取决于前字声调的音高。语音实验结果表明，当轻声与阴平组合时，组合中的轻声实

---

① 不清，指被试测试时，没有标出明确的答案。

际音高为41，当轻声与阳平组合时，组合中的轻声实际音高为51（吴宗济、林茂灿，1989）或52（王韫佳，1996）。因此，当轻声与阴平、阳平调组合时，单从调型来看，后接轻声的调型就很接近去声的调型，调值也很接近，只是音长稍短。被试感知起来也就很容易混淆成去声。

当轻声与上声调组合时，组合中的上声实际音高为21，后字轻声的音高多为44或33（吴宗济、林茂灿，1989；王韫佳，1996）。因此，当轻声与上声组合时，单从调型来看，后接轻声的调型就很接近平声的调型，只是调值较低。被试感知起来也就很容易混淆成平声（阴平）。当轻声与去声调组合时，组合中的后字轻声的音高为21（吴宗济、林茂灿，1989；王韫佳，1996）。单从调型来看，仍然接近去声的调型，但是调值很低，即与去声的调值相距甚远。这时轻声本身物理声学特性在感知偏误中起了作用，但不是主要作用，到底什么起主要作用，下文将作进一步分析。

（二）语音掩蔽效应作用

由于双音节轻声组合中，前音节音高大于后音节音高，因此这里主要表现为前向掩蔽，即前字非轻声音高对后字轻声音高感知的影响。前后音节音高相差越大，掩蔽效应作用也就越大。显然，在阴平＋轻声、阳平＋轻声、上声＋轻声、去声＋轻声4种组合中，上声＋轻声组合前后音节音高相差最小。因此，掩蔽效应在上声＋轻声组合中作用也最小，被试感知轻声音高时也就不太容易与其他四类声调的音高混淆。

（三）汉语声调负载的不平衡性

汉语声调负载的不平衡性，指汉语四类声调出现的频率并不相等。毛世祯、叶军（2002：75）统计发现，无论是在静态语言还是动态语言中，去声的出现频率几乎是其余三类声调的两倍（参见表9－4）。去声在教材中出现的频率大，平时上课、日常交际中听到的概率也大。对于汉语二语习得者来说，平时输入越多的声调，在其脑子中形成的印象就越深，感知测试时，被选择的概率往往也越大。

表9－4　汉语声调负载的不平衡性①

调型	阴平	阳平	上声	去声	轻声
大纲	21.5	22.1	17.0	36.2	3.1
声手	18.71	19.37	17.51	35.79	8.63
动总	17.3	19.8	17.6	31.5	13.9

---

　　① 数据来源于毛世祯．对外汉语教学语音测试研究．北京：中国社会科学出版社，2002.

第三节　发音实验

一、实验材料

本实验所用的材料包括 125 个普通话双音节，其中包含轻声的双音节为 92 个。双音节轻声的设计过程考虑了以下要求：①包括普通话 4 种调类的轻声组合，即阴平＋轻声、阳平＋轻声、上声＋轻声、去声＋轻声；②4 种组合的出现频率均在 20 次以上。为了便于将发音实验结果与感知实验结果相比较，发音材料与感知材料的内容相同，只是进行了重新随机排列。具体发音材料见附录 27。

二、被试对象

共计 40 名被试，包括 20 位中国人和 20 位汉语二语习得者。中国人的普通话水平均为二级甲等及以上，其中男生 10 人，女生 10 人。20 位汉语二语习得者均从前面感知实验被试中随机抽取，皆为暨南大学华文学院在读学生，他们学习汉语的时间均在 6 个月以上、15 个月以下；其中男生 10 人，女生 10 人；年龄都在 20 ~ 25 岁；分别来自印度尼西亚、委内瑞拉、巴拿马、法国 4 个国家。

三、实验过程与数据处理

（一）录音

由发音人在自然状态下朗读实验材料，研究人员用 Cool Edit 录音软件录音，采样频率为 16 000Hz。全部录音均在实验室内进行。

（二）语音标注

标注分析软件是 Praat（http：//www. pratt. org. com）。共有 5 人参与录音语料的听辨和标注，均为受过语音专业训练的语言学及应用语言学专业研究生，普通话水平均为二级甲等。

（三）基频提取

先用 Praat 自动提取所有双音节的基频 F0，然后手动修改提取不正确的点，最后从每个音节韵母部分对应的基频数据中，按照时间点自动等分提取 11 个基频值。

（四）基频归整

基频归整采用 t 值计算公式： $t = 5 \times (\lg x - \lg b) / (\lg a - \lg b)$ （石锋，1990：49），将所取各基频点的数值换算为对数标度，然后根据不同发音人的调域进行归一整理，得出五度制参考数值。其中 a 为每位发音人的调域上限频率，b 为其调域下限频率，x 为测量点频率。

（五）基频聚类

所有被试发音的基频数据经过 t 值计算公式归整后，用 SPSS 统计软件，采用层次聚类分析方法（Hierachical Cluster Analysis）进行聚类分析。聚类分析是为了对每位汉语二语习得者被试各种声调组合的调型曲线进行科学归类。具体的分类过程主要包括四大步：先是将某一位发音人某一声调组合（如阴平＋轻声组合）的所有数据输入 SPSS 中，并进行层次聚类；接着，根据 SPSS 的聚类结果，作出其中每一类调型的直观曲线图；然后根据直观图的调型曲线情况，进行人工调节；最后，对每位汉语二语习得者被试的每类声调组合的调型曲线作出科学准确的分类。一般每类声调组合大致可归为 4～7 类，如阴平＋轻声组合中，男汉语二语习得者发音出现的调型有：降（正）、降升、平、升降、清化 5 类；女汉语二语习得者发音出现的调型有：降（正）、降升、平、清化、弱化 5 类。其中弱化和清化两种调型，不管其出现在哪种组合中，都算正确调型。所谓清化调型，指汉语二语习得者发后字轻声时，声带几乎没有振动，从语图上看，其基频曲线不存在。弱化调型，指汉语二语习得者发后字轻声时，声带振动非常微弱，从语图上看，其基频曲线非常低。

四、实验结果与分析

（一）总体发音偏误情况

实验结果显示，汉语二语习得者发普通话双音节轻声组合时，既存在调型上的错误，也存在相对正确调型的调域偏差。其中调型上的错误，指完全改变了轻声字的调型，即轻声字的基频曲线走势发生了本质性的改变。如阴平＋轻声组合中的轻声字，本来应该发成降调，结果错误地发成了平、降升、升降等调型（参见图 9-1 和图 9-5）。整个实验出现了降（误）、升（误）、平、降升、升降 5 类错误调型。不同双音节轻声组合中，轻声音高的错误调型及其出现率见表 9-5。其中，降调型出现于阴平＋轻声和阳平＋轻声组合时，都属于正确调型；出现于上声＋轻声组合时，则属于错误调型；出现于去声＋轻声组合时，则有的属于错误调型，有的属于正确调型。其主要区别在于：当轻声字的起点大大高于前字的终点时，则该轻声实际上发成了去声，因此属于错误调型，文中称为"降（误）"；当轻声字的起点低于前字的终点时，则属于正确的轻声调型（参见图

9－4和图9－8）。相对正确调型的调域偏差，指汉语二语习得者的发音，单从轻
声字的调型上看，则跟中国人的差不多，即轻声字的基频曲线走势跟中国人的基
本相同；但是调域跟中国人的相比，存在不少差距（参见图9－9和9－10）。全
部汉语二语习得者被试普通话双音节组合中，轻声调型的总体错误率达46.7%。
4种双音节轻声组合的轻声调型错误率分别为43.3%、39.7%、57.4%、46.3%
（见表9－5）。

表9－5　汉语二语习得者普通话不同双音节轻声组合中轻声字的错误调型及其出现率

单位:%

错误调型 ＼ 出现率 ＼ 轻声组合	阴平＋轻声		阳平＋轻声		上声＋轻声		去声＋轻声	
	男	女	男	女	男	女	男	女
降（误）	0	0	0	0	19.5	17.8	16.9	10.7
降升	3.5	2.2	9.5	8.3	3.3	3.9	4.1	5.6
平	41.6	38.1	29.1	28.3	36.8	31.6	27.2	24.9
升（误）	0	0	2.9	0	0	0	1.2	2
升降	1.2	0	0	1.3	1.8	0	0	0
合计	46.3	40.3	41.5	37.9	61.4	53.3	49.4	43.2
总计	43.3		39.7		57.4		46.3	

（二）不同轻声组合中轻声字的错误调型

1. 男生轻声字的错误调型

男生发阴平＋轻声组合时，出现了平、降升和升降3类错误调型，归整后的
调型曲线见图9－1，该组合中轻声字错误调型的平均出现率为46.3%；男生发
阳平＋轻声组合时，出现了平、升（误）、降升3类错误调型，归整后的调型曲
线见图9－2，该组合中轻声字错误调型的平均出现率为41.5%；男生发上声＋
轻声组合时，出现了平、降（误）、降升、升降4类错误调型，归整后的调型曲
线见图9－3，该组合中轻声字调型的平均错误率为61.4%；男生发去声＋轻声
组合时，出现了平、降（误）、升（误）、降升4类错误调型，归整后的调型曲
线见图9－4，该组合中轻声字调型的平均错误率为49.4%。

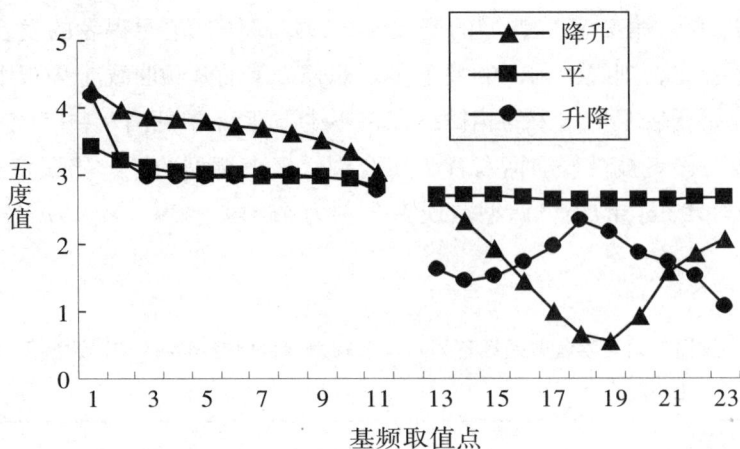

图9-1　男生阴平+轻声组合轻声字错误调型

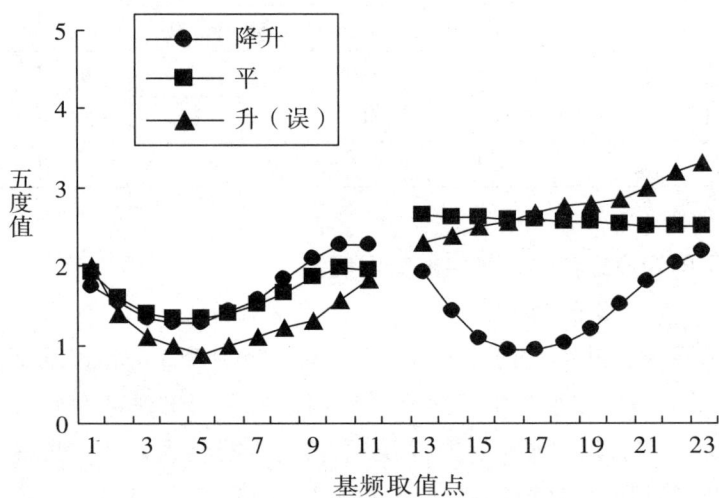

图9-2　男生阳平+轻声组合轻声字错误调型

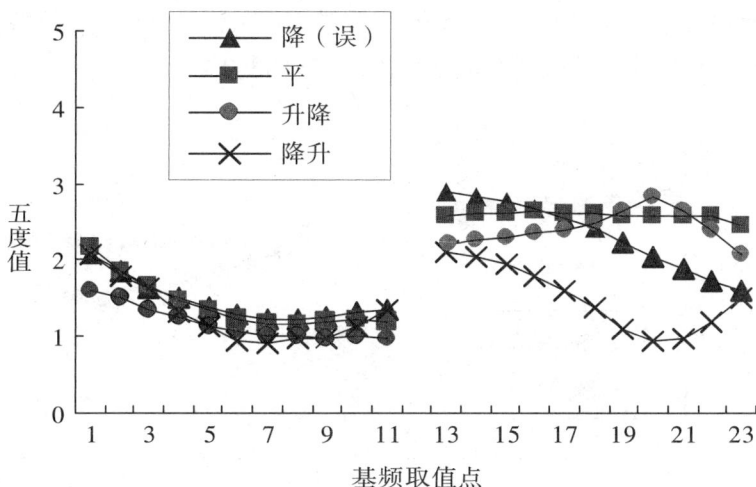

图 9 - 3 男生上声 + 轻声组合轻声字错误调型

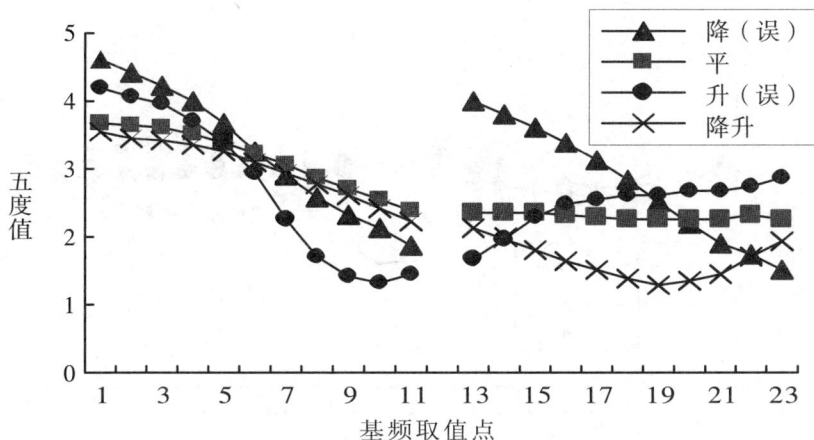

图 9 - 4 男生去声 + 轻声组合轻声字错误调型

2. 女生轻声字的错误调型

女生发阴平 + 轻声组合时，出现了平和降升 2 类错误调型，归整后的调型曲线见图 9 - 5，该组合中轻声字错误调型的平均出现率为 40.3%；女生发阳平 + 轻声组合时，出现了平、降升和升降 3 类错误调型，归整后的调型曲线见图 9 - 6，该组合中轻声字错误调型的平均出现率为 37.9%；女生发上声 + 轻声组合时，出现了平、降（误）和降升 3 类错误调型，归整后的调型曲线见图 9 - 7，该组合中轻声字错误调型的平均出现率为 53.3%；女生发去声 + 轻声组合时，出

现了平、降（误）、升（误）和降升 4 类错误调型，归整后的调型曲线见图
9 - 8，该组合中轻声字错误调型的平均出现率为 43.2%。

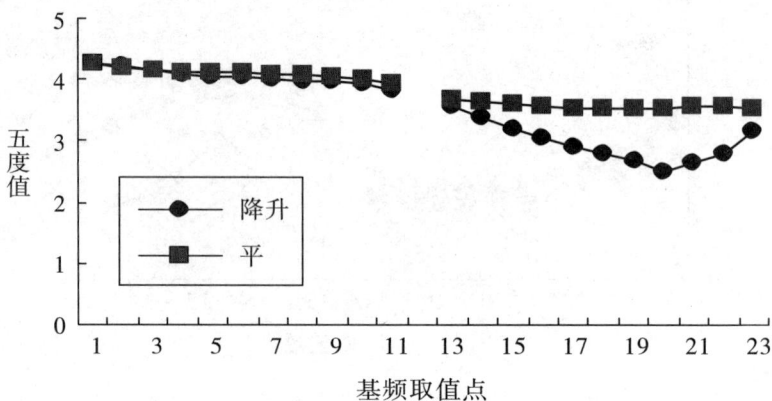

图 9 - 5　女生阴平 + 轻声组合轻声字错误调型

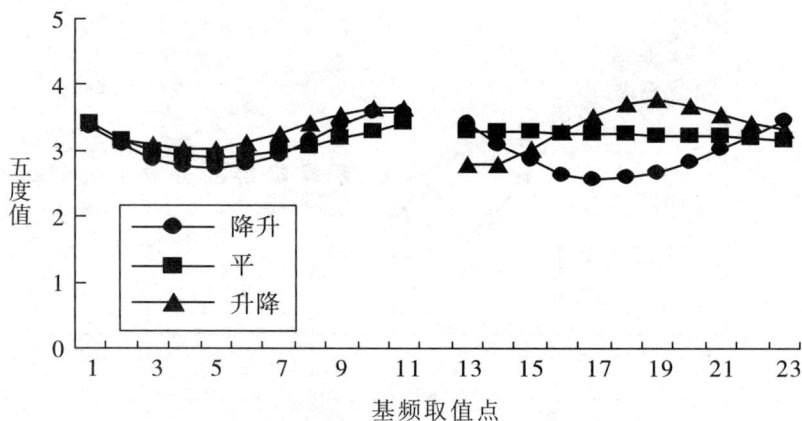

图 9 - 6　女生阳平 + 轻声组合轻声字错误调型

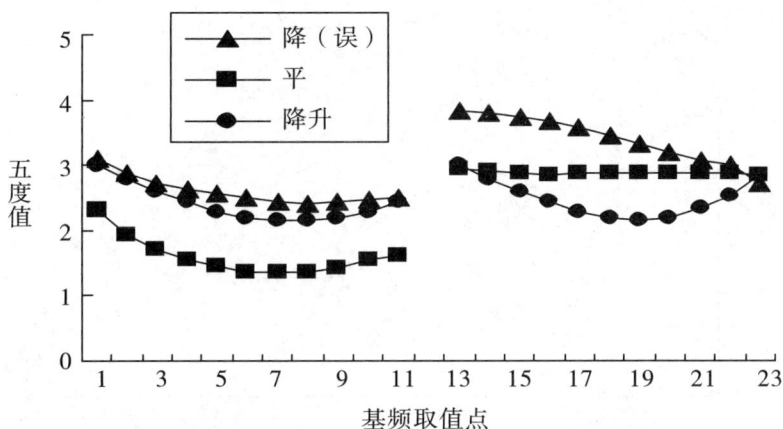

图9－7　女生上声＋轻声组合轻声字错误调型

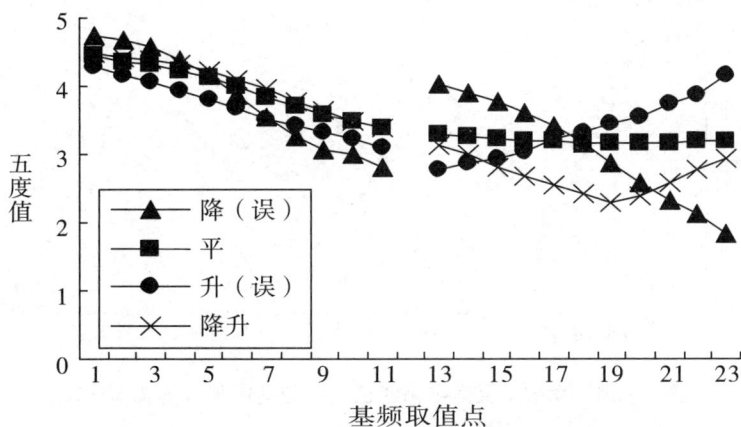

图9－8　女生去声＋轻声组合轻声字错误调型

（三）二语习得者相对正确调型与中国人的差异

二语习得者发双音节轻声组合时，轻声字的相对正确调型包括：阴平＋轻声、阳平＋轻声、去声＋轻声3种组合中的降调型，上声＋轻声组合中的升调型，以及所有组合中的弱化和清化调型。为了比较的准确性，弱化和清化2类调型不纳入比较范围（下文不再赘述）。如果将上述相对正确调型抽取出来，同中国人相应组合的调型进行比较，可以发现二者存在不少差异（参见图9－9和图9－10）。

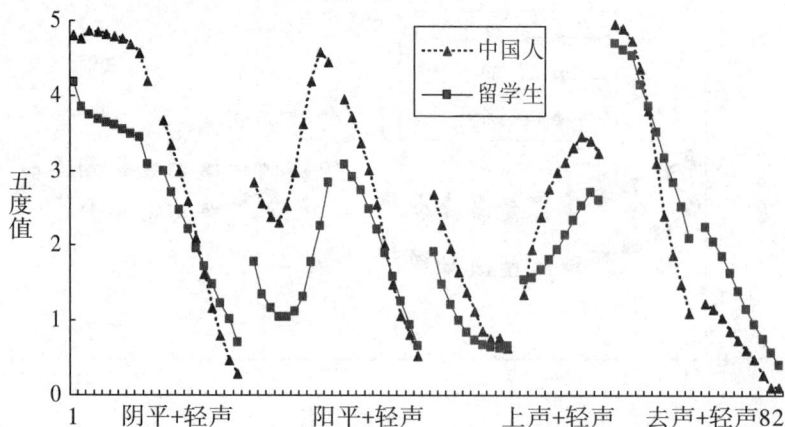

图 9－9   男被试轻声字相对正确调型同中国人的调型比较

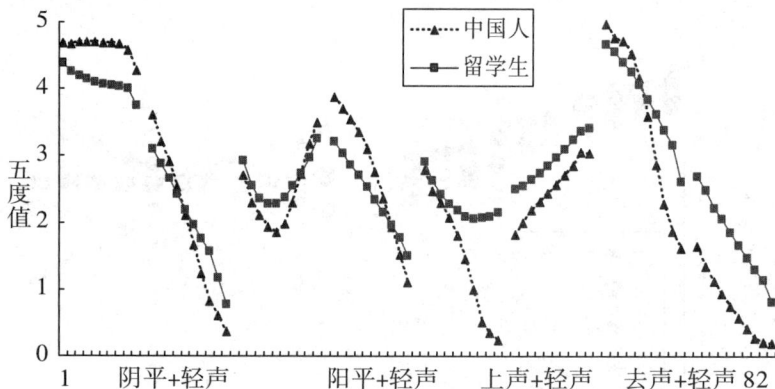

图 9－10   女被试轻声字相对正确调型同中国人的调型比较

统计结果显示，4 种双音节轻声组合中后字轻声的调域，无论男女，都是二语习得者的远远小于中国人的。四种组合中，阴平＋轻声与阳平＋轻声两种组合轻声字的调域差距都很大。其中，阴平＋轻声组合后字轻声的调域差距最大，男、女生分别高达 59.17Hz 和 79.4Hz；去声＋轻声组合中，后字轻声的调域差距最小，男、女生分别只有 5.36Hz 和 10.62Hz（参见表 9－6）。

表9-6　中外发音人双音节组合中轻声字的调域差异

单位：Hz

		阴平＋轻声	阳平＋轻声	上声＋轻声	去声＋轻声
男	中国人轻声字调域	87.06	89.82	39.36	25.84
	习得者轻声字调域	27.89	34.18	15.16	20.48
	中—留轻声字调域差异	59.17	55.64	24.20	5.36
女	中国人轻声字调域	144.44	132.49	57.4	60.15
	习得者轻声字调域	65.04	62.55	34.46	49.53
	中—留轻声字调域差异	79.4	69.94	22.94	10.62

五、讨论分析

（一）关于调型的错误

实验结果显示，二语习得者被试普通话双音节轻声音高仅调型的总体错误率就达46.7%，这说明普通话轻声是二语习得者习得的难点之一。4种双音节轻声组合中，调型错误发生率从高到低的次序为：上声＋轻声（57.4%）＞去声＋轻声（46.3%）＞阴平＋轻声（43.3%）＞阳平＋轻声（39.7%）（参见图9-11）。容易错成的5类错误调型中，发生比率从高到低的次序为：平（32.2%）＞降（误）（8.1%）＞降升（5.1%）＞升（误）（0.8%）＞升降（0.5%）（参见图9-12）。上述结果的产生，是因为二语习得者发双音节轻声组合时，受到了母语负迁移、语音同化和语内干扰（Larsen & Michael，2000：59）三大主要因素的影响。

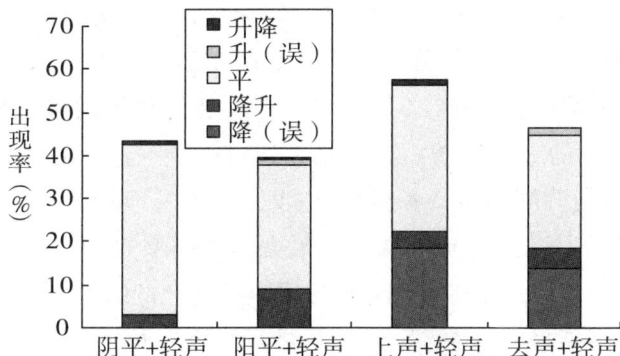

图9-11　不同轻声组合错误调型出现率

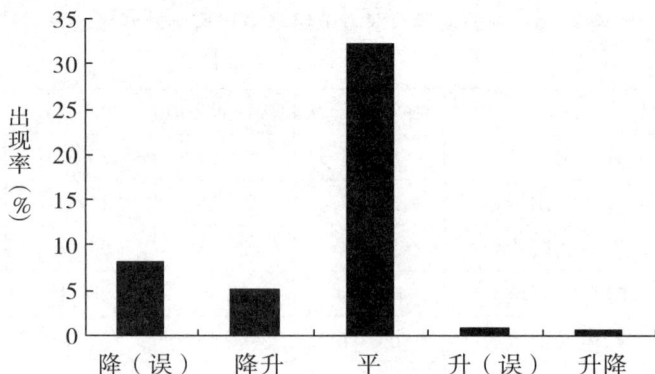

图 9 – 12　不同类别错误调型的出现率

　　母语负迁移的影响，这里主要指英语语调和印尼语语调对留学生被试发音的影响。实验后，我们对留学生进行访谈时了解到：他们都会讲英语和本国语（如印尼语、法语等），出于众所周知的原因，相比而言，他们的英语水平更好。加上有 11 位留学生是从美国和澳大利亚大学本科毕业后来中国学汉语的。因此，他们受英语语调的影响最大。英语不属于声调语言，而属于语调语言。Pike（1945）认为，如果将英语语调中的音高划分为 5 个音阶，在正常讲话中，最基本的音阶是 3，它在语言的绝大多数片段中被广泛使用，并在语言片段中保持不变，直到语言片段结束才会改变。印尼语和法语与英语类似，不属于声调语言，而属于语调语言，也存在类似的现象。因此，留学生被试无论发哪种轻声组合，声调大都表现出一种水平的趋势。从不同轻声组合发生错误调型的比率来看，均是平类错误调型的出现率最大（见图 9 – 11）。从出现的不同类别错误调型来看，也是平类错误调型的出现率最大（见图 9 – 12）。

　　语音同化作用，这里指声调同化（罗常培、王均，2002：180）。即两个字连读时，后字的声调被前字的声调所同化。如降（误）类错误调型在上声 + 轻声和去声 + 轻声两种组合中的出现率都很高（参见表 9 – 5），就是后字轻声调被前字降调所同化的结果。需要指出的是，上声同其他 3 种声调组合时，前字上声的 F0 曲线是呈下降型的（吴宗济、林茂灿，1989：164）。上声 + 轻声组合中，前字上声的 F0 曲线也为降调型（参见图 9 – 9 和图 9 – 10）。因此，上声 + 轻声组合中，同化的结果为降（误）类调型。平类错误调型之所以在阴平 + 轻声组合中的出现率最高，也是后字轻声调被前字平调所同化的结果。

　　语内干扰，多指目的语内部语言项目之间的相互干扰，包括过度概括、忽视规则的局限性、规则不完全、形成错误概念等而形成的偏误（周小兵，2004：53）。这里指普通话双音节轻声组合中，不同声调之后轻声调变化的异同，对留学生发音所造成的影响。如 4 种组合中，除了上声 + 轻声组合外，其余 3 种组合中的轻声调型都为降（只是具体调值不同），这样，二语习得者很容易将上声＋轻声组合的轻声也误发为降调型（参见图9－3和图9－7）。

　　由于二语习得者在发不同轻声组合和出现不同错误调型的过程中，受到上述三大因素影响的程度不同，从而形成不同轻声组合错误调型的发生率不同，不同类别错误调型的出现率也不同。其中，上声＋轻声组合同时受到了三大因素的影响，因此错误调型出现率最大。阴平＋轻声、阳平＋轻声、去声＋轻声3种组合只受到母语负迁移和语音同化两大因素的影响，因此错误调型出现率都比前者小。但是在后3种组合中，受到语音同化因素影响的大小又有所不同，其中阳平＋轻声组合，由于前字调型实际发音是带拱度的降升调型（参见图9－9和图9－10），因此，发生语音同化的可能性比较小。类似地，平类错误调型的出现，主要是母语负迁移和语音同化两大因素作用的结果；降（误）类调型的出现，主要是语音同化和语内干扰两大因素作用的结果；降升和升（误）类调型的出现，主要是语音同化一大因素作用的结果；升降类错误调型可能是一种不规则的偶发性错误，因此出现率最低。我们可以将三大影响因素的作用情况归纳如表9－7所示。

表9－7　母语负迁移、语音同化和语内干扰三大因素的作用过程与大小

	双字轻声组合				错误调型				
	阴平＋轻声	阳平＋轻声	上声＋轻声	去声＋轻声	平	降（误）	降升	升（误）	升降
母语负迁移	＋	＋	＋	＋	＋＋＋＋				
语音同化	＋＋	＋	＋＋	＋＋	＋	＋＋	＋＋	＋	
语内干扰			＋			＋			
错误出现率（%）	43.3	39.7	54.7	46.3	32.2	8.1	5.1	0.8	0.5

说明：表中"＋"的多少，表示受影响程度的强弱。

（二）关于相对正确调型的偏差

　　统计比较二语习得者相对正确调型轻声音节基频曲线最高点和最低点的五度值同中国人的差异，可以发现：4种组合中，轻声字基频曲线最高点的五度值，除了去声＋轻声组合和女生的上声＋轻声组合外，都是二语习得者的低于中国人的；而最低点的五度值，则无一例外都是二语习得者的高于中国人的（参见表9－8）。

表9-8 汉语二语习得者轻声字相对正确调型基频曲线最高点和最低点五度值同中国人的差异

	阴平+轻声		阳平+轻声		上声+轻声		去声+轻声	
	最高点	最低点	最高点	最低点	最高点	最低点	最高点	最低点
男生差异	-0.69	0.41	-0.89	0.26	-0.75	0.23	1.09	0.3
女生差异	-0.58	0.39	-0.67	0.35	0.4	0.81	1.08	0.62

说明：表中正值表示汉语二语习得者的五度值高于中国人的，负值表示汉语二语习得者的五度值低于中国人的。

如果将比较的范围扩大到各种组合的整体，则4种组合的基频曲线呈现出如下特点：最高点的五度值，除了女生的上声+轻声组合外，都是二语习得者的低于中国人的；而最低点的五度值，则都是二语习得者的高于中国人的（参见表9-9）。

表9-9 各种组合整体相对正确调型基频曲线最高点和最低点的五度值留—中差异

	阴平+轻声		阳平+轻声		上声+轻声		去声+轻声	
	最高点	最低点	最高点	最低点	最高点	最低点	最高点	最低点
男生差异	-0.75	0.41	-1.46	0.26	-0.75	0.08	-0.21	0.3
女生差异	-0.51	0.39	-0.67	0.35	0.4	1.86	-0.27	0.62

说明：表中正值表示二语习得者的五度值高于中国人的，负值表示二语习得者的低于中国人的。

综合以上对比分析，说明二语习得者相对正确调型的调域比中国人的调域窄，主要是其基频曲线"央化"的结果，即其基频曲线呈现出向英语诸语言语调的基本音阶3聚缩的趋势。进而说明二语习得者相对正确调型的调域比中国人的窄，这还是母语负迁移作用的结果。并且，如果某种组合中，轻声字本身的调域越大，则二语习得者轻声字相对正确调型的调域同中国人的差距也越大。

如果将二语习得者相对正确调型中轻声字的起点音高值（Hz）同中国人的差距，与其终点音高值（Hz）同中国人的差距进行比较，则可以发现：除了上声+轻声组合外，都是轻声字起点音高值同中国人的差距，大于终点音高值同中国人的差距。如果将各种组合中轻声字的起点、终点和调域，以及前字的终点，分别同中国人的差距联系起来综合比较，则可以发现：不论男女，各种组合中二语习得者轻声字的调域同中国人的差距，与轻声字终点同中国人的差距关系不大，而主要与轻声字起点和前字终点同中国人的差距密切相关。如上声+轻声组合中，男女二语习得者轻声字终点同中国人的差距最大，但是其轻声字的调域同中国人的差距并不大；类似地，去声＋轻声组合中，男女二语习得者轻声字终点同中国人的差距，与阴平＋轻声、阳平＋轻声两组合中的差距不相上下，但是该组合中轻声字的调域同中国人的差距，远远小于后两组合中的差距。相反，阴平＋轻声和阳平＋轻声两组合中，男女二语习得者轻声字起点和前字终点的音高值，同中国人的差距很大，该两组合轻声字的调域同中国人的差距也很大（参见图9－13和图9－14）。这说明，二语习得者轻声字相对正确调型的调域偏差，主要与轻声字的起点和前字的终点有关。同时也说明，二语习得者轻声字相对正确调型的调域偏差，除了母语负迁移的影响外，还受到语境的影响。这里的语境就是双音节中的前字。突出表现为前字基频曲线的终点对轻声字基频曲线起点的影响。

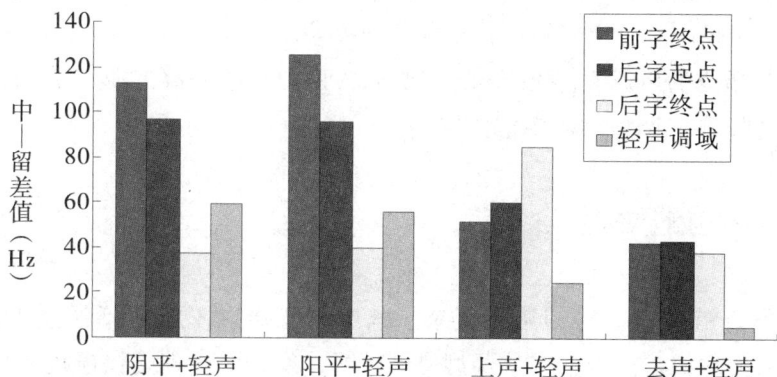

图9－13　男生4种组合轻声字起点、终点、调域及前字终点同中国人的差距对照

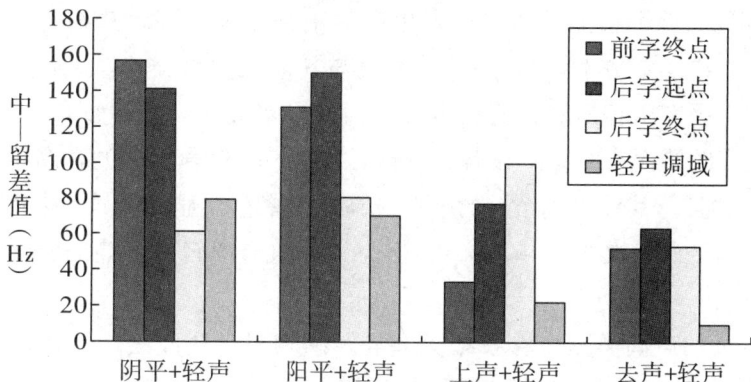

图9－14　女生4种组合轻声字起点、终点、调域及前字终点同中国人的差距对照

第四节 感知与发音的关系

实验结果显示，汉语二语习得者在习得普通话双音节轻声过程中，轻声的感知错误与发音错误既存在一致性，也存在不一致性。但是不一致性更明显。

一、一致性表现

（1）从声调组合类型角度看，不管是感知还是发音，阴平＋轻声、阳平＋轻声、去声＋轻声三类之间轻声音高的错误率差异不大。

（2）从错成的声调类型角度看，错成阳平（升或升降）调型的比率最小，错成上声（降升）调型的比率也比较小。

二、不一致性表现

（1）发音错误远比感知错误复杂。其中发音错误不仅包括调型上的错误，还包括调值上的偏差。而且单从调型错误上看，发音时出现的错误也要比感知时复杂。

（2）发音错误率显著大于感知错误的错误率。其中感知错误率总体平均值只有 32.2%，而发音错误率仅调型的总体平均值就达 46.7%。

（3）不同组合类型的总体错误发生率大小排序也不同。感知时，上声＋轻声组合的音高错误率最小（24.8%），并且与其他三类组合的轻声音高错误率存在显著差异，去声＋轻声组合的轻声音高的错误率最大（36.9%），但与另外组合中轻声音高的错误率差异不显著。发音时，上声＋轻声组合的音高错误率最大（57.4%），并且与其他三类组合的轻声音高错误率存在显著差异，去声＋轻声组合的轻声音高错误率次之（46.3%），但与另外组合中轻声音高的错误率差异不显著。

（4）错成的声调类型也存在很大差异。感知时，错成去声调型的发生率最大（57.4%）；而发音时，错成阴平调型的发生率最大（78.3%）。

第五节 结论与启示

一、本实验得出如下结论

（1）汉语二语习得者发普通话双音节轻声时，既存在调型上的错误，也存在调域上的偏差。其中，调型错误突出表现为趋向水平，调域偏差突出表现为"央化"偏窄。

（2）不同的双音节轻声组合，错误调型的出现率和调域偏差的幅度不同。其中上声＋轻声组合的调型错误率最高，阴平＋轻声组合的调域偏差幅度最大。

（3）双音节轻声组合中，后字轻声的调型错误与调域偏差，都与前字密切相关。林茂灿先生（1990：98）提出：轻声字 F0 曲线，是弱读字音跟前字声调发生后延协同发音的结果。本实验的结果与该结论是一致的。

（4）无论是调型上的错误，还是调域上的偏差，都与母语负迁移密切相关。其中，调型错误还与语音同化和语内干扰相关，调域上的偏差还与语境影响相关。

二、本实验的结论为对外汉语教学提供的启示

（1）对汉语二语习得者进行普通话轻声教学时，既要注意防止出现调型上的错误，也要注意完善其相对正确调型的偏差。

（2）帮助汉语二语习得者防止出现调型上的错误，重点在于克服母语负迁移作用而产生的平类错误调型；此外还要防止上声＋轻声、去声＋轻声两种组合中，由于语音同化作用而出现的降（误）类错误调型。

（3）帮助汉语二语习得者克服相对正确调型上的偏差，重点在于扩大调域的训练。同时还要将纠正后字（即轻声字）的调型与纠正前字（即非轻声字）的调型相结合。

第十章　汉语二语习得者普通话双音节上上连读调产出实验

第一节　引　言

　　在对外汉语教学中，汉语的声调一向是来华留学生学习的重点和难点之一。对此，前贤做过不少有益的研究。马燕华（1994）、刘艺（1998）、关键（2000）、蔡整莹与曹文（2002）等从普通语音学的角度进行过定性研究。采用实验的方式开展研究的主要有：王韫佳（1995）分析过美国人汉语双音节词发音的声调错误问题；桂明超（杨吉春译，2000）着重研究了美国英语语调对美国习得者习得汉语普通话声调的干扰；陈默、王建勤（2010）研究过不同母语背景汉语二语习得者的双字组声调习得发展情况；王韫佳、李美京（2011）通过三个心理—物理实验研究了以韩语为母语的普通话习得者对汉语普通话阴平和阳平、阳平和上声的分辨；贾琳、王建勤（2013）研究视觉、听觉双通道加工方式对零起点英语母语者感知汉语声调时的效果。这些研究对本书集中研究印尼华裔汉语二语习得者习得汉语声调的问题有不少启发。

　　对于母语为非声调语言的印尼华裔汉语二语习得者来说，掌握汉语声调更是倍感困难。老师在汉语声调教学过程中，也总是感到他们所讲的汉语带有"洋调"，但又难以准确地说明他们到底"洋"在什么地方。专门研究印尼华裔汉语二语习得者习得汉语语音问题的，有董琳莉（1997）、倪伟曼与林明贤（2000）、陈延河（2001）等，多是从普通语音学的角度进行调查分析，从语音实验的角度作出定量分析的比较少，针对印尼华裔汉语二语习得者习得汉语声调的情况进行实验研究的，目前也相当少。

　　鉴于在声调教学中，上声是印尼华裔汉语二语习得者感到最难掌握的调类,① 另外,汉语语流当中的字调与单字的字调相距较远,而与双音节词的声调接近;现代汉语词汇中双音节词又占大多数,② 双音节词的声调练习是学好汉语声调和语调的重要渠道,因此,本章主要对印尼华裔汉语二语习得者习得汉语普通话双音节上上连读调的情况进行实验研究。并通过与中国人的发音情况进行对比分析,找出他们在发普通话双音节上上连读调时所存在的主要偏误,进而分析产生这些偏误的主要原因,提出相应的教学措施。

第二节 实验材料和方法

一、被试

本实验所用的语音材料来自 20 位发音合作人。其中包括 10 位印尼被试和 10 位中国人。10 位印尼被试中,男生和女生各 5 人,他们都是印尼华裔,分别来自印尼的雅加达、万隆和泗水三个城市,学习汉语的时间都在半年以上,已经学完了汉语语音的有关知识。10 位中国人也是男女各 5 人,都来自北方方言区,且均是大学以上学历,普通话标准流利,发音准确清晰。

二、发音材料

发音表包括 20 个上上连调的双音节词语,其中既有前后字 F0 曲线相连的,如"口语""所以"等;③ 也有前后字 F0 曲线分开的,如"手表""演讲"等。(见附录 28)

三、录音条件

所有发音人都是在暨南大学华文学院应用语言学实验室发音。录音时都是采用 Cool Edit 录音软件通过话筒直接录入电脑。采样频率为 22 050Hz。发音人都是按正常的语速自然地发音。

---

① 笔者曾经在听力课上做过调查,印尼华裔汉语二语习得者的上声错误率高达 67.6%(包括调型的错误和调值的错误)。

② HSK 常用词汇共 5 168 个,双音节词 3 725 个,占 72%。

③ 在实验语音研究中,如果一个双音节词的后一音节是零声母,则前后字 F0 曲线是相连的。

四、实验分析软件

对发音人的声音材料进行分析时，我们统一采用 Praat 软件对录音材料进行标准分析，然后用计算机自动提取音高参数。

五、实验测量统计项目

实验过程中，测量统计的参数有：每个上上连读调整个词语基频的最大值、最小值和整个音节的时长，上上连读调词语中前后音节基频的起点值与终点值、最大值与最小值、音节的时长。

第三节 实验结果

一、前字

（一）男发音人

实验测量统计结果显示，男发音人发上上连读调时，印尼华裔被试前字的起点音高值、终点音高值、最大音高值、最小音高值和调域都比中国人的相应数值要小。其中调域、最大音高值和终点音高值相差幅度最为显著，分别高达38.163%、26.711%和24.568%。具体结果如表10-1和图10-1所示。

表10-1 印尼华裔男被试与中国男发音人的前字音高统计对照表

统计项目	印尼华裔被试（平均值）	中国人（平均值）	相差数值（平均值）	相差幅度（％）（平均值）
起点音高值（Hz）	106.905	124.577	-17.672	-14.186
终点音高值（Hz）	125.110	165.859	-40.749	-24.568
最大音高值（Hz）	131.485	179.405	-47.920	-26.711
最小音高值（Hz）	95.303	120.894	-25.591	-21.168
调域（Hz）	36.182	58.511	-22.329	-38.162

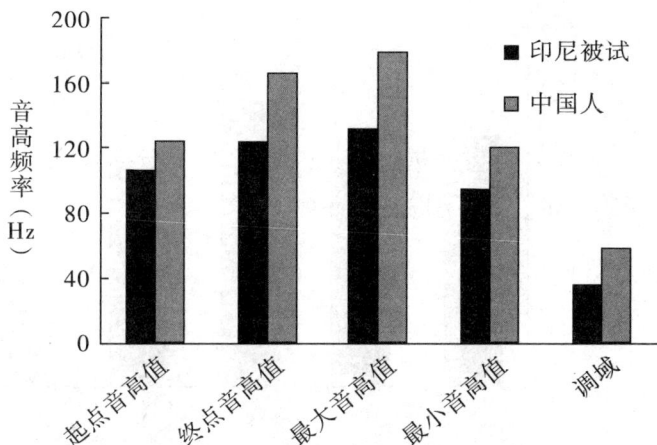

图 10－1　印尼华裔男被试与中国男发音人前字音高对比

（二）女发音人

实验测量统计结果显示，女发音人发上上连读调时，与男发音人类似的是，印尼华裔女被试前字的终点音高值、最大音高值和调域三项，也小于中国女发音人的相应数值，不过相差幅度不同，其中调域相差的幅度比男发音人还大，高达40.936%，而终点音高值、最大音高值相差的幅度小于男发音人的相差幅度。与男发音人不同的是，印尼华裔女被试的起点音高值和最小音高值与中国女发音人的相应数值差别不大。具体结果如表 10－2 和图 10－2 所示。

表 10－2　印尼华裔女被试与中国女发音人的前字音高统计对照表

统计项目	印尼华裔被试（平均值）	中国人（平均值）	相差数值（平均值）	相差幅度（%）（平均值）
起点音高值（Hz）	208.959	207.621	1.338	0.644
终点音高值（Hz）	218.363	258.014	－39.651	－15.368
最大音高值（Hz）	238.640	278.598	－39.958	－14.343
最小音高值（Hz）	186.036	189.536	－3.500	－1.847
调域（Hz）	52.604	89.062	－36.458	－40.936

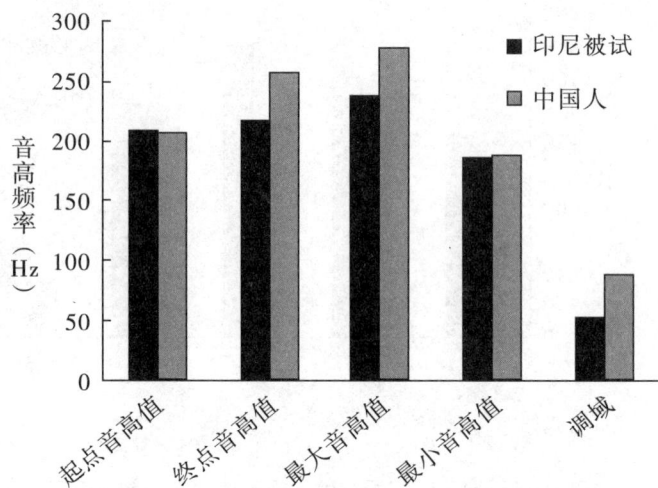

图 10 - 2　印尼华裔女被试与中国女发音人前字音高对比

二、后字

(一) 男发音人

实验测量统计结果显示，发上上连读调时，印尼华裔男被试后字的起点音高值、最大音高值和调域都小于中国男发音人的相应数值。相差幅度分别达 24.335%、23.124% 和 57.753%，其中相差幅度最大的还是调域。而终点音高值和最小音高值与中国人的差别不大。具体结果如表 10 - 3 和图 10 - 3 所示。

表 10 - 3　印尼华裔男被试与中国男发音人的后字音高统计对照表

统计项目	印尼华裔被试 （平均值）	中国人 （平均值）	相差数值 （平均值）	相差幅度（%） （平均值）
起点音高值（Hz）	104.953	138.708	-33.755	-24.335
终点音高值（Hz）	104.795	106.163	-1.368	-1.289
最大音高值（Hz）	112.012	145.705	-33.693	-23.124
最小音高值（Hz）	89.011	91.261	-2.250	-2.465
调域（Hz）	23.001	54.444	-31.443	-57.753

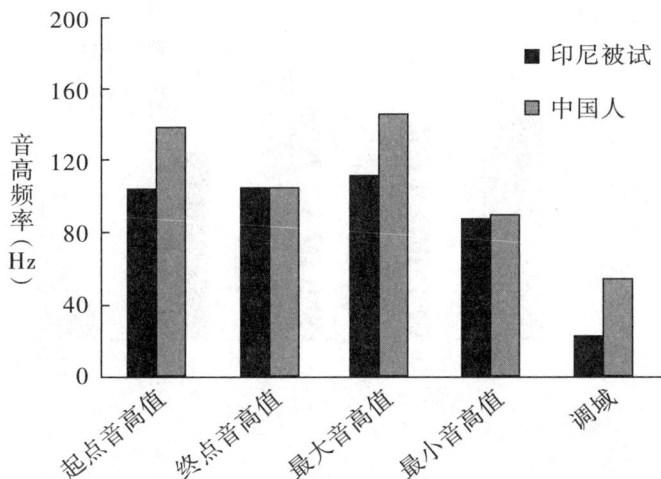

图 10 - 3　印尼华裔男被试与中国男发音人后字音高对比

（二）女发音人

实验测量统计结果显示，发上上连读调后字时，女发音人与男发音人的情况稍有不同，印尼华裔女被试后字的终点音高值和最小音高值两项的实际数值不是低于中国女发音人的数值，而是高于中国女发音人的数值，超过的幅度高达41.590% 和 40.410% 。与男发音人类似的是，印尼华裔女被试的起点音高值和最大音高值比中国女发音人的相应数值都要小，但相差的幅度没有男发音人的大。与男发音人几乎相同的是，印尼华裔女被试后字的调域远比中国女发音人的调域小，相差幅度高达65.706% 。具体结果如表 10 - 4 和图 10 - 4 所示。

表 10 - 4　印尼华裔女被试与中国女发音人的后字音高统计对照表

统计项目	印尼被试（平均值）	中国人（平均值）	相差数值（平均值）	相差幅度（%）（平均值）
起点音高值（Hz）	209.407	248.955	− 39.548	− 15.886
终点音高值（Hz）	199.744	141.072	58.672	41.590
最大音高值（Hz）	218.406	256.998	− 38.592	− 15.016
最小音高值（Hz）	172.376	122.766	49.610	40.410
调域（Hz）	46.030	134.222	− 88.192	− 65.706

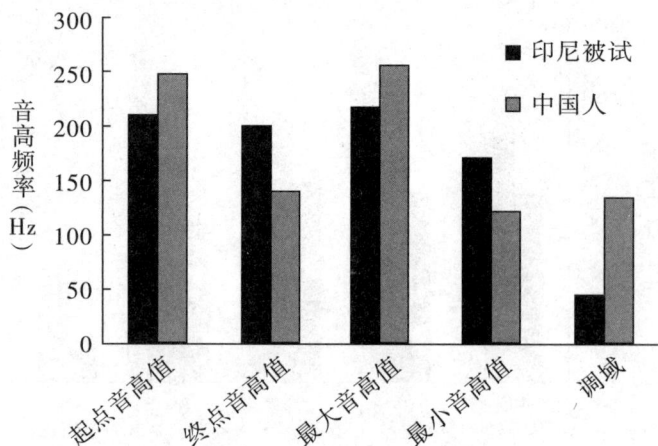

图 10 - 4　印尼华裔女被试与中国女发音人后字音高对比

三、整个双音节的音高

（一）男发音人

如果将整个上上连读双音节作为一个整体来考察，与男发音人前、后字单独考察时类似，印尼华裔男被试的最大音高值和调域都小于中国男发音人的相应数值，相差幅度最大的还是调域，高达 48.409%。而最小音高值相差不大。具体结果如表 10 - 5 和图 10 - 5 所示。

表 10 - 5　印尼华裔男被试与中国男发音人的整个双音节音高对照表

统计项目	印尼华裔被试 （平均值）	中国人 （平均值）	相差数值 （平均值）	相差幅度（%） （平均值）
最大音高值（Hz）	131.485	179.405	- 47.920	- 26.711
最小音高值（Hz）	86.011	92.261	- 6.250	- 6.774
调域（Hz）	45.474	88.144	- 42.670	- 48.409

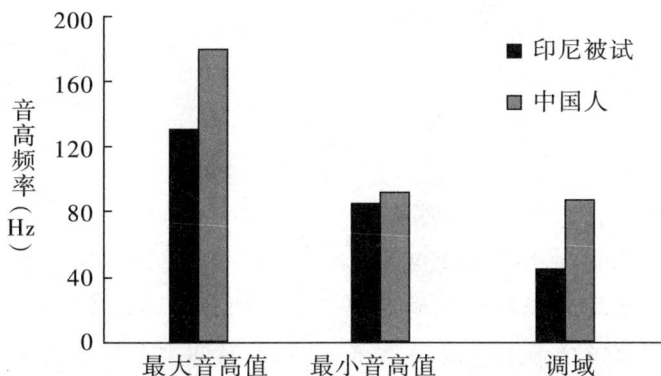

图 10 – 5 印尼华裔男被试与中国男发音人整个双音节音高对比

（二）女发音人

如果将整个上上连读双音节作为一个整体来考察，最大音高值和调域，都是印尼华裔女被试的小于中国女发音人的相应数值，相差幅度达 14. 343% 和 54. 591% ，这与单独考察前、后字时，印尼华裔女被试的情况相似；最小音高值则是印尼华裔女被试的大于中国女发音人的，这与单独考察后字的情况类似，而与单独考察前字的情况不同。具体结果如表 10 – 6 和图 10 – 6 所示。

表 10 – 6 印尼华裔女被试与中国女发音人的整个双音节音高对照表

统计项目	印尼华裔被试（平均值）	中国人（平均值）	相差数值（平均值）	相差幅度（%）（平均值）
最大音高值（Hz）	238. 640	278. 598	– 39. 958	– 14. 343
最小音高值（Hz）	167. 879	122. 766	45. 113	36. 747
调域（Hz）	70. 761	155. 832	– 85. 071	– 54. 591

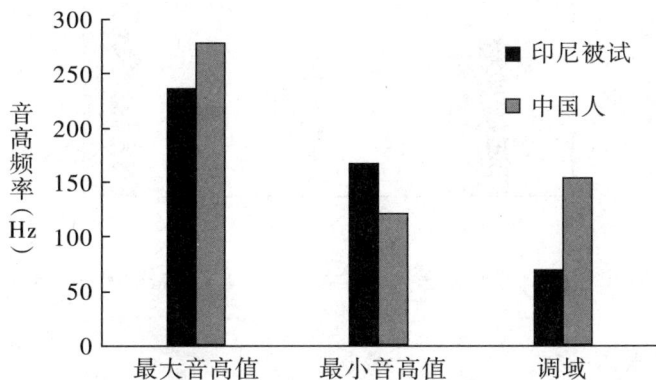

图 10 – 6 印尼华裔女被试与中国女发音人整个双音节音高对比

四、时长

（一）男发音人

单从前字的时长考察，印尼华裔男被试前字的平均时长比中国男发音人的平均时长要长 31.390ms，长出的幅度达 10.516%；单从后字的时长考察，印尼华裔男被试的后字平均时长比中国男发音人的平均时长要长 15.983ms，相差幅度比前字小；如果将整个上上连读双音节作为一个整体来考察的话，印尼华裔男被试的平均时长比中国男发音人的平均时长要长 47.373ms，相差幅度比前字的小，但比后字的大；如果将前后两字的时长进行比较，印尼华裔男被试显示出前长后短的特点，而中国男发音人则是具有前短后长的特点。具体结果如表 10 - 7 和图 10 - 7 所示。

表 10 - 7　印尼华裔男被试与中国男发音人的音节时长对照表

统计项目	印尼华裔被试（平均值）	中国人（平均值）	相差数值（平均值）	相差幅度（%）（平均值）
前字时长（ms）	329.877	298.487	31.390	10.516
后字时长（ms）	318.770	302.787	15.983	5.279
整个双音节时长（ms）	648.647	601.274	47.373	7.879

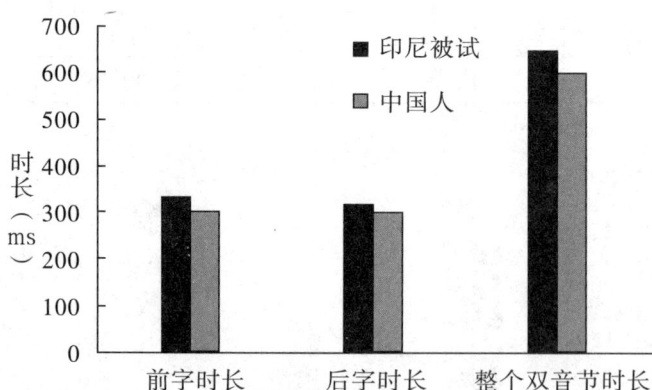

图 10 - 7　印尼华裔男被试与中国男发音人的音节时长对比

（二）女发音人

单从前字的时长考察，印尼华裔女被试前字的平均时长比中国女发音人的平均时长要长 124.682ms，相差幅度达 35.035%；单从后字的时长考察，印尼华女被试的后字平均时长比中国女发音人的平均时长要长 23.626ms，相差幅度也比前字小；如果将整个上上连读双音节作为一个整体来考察，印尼华裔女被试的平均时长比中国女发音人的平均时长要长 148.308ms，相差幅度比前字小，但比后字大；如果将前后两字的时长进行比较，印尼华裔女被试同样显示出前长后短的时长特点，而中国女发音人也是具有前短后长的特点。具体情况如表 10-8 和图 10-8 所示。

表 10-8　印尼华裔女被试与中国女发音人的音节时长对照表

统计项目	印尼华裔被试（平均值）	中国人（平均值）	相差数值（平均值）	相差幅度（%）（平均值）
前字时长（ms）	480.558	355.876	124.682	35.035
后字时长（ms）	395.976	372.350	23.626	6.345
整个双音节时长（ms）	876.534	728.226	148.308	20.366

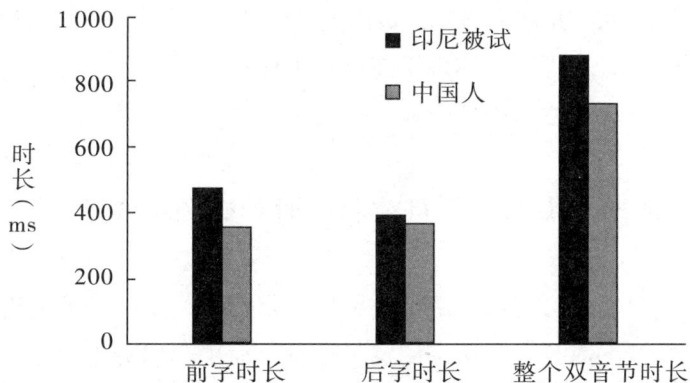

图 10-8　印尼华裔女被试与中国女发音人的音节时长对比

第四节　偏误的主要表现

从以上实验测量统计结果可以看出，印尼华裔汉语二语习得者发汉语普通话上上连读调时，我们常常感到不自然，觉得他们带"洋调"，这种偏误主要表现在以下三个方面：

一、调域偏小

发汉语上上连读调时，印尼华裔汉语二语习得者，不论是男生还是女生，调域都大大低于中国人发音时的调域。相差最小数值为 22.329（Hz），相差最大数值为 88.192（Hz）。相差幅度最低达 38.163 %（印尼男学生前字），最高达 65.706%（印尼女学生后字）。这种调域偏小的发音偏误，既体现于前字，也体现于后字，同时还体现于全双音节之中。其中后字比前字相差更为显著，相差幅度平均高出 20% 左右。

二、最大音高值偏低

发汉语上上连读调时，印尼华裔汉语二语习得者，不论是男生还是女生，最大音高值都比中国人发音时的最大音高值低。最小的低 33.693（Hz）（印尼华裔女汉语二语习得者后字），最大的低 47.920（Hz）（印尼华裔男汉语二语习得者前字）；相差幅度最低达 14.343%，最高达 26.711% 。与调域偏小相似，这种最大音高值偏低的发音偏误，既体现于前字，也体现于后字，同时还体现于全双音节之中。其中男生比女生相差更为显著。

三、发音时时长偏长，并且前后字时长比例不合理

印尼华裔汉语二语习得者，不论是男生还是女生，发汉语上上连读调时的时长都比中国人发音的时长长。从字的位置上看，前字表现更为明显，长出的幅度最小达 10.52%，最大达 35.04%；从性别上看，女生比男生更为明显。如果将上上连读调前后字的时长进行比较的话，印尼华裔汉语二语习得者是前长后短，而中国人则是前短后长。这说明印尼华裔汉语二语习得者发汉语上上连读调时前后字时长比例不合理。

第五节　偏误产生的主要原因

印尼华裔汉语二语习得者发汉语上上连读调时产生以上偏误的原因是多方面的，概括起来主要有以下三个方面：

一、第一语言和当地华语方言的负迁移影响

参与实验的 10 位印尼华裔汉语二语习得者，分别来自印尼的雅加达、万隆和泗水三个城市。他们的第一语言以印尼语为主，以一种汉语方言为辅，其中来自雅加达的印尼华裔汉语二语习得者多以粤方言为辅，来自万隆和泗水的印尼华裔汉语二语习得者以闽方言为辅（中国社会科学院与澳大利亚人文学院，1987）。不同的语言具有不同的发声类型，这些发声类型在某种程度上和声调有关，准确地说是和基频（F0）有关（孔江平，2001）。从发声学的角度看，声调语言和非声调语言在发声时，其喉部肌肉活动的机制存在明显的不同。声调语言发每一个音节时，喉部各个与发音相关的器官和肌肉，如会厌软骨、甲状软骨、环状软骨、勺状软骨、环甲肌、外展肌、内合肌、下舌肌、声带、假声带以及声门等等都要发生一次迅捷的调节活动；而非声调语言却不同，有些音节有音调的变化，有的则几乎没有音调变化，因此喉部各个与发音相关的器官和肌肉，尤其是声带长期得不到锻炼，活动也不够敏捷。在以非声调语言为第一语言的环境中长大的印尼华裔汉语二语习得者，其喉部各个与发音相关的器官和肌肉肯定不如在第一语言是声调语言环境中长大的中国人那样力健而灵活。虽然他们的第一语言以粤方言或闽方言为辅，但是这两种方言都没有上声调（袁家骅，1960），因此，他们发汉语上上连读调时音高总是上不去，音域也不够大。这与 Flege（1999）所提出的 L2 语言语音学习模型的核心原则——L2 语音中产生的错误常常源自对 L2 的知觉错误是相符的，因为不管是第一语言印尼语，还是粤方言或闽方言都没有上声，在此语言环境中长大的印尼华裔汉语二语习得者对普通话的上声感知肯定不敏感，发起上上连读调来出现偏误就在所难免了。

二、语音内部发音规律的制约

声调特征并非完全独立于音段特征，而是与那些主要由喉部控制的特征有着特别密切的关系，既有共时的关系又有历时的关系。例如，浊化、送气、喉化、音长、气声等等（William S – Y. Wang，1967）。语音内部不同质之间具有相互补偿的特点，浊音低调，清音高调；送气使声调变低，但由于语音具有社会性，语音的补偿并不像自然科学中的补偿现象那样整齐划一（石锋，1994）。印尼语的声母多为浊音，而汉语的声母多为清音，这种浊化的发音习惯在印尼华裔汉语二语习得者中已经根深蒂固，他们在发上上连读调时，即使没有将声调前的声母发为浊音，也必然带有这一趋势，从而将声母后面的声调低念来补偿，因此最大音高上不去。

三、汉语语音知识不够全面

对外汉语教学中，教师对汉语音质特征知识，如声母、韵母的发音部位、发音方法、发音特点的讲解和练习一般都抓得比较严，而对汉语的超音段特征，即汉语韵律特征知识相对重视不够。不少学生还没有牢固掌握上声的抑扬顿挫，汉语双音节一般前短后长、前轻后重等韵律知识，而套用英语的双音节词（除带前缀的外）重音多落在第一个音节上的发音规律。因而印尼华裔汉语二语习得者发上上连读调时出现前长后短、前重后轻的"洋调"就在所难免了。

第六节　教学对策

为加强汉语二语习得者汉语普通话的声调教学，前贤曾提出不少教学措施，如把声调教学与听说训练结合起来，加强声调辨正练习，唱音阶定音高和确定起调字（蔡整莹、曹文，2002），重视调型教学（马燕华，1994）、"唱高调"法（董琳莉，1997），注意语音训练与意义讲解相结合（王玲娟，2003）等。这些措施对我们纠正印尼华裔汉语二语习得者发汉语上上连读调的偏误都有很大的借鉴作用。除此以外，笔者认为，还可采取以下措施：

一、加强扩大印尼华裔汉语二语习得者音域的训练

纠正印尼华裔汉语二语习得者的"洋调"不是说要让他们发每一个上上连读调时，起点音高值、终点音高值、最大音高值、最小音高值都和中国人的相应数值相同，而是要让他们的音域与中国人的相应数值大致相同。因此纠正他们的"洋调"主要是加强扩大他们音域的发音训练。这可以从降低他们现有的最低音高值着手，也可以从提高他们的最高音高值着手。

在具体的教学实践中，一般情况下，我们可以运用手势向上或向下的运动，引导学生尽力达到音域最高点或最低点。

有条件的，还可以借助多媒体设施，用实验语音软件显示出某个上上连读调的标准音高曲线（其中包括该上上连读调 F0 的最高点和最低点），然后让学生以此线为标准进行发音练习，实验语音软件即时显示其音高曲线（其中也包括该学生音高的最高点和最低点）。

特别指出，这里不是说要求学生的音高一定同时既高于标准音高曲线（F0）中的最高点，又低于标准音高曲线（F0）中的最低点，而是只要求他们音高曲线（F0）中的最高点和最低点之间的距离，等于或大于标准音高曲线（F0）中的最高点和最低点之间的距离。

二、加强对印尼华裔汉语二语习得者汉语韵律知识的讲解和训练

目前对外汉语中的语音教学，对于汉语语音的音质特征知识的讲授和训练是比较重视的，对于汉语语音的超音段特征，包括韵律特征的讲授和训练还比较薄弱。声调教学虽然受到重视，但也只是做到大概，还没有达到精确化。对于汉语中音长特点等方面的韵律知识介绍不多，训练更少。应该大力加强这方面知识的讲解和发音的训练。

三、加强对印尼华裔汉语二语习得者讲汉语的速度训练

速度训练，目的在于强化印尼华裔汉语二语习得者喉部各个与发音相关的器官和肌肉的锻炼，提高它们运动的灵活性，以适应汉语上声曲折升降变化的基频走势要求。为达到这一目的，我们可采用限时阅读的办法。即让习得者在一定时间内读完某个词语或一定数量的词语和句子。限制的时间量可以由大到小，逐步递减，直至达到标准的普通话发音速度为止。当然速度训练必须以准确性为前提，只能在发音准确的基础上不断提高语速。

第七节 结 论

"学习外国语的内容分成发音、语法跟词汇三个主要的部分……发音的部分最难，也最要紧。"（赵元任，1980：156）而对于汉语的发音部分来说，根据笔者上课的随堂调查，印尼华裔汉语二语习得者最感困难的是声调。现实情况也正如吕必松（1996）先生所说的那样，印尼华裔汉语二语习得者说汉语时，形成洋腔洋调的主要原因同样在声调。因此，对印尼华裔汉语二语习得者进行汉语教学时，如何加强汉语声调教学是我们要常常思考的最重要而又最艰难的任务。我们绝不能因其艰难而放松要求；更不能因强调汉语二语习得者汉语交际能力的培养，而对洋腔洋调听之任之。因为"第二语言教学，不论学习者带有何种学习目

的，都应该严格要求学好语音"（刘珣，2001）。

　　但是，本实验研究所得出的中国人发音的调域等数值，只能为教师解决对外汉语声调教学难题寻找方向提供参考，作为印尼华裔汉语二语习得者练习汉语声调，特别是练习上上连读调发音时的一种参照标准，而不是说一定要达到，更不是说每个词每个句子的发音都要达到。并且，这些实验所得出的数值，在作为练习标准时，一方面要严格遵照，另一方面也不应该看成一个固定的静止的点，而应该看成某一集合中的一个动态因子。

第十一章 汉语二语习得者普通话口语语音教学系统实验

第一节 引 言

吕必松（1996：74）认为：研究语言教学首先要着眼于三个方面的问题，即学与教的内容、学习者怎么学、执教者怎么教。并认为这三者之间的关系是：怎么学要由学什么来决定，怎么教要由学什么和怎么学来决定。要研究教学规律，首先要研究学生的学习内容和学习规律。并将三者的关系示意如图11－1所示。赵金铭（2004：11）则认为："教什么"的问题才是研究的核心，而不应是"怎样教"。并将三者之间的关系示意如图11－2所示。

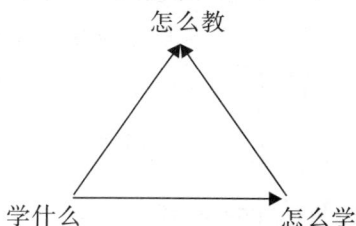

图 11－1　教学要素关系示意图 1　　　　图 11－2　教学要素关系示意图 2

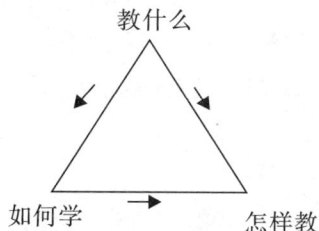

朱永平（2004）认为："为了有效地利用课堂时间，让学生尽快、更多地掌握所学语言，教师一定要明确什么样的语言形式要多教多练，什么样的语言形式少教少练，甚至不教不练。要做到这些，准确地预测习得者的难点就显得尤为重要。"前面的一系列实验研究也表明，尽管教学内容（即教什么）是整个教学的基点，但是教学内容本身又是随着学习者的学习特点和规律而发生变化的。例如，同是汉语普通话平翘舌辅音的教学，针对不同母语的学习者，教学内容（包括教学顺序和教学重点等）就要进行适当的调整，甚至对于相同母语的学习者，

由于不同的个性心理、学习风格、学习目的、学习态度等方面的差异，也要进行适当调整。因此，上述三者之间的关系是互相关联、互相制约、互为变动的，它们之间是双向互动关系，而不是单边制动关系。因此，我们将三者的关系调整为如图 11 – 3 所示。

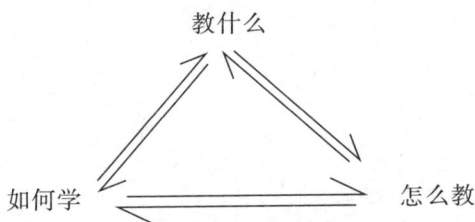

图 11 – 3　教学要素关系示意图 3

　　图 11 – 3 说明，"怎么教" 要根据 "教什么" 和 "如何学" 而变化；"教什么" 也要根据 "如何学" 和 "怎么教" 进行调整；"如何学" 也会受到 "教什么" 和 "怎么教" 的影响而变化。陆俭明（1999）曾指出：对外汉语的研究工作应紧紧围绕 "怎样在尽可能短的时间里让外国学生尽快学好汉语"。这就是说我们研究 "教什么" 和 "怎么教"，都是为了促进学习者更快、更好地学。本章研究的目的就是在综合前面 "如何学" 研究结论的基础上，确定对印尼汉语学习者普通话平翘舌辅音教学，应该 "教什么"，并提出有针对性的教学对策——"怎么教"。然后将这些教学对策运用于教学实践中加以检验，看其是否有效可行。

　　因此，我们必须大力探索提高汉语二语教学效率的有效途径，以切实服务我国汉语国际传播战略的纵深发展。本研究建立在汉语二语习得者普通话口语语音教学系统的基础上，设计教学实验对其效果进行了检验。

第二节　语音教学系统及其使用

　　整个语音教学系统包括三大块：一是标准普通话语音示教数据库；二是面向汉语二语习得者的普通话语音练习系统；三是面向教师的普通话语音教学系统。三者相互交叉、相互支持。

一、标准普通话语音示教数据库

　　标准普通话语音示教数据库指中国人标准普通话发音的口语录音。共计包括

20 位中国标准普通话发音人的口语录音，其中男生 10 人，女生 10 人；来自中国北方地区的 10 人，来自中国南方地区的 10 人；普通话水平达到一级乙等的 10 人，普通话水平达到二级甲等的 10 人；年龄与大多数留学生的（即在 18 ~ 30 周岁）相当。发音的内容包括单字、双音节词、句子、短文和自由说话。句子又包括陈述句、疑问句、祈使句和感叹句四类，短文包括记叙文、散文、说明文和议论文四类。

二、汉语二语习得者普通话语音练习系统

汉语二语习得者普通话语音练习系统的主要功能在于帮助习得者课外开展汉语听音能力的训练，主要是借助 Praat 语音处理软件来完成，具体实施步骤包括三大步：

第一步，教会汉语二语习得者 Praat 语音处理软件的基本操作，包括声音文件的调入（［Read］ → ［Read from file…/Open long sound file…］），窗口显示时间的扩大（［in］）与缩小（［out］），声音文件播放时段的选择（［sel］），语图信息的显示（［Spectrum］ → ［Show spectrogram］），声调信息的显示（［Pitch］ → ［Show pitch］），音强信息的显示（［Intensive］ → ［Show intensive］），声音的剪贴（［Edit］ → ［Copy selection to sound clipboard］），声音的复制（［Edit］ → ［Paste after selection］），语速的调整（［Convert］ → ［Lengthen（PSOLA）…］）等。

第二步，教会汉语二语习得者观察普通话语音主要特征在 Praat 软件所显示语图中的表征。如声母为乱纹状语图，韵母为带横杠的语图，送气/不送气声母的差异表征为时间长短差异，具体如图 11 -4 所示。

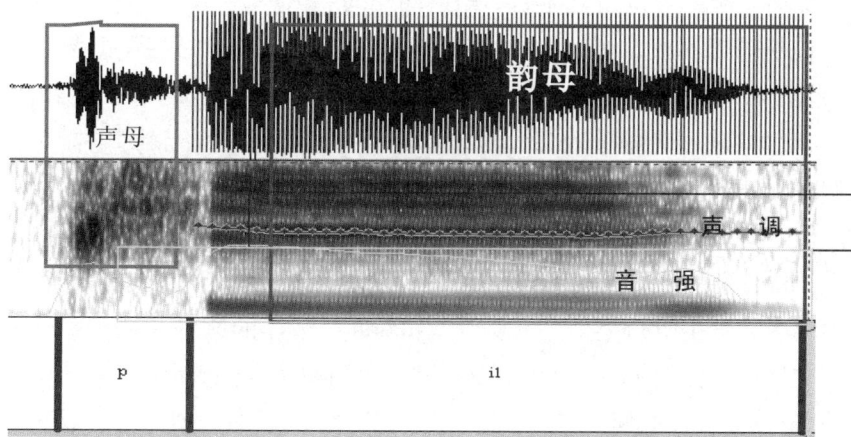

图 11 -4　普通话语音主要特征的语图表征

　　第三步，教会汉语二语习得者如何将 Praat 软件的基本操作灵活运用于自己的汉语听说训练实践中。特别提醒习得者可以针对自己的语音弱点进行有效的练习。

　　如多数母语背景的汉语二语习得者对于听辨汉语声母的送气/不送气区别特征感到很困难，更难以正确地发出成对的送气/不送气声母。学生可以借助 Praat 软件，将成对送气/不送气声母放在一起进行对比听辨和对照发音。学生可以将声音文件打开如图 11－5 所示大小，自己边用耳朵听音，边用眼睛看图，看到图 11－5 所显示（d－t）的时间长度差异，就可以很好地帮助自己分辨二者的送气/不送气区别特征。

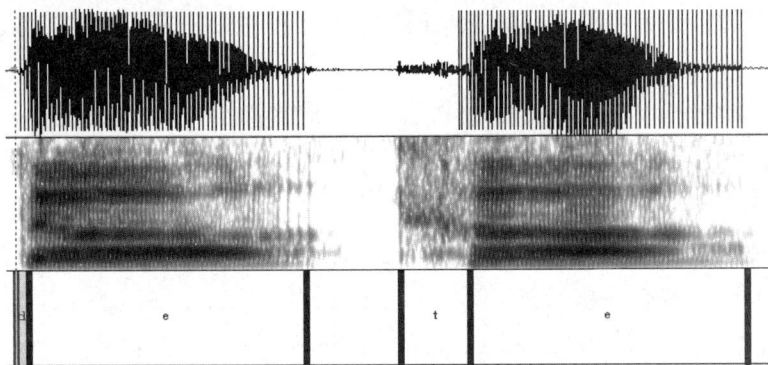

图 11－5　不送气/送气声母（d－t）的时间长度差异

　　再如绝大多数汉语二语习得者听辨单音节时，区分汉语的四声一般问题不大。但是，当他们听辨双音节或者多音节（包括句子）中的四声时，难度就呈几何级数增加。这主要是因为他们不知道同样的一个声调，在单音节、双音节和多音节（包括句子）中，其调型和调值并不完全相同，有时甚至差异很大。老师在上课教学时，一方面是主观上忽略了这点，另一方面是无法用准确的语言解释清楚其中的差异。这样汉语二语习得者听辨双音节和多音节（包括句子）字组的声调时，就容易错误百出。借助 Praat 软件的声调语图，就可以帮助习得者很好地区分这些声调的语域变体。如"今天"（jīntiān）尽管二字均是阴平，但是"今"（jīn）字的阴平与"天"（tiān）字的阴平显然不同，前者的调值比后者要高出很多。学生听辨类似"今天"（jīntiān）这样的阴平＋阴平组合时，可以将声音文件打开如图 11－6 所示，耳朵听音的同时，眼睛看图，看到图 11－6 所显示的"今"（jīn）字阴平与"天"（tiān）"字阴平的调值差异，就可以很好地帮助其听辨同一声调的各种变体。

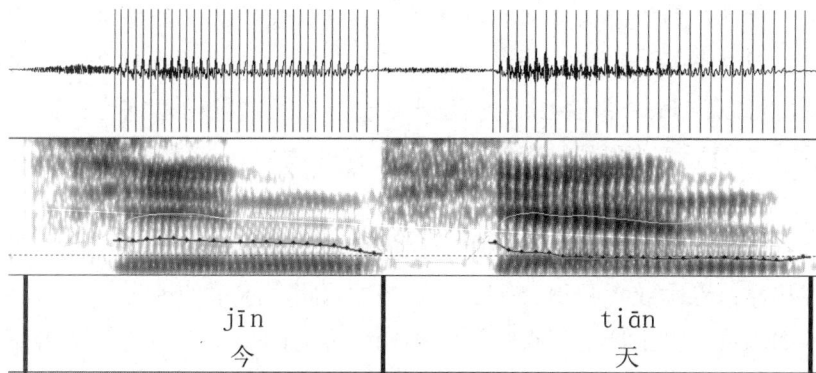

图11-6 "今"（jīn）字阴平与"天"（tiān）字阴平的调值差异

利用 Praat 软件不仅可以帮助习得者进行汉语语音音素方面的听说训练，也可以帮助习得者进行汉语语调、停顿、重音等语流方面的听说训练。如中国标准普通话发音人朗读"大多数人都同意了"这句话时，Praat 软件可以清楚地显示出：全句有三个级别的停顿，从大到小依次位于"大""人"和"都"之后，停顿的时长分别为81ms、64ms、39ms。全句的焦点重音落在"都"上，音高和音强为全句的最大值，分别高达289.83Hz、72.1dB，如图11-7所示。习得者听辨时，耳朵听音，眼睛看图，可以很好地体会各级停顿的细微差异和焦点重音的具体位置，模仿发音也就更加有的放矢。

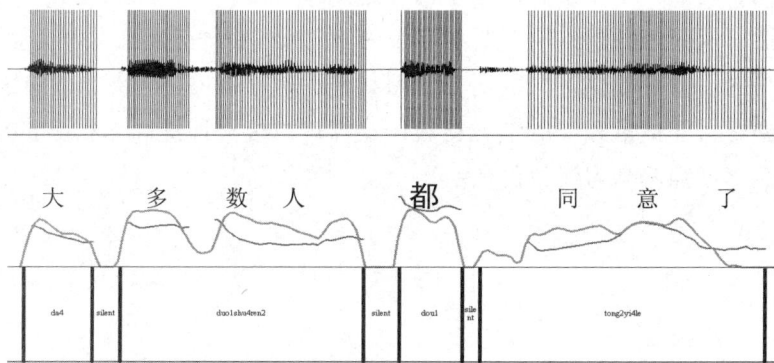

图11-7 "大多数人都同意了"停顿与重音语图表征

习得者还可以利用 Praat 软件在更宏观的层面提高自己的听力和发音水平。比如习得者听一个句子时，因为某一个词语没有听懂，从而导致全句都听不懂。而这个词语有时确实是生词，有时却并不是生词，而是一个最常用、最简单的词语，只是习得者没有习惯听这个词，或者这个词语在语流中的发音与孤立时的发音有很大差异而已。这时习得者就可以在 Praat 软件中，专门选中这个词语进行反复练习，直到烂熟于心为止，而不必总是整句整句地听。类似地，习得者听一篇短文时，因为某一个句子结构太复杂，没有听懂，从而导致对全文不理解。这时习得者也可以在 Praat 软件中，专门选中这个句子进行反复练习，而不必总是整段整段或整篇整篇地听，进而真正做到有的放矢，极大地提高听力训练的效率。

上过听力课的老师都有同感：听力课的最大困难在于很难像精读、阅读、口语等课程那样，老师或者习得者自己可以根据习得者水平的差异，练习不同难度的内容。如阅读，水平低的习得者可以多用一点时间，水平高的习得者可以少用一点时间；口语课，水平低的习得者可以用简单一点的词汇和句型来表达，水平高的习得者可以用难一点的词汇和句型来表达。但是听力课上，播放同一段录音时，老师没有办法做到给水平低的习得者听慢速的，给水平高的习得者听快速的。但是，习得者在课外练习同一汉语听力材料时，可以借助 Praat 软件的语速调整操作功能键［Convert］→［Lengthen（PSOLA）…］（参见图 11 - 8），将录音材料改变成适合自己当前水平的播放语速。如果觉得老师上课时的语速太慢，就可以将图 11 - 9 中的［Factor］键设置成小于 1 的数；如果觉得老师上课时的语速太快，就可以将图 11 - 9 中的［Factor］键设置成大于 1 的数。数值越大，语速就越慢。操作过程中，虽然语速改变了，但是录音中的音质不会改变。利用 Praat 软件的语速调整操作功能，同一个习得者还可以听取同一个词语或句型在不同语速下的发音特点。这一功能，同样可以为习得者提供不同语速的模仿发音范本，即同一句话，先用慢速范本模仿，达到发音准确，再用快速范本模仿，达到发音自然，从而使我们的语音听辨和发音真正做到因材施教、因时施教。既根据不同水平的习得者提供不同的语音学习材料，也根据同一习得者的不同学习时间和不同学习目的提供相应的学习材料，这样可以极大地提高习得者的汉语语音学习积极性，增强其学习汉语的信心。

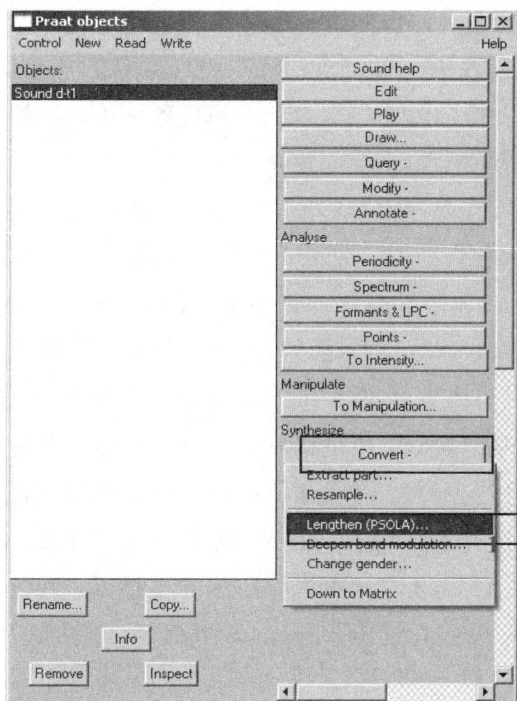

图 11 - 8 语速调整操作功能键［Convert］→［Lengthen（PSOLA）…］

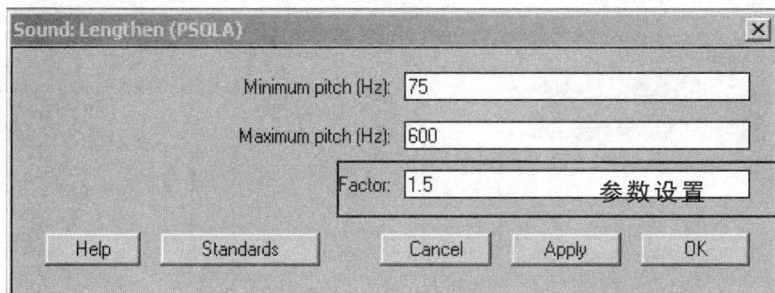

图 11 - 9 语速参数设置功能键［Factor］

三、教师普通话语音教学系统

教师对汉语二语习得者进行普通话语音教学时，不仅要训练习得者的听辨能力，更要引导他们开口表达。教师不单要将标准语音库的语音播放给习得者，还要对习得者的口头表达进行及时的评价和偏误诊断。为了使评价科学、客观、准确，教师不仅要借用平均意见分 MOS（Kitawaki et al.，1984）和满意度测量 DAM

（Voicer，1997）等语音主观评价方法，还应该借鉴基于谱距离评价（Lam & Au，1995）和基于听觉模型评价（Wang et al.，1992）等语音客观评价方法。因此，教师的普通话语音教学任务远比习得者的学习任务繁重。这样，教师的普通话语音教学系统也比习得者的学习系统要复杂。

　　本研究采用的主、客观评价和诊断均以 Praat 软件作为重要工具。如一位印尼被试发汉语 $c\alpha/ts^hA^{55}$/音节时，辅音 c/ts^h/听起来有点像标准普通话 $z\alpha/tsA^{55}$/音节中的 z/ts/，又有点像印尼语 ca/tsa/音节中的 c/ts/。有的教师可能一下子难以作出准确的诊断。如果将标准普通话发音语料样本 $z\alpha/tsA^{55}$/、该被试的汉语发音样本 $c\alpha/ts^hA^{55}$/和其母语发音样本 ca/tsa/剪贴复制到 Praat 软件的同一个窗口中进行对比，通过粗略地观察三者的语图，教师就可以大胆地作出主观判断。从长度上看，三者之间相差不大。从频谱下限看，被试汉语辅音 c/ts^h/（图 11 - 10 中）的频谱下限与标准普通话辅音 z/ts/（图 11 - 10 左）的频谱下限相差甚远，而与其母语 c/ts/（图 11 - 10 右）的频谱下限非常接近。因此可以诊断为：被试将汉语辅音 c/ts^h/错发成了近似其母语 c/ts/的音。

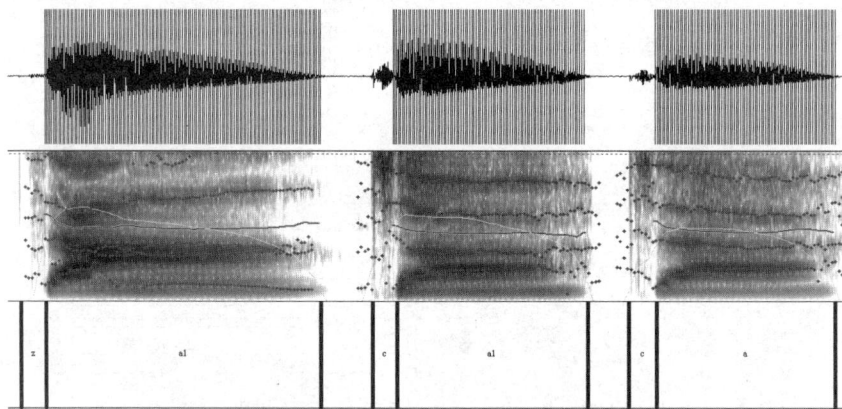

图 11 - 10　标准普通话发音样本 z/ts/、被试汉语 c/ts^h/和其母语 c/ts/语图比较

　　借助 Praat 软件不仅可以帮助教师对汉语二语习得者的汉语发音作出科学的主观评价，还可以通过提取相关参数，帮助教师对汉语二语习得者的汉语发音作出客观的评价。众所周知，不同的发音人发普通话四类声调的绝对音高并不相同，即使同一个发音人发不同语境下的同一类声调的绝对音高也会有很大差异。汉语二语习得者的声调发音更是千姿百态，教师如果单凭自己的主观判断就会显得捉襟见肘，而借助 Praat 软件不仅准确，而且全面。如教师常常感到习得者发普通话双音节轻声组合时存在明显的偏误，但是偏误核心究竟在哪里，却很难作出准确的定位。而借助 Praat 软件，通过编写程序，提取出某一习得者所有双音

节轻声组合发音语料的每一个音节声调的起点音高值、终点音高值、最小音高值、最大音高值及其时长，就可以准确地诊断其偏误的核心在于：调型错误突出表现为趋向水平，调域偏差突出表现为"央化"偏窄；并且，不同的双音节轻声组合，错误调型的出现率和调域偏差的幅度不同，其中上声＋轻声组合的调型错误率最高，阴平＋轻声组合的调域偏差幅度最大；双音节轻声组合中，后字轻声的调型错误与调域偏差，都受到前字的重大影响（王功平，2009）。

　　教师借助该系统，除了对汉语二语习得者的发音进行主观或客观评价和诊断外，也可以用来指导汉语二语习得者的发音。如汉语二语习得者听辨普通话阳平与上声一般问题不大，但是大多数习得者发音时，往往将二者发成同一个调。为了克服这一毛病，教师引导习得者练习时，可以将不含声母和韵母的相同的阳平与上声同时调入 Praat 软件，打开如图 11-11 所示，引导学生一边听录音，一边看软件中的指针指示的语图特征。让习得者在"听＋看"中，体会上声与阳平的最大区别：一是中部靠前的地方尽力向下降，二是最后的音高点要明显低于阳平。

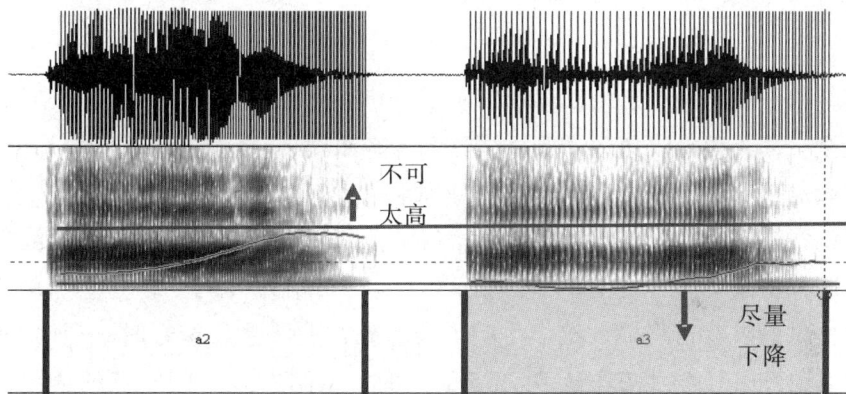

图 11-11　阳平（á）与上声（ǎ）的发音差异

第三节　系统教学实验

一、实验对象

　　实验对象为暨南大学华文学院两个初级班，实验班和对照班的人数分别为23 人和 21 人，分别来自韩国、印度尼西亚、泰国、越南、法国、巴拿马、俄罗斯、乌克兰、委内瑞拉等国家。两个班的男女性别比例、学生年龄、学习汉语的时间均基本相当。

二、实验时间

实验历时一个学期，大约 5 个月，共计 18 周。每周两次，每次两个小时的汉语语音听说训练。

三、实验材料

实验班（非本科班）和对照班（本科班）都使用杨雪梅主编的《汉语听力教程》第二册（北京语言大学出版社 2004 年版），但是两个班使用教材的方式不同，具体差异见表 11 - 1。两个班开设的其他课程类别（如精读、汉字）一样，课程使用的教材也一样，授课教师也基本相当。

四、实验过程

实验前，先对两个班的汉语语音水平进行一次测试，测试的试题、时间、方式都完全一样，包括汉语语音听力测试和发音测试。

实验过程中，对实验班和对照班分别采用了不同的听—说教学方法。二者的主要区别在于：听力训练时，尽管两个班都由研究者一个人上课，上课的内容一样，并同样将录音内容发给学生，让学生可以课后自己练习。但是对照班仅仅按照教材提供的录音材料播放给学生听。实验班在上课播放录音时，利用 Praat 提供可视的语图，让学生在耳朵听录音的同时，眼睛看到不同发音的语图；利用 Praat 剪贴功能，科学地改变教材录音材料顺序，将一些留学生容易混淆的相似语音摆放在一起，进行密集的"音 + 图"对比（如图 11 - 6 所示）；教师讲解这些相似语音的差异时，也不仅是口头解释和放听录音，同时借助语图特征进行区分；并指导学生借助 Praat 软件的语速调整操作功能，对同一录音材料改变成不同的语速进行练习。

口语训练过程中，对照班只是一般性地模仿教师或者教材录音，而实验班在口头模仿的同时，眼睛可以看到所模仿语音的语图，以更好地控制自己的发音情况。模仿同一材料时，对照班只有一种语速；而实验班则利用 Praat，有时改变成慢速模仿，有时改变成快速模仿。教师讲解相似语音发音差异时，对照班仅仅是口头解释 + 模仿；实验班则是口头解释 + 发音模仿 + 语图对照。教师评价或者诊断对照班学生的发音偏误时，只是口头主观说明；评价或者诊断实验班学生的发音偏误时，除了口头主观说明外，还提供客观的语图解释（如图 11 - 10 所示）。实验班还指导学生利用 Praat 的精确选择功能，有的放矢地反复练习一些难词、难句的发音。两班教学的差异归纳如表 11-1 所示。

表 11-1　两个班训练方法和教材使用方式的差异

	实验班	对照班
听力训练	耳听录音＋眼看语图	仅仅听
	利用 Praat 剪贴功能，进行密集对比	遵照教材录音顺序
	利用 Praat 有针对性地改变语速听	遵照教材录音语速
	利用 Praat 有选择有重点地反复听	一般地反复听
	利用 Praat 显示的语图讲解相似语音的差异	一般地讲解相似语音的差异
口语训练	口模仿＋眼看图	单一地模仿
	利用 Praat 语图对比发相似语音	一般性地对比发相似语音
	改变语速模仿发音	按教材语速模仿发音
	利用 Praat 主观＋客观评价学生发音	仅主观性地评价学生发音
	利用 Praat 突出句子难词的发音	一般地重复句子发音

实验结束后，对两个班进行统一测试。测试的试题、时间、方式都完全一样。测试仍包括听和说两个部分。听力试题的评阅由研究者一人完成，发音测试的录音，由三位受过语音专业训练的研究生共同评分，然后计算平均分。

测试结束后，对实验班和对照班学生的听和说两项成绩进行两个独立样本的 t 检验。

五、实验结果

通过对实验前两组被试的听力成绩进行两个独立样本的 t 检验，结果显示，对照班感知的平均分为 49.250，标准差为 5.192；实验班感知的平均分为 47.163，标准差为 5.761（见表 11-2）。$p=0.658>0.05$，说明两组被试的感知成绩无显著差异。

表 11-2　实验前实验班和对照班的听力测试成绩

	N	Mean	Std. Deviation	Std. Error Mean
对照班	21	49.250	5.192	1.835
实验班	23	47.163	5.761	1.970

同样，通过对实验前两组被试的发音成绩进行两个独立样本的 t 检验，结果显示，对照班发音的平均分为 35.501，标准差为 3.691；实验班发音的平均分为 33.153，标准差为 3.956（见表 11 – 3）。$p = 0.705 > 0.05$，说明两组被试的发音成绩也无显著差异。

表 11 – 3　实验前实验班和对照班的发音测试成绩

	N	Mean	Std. Deviation	Std. Error Mean
对照班	21	35.501	3.691	1.048
实验班	23	33.153	3.956	1.192

上述结果说明实验前两班的总体成绩无显著差异，对照班的成绩略微好于实验班。

通过对实验后两组被试的感知成绩进行两个独立样本的 t 检验，结果显示，对照班感知的平均分为 67.515，标准差为 11.034；实验班感知的平均分为 83.172，标准差为 6.976（见表 11 – 4）。$p = 0.001 < 0.01$，说明两组被试的感知成绩存在显著差异，即实验班的听力成绩显著好于对照班。

表 11 – 4　实验后实验班和对照班的听力测试成绩

	N	Mean	Std. Deviation	Std. Error Mean
对照班	21	67.515	11.034	3.158
实验班	23	83.172	6.976	2.169

同样，通过对实验后两组被试的发音成绩进行两个独立样本的 t 检验，结果显示，对照班的发音平均分为 53.692，标准差为 10.530；实验班的发音平均分为 76.835，标准差为 6.963（见表 11 – 5）。$p = 0.001 < 0.01$，说明两组被试的发音成绩存在显著差异，即实验班的口语成绩显著好于对照班。

表 11 – 5　实验后实验班和对照班的发音测试成绩

	N	Mean	Std. Deviation	Std. Error Mean
对照班	21	53.692	10.530	5.069
实验班	23	76.835	6.963	3.721

第四节　讨论与结论

实验中的两个班，所处的教学环境相同，开设的课程完全一样，其他课程的教学方法和教学时间基本一样，他们实验前的汉语基础也基本相当。实验前后两班的听力和发音成绩产生了显著的差异，说明以上语音听说训练系统达到了很好的效果。整个实验过程都是在自然状态下进行的，即学生不知道教师在进行教学实验。实验后，我们对实验班的有关学生进行了访谈，他们都认为这种语音教学系统对他们学习汉语语音很有帮助。

该系统在使用过程中必须注意以下五点：

（1）先要让学生学会 Praat 软件的基本操作，教师讲解其操作过程时，不要用过多的语言解释，而要手把手地操作演示。

（2）教学生观察 Praat 所显示的语图特征时，不必要求全面，更不必要求精深，达到研究的水平，只要能了解大概轮廓，如哪些表示声母，哪些表示韵母，哪些表示声调等，有简单的认识就可以了。

（3）该软件只能播放 WAV 格式的声音文件，因此教师无论是上课还是课后布置听说材料，都要注意先将其他格式的声音文件转化成 WAV 格式后再发给学生。

（4）借助该软件评价汉语二语习得者的发音只是一个参照的相对标准，而不是一个绝对的静止标准。比如四声的发音，不能要求汉语二语习得者发音的音高与中国人标准发音一样高，只要汉语二语习得者发出的四声之间的相对音高比例与中国人的四声音高比例相当就可以了。

（5）让学生自己借助 Praat 软件练习发音时，也不必要求发出的音的各项参数都与中国人的标准普通话一样，只要达到相应比例就可以了。如送气辅音的送气时长，中国人的标准普通话有的可以达到 200ms，汉语二语习得者一般很难达到。只要汉语二语习得者的成对不送气/送气辅音的相对时长拉开距离就可以了。如 d－t，不能 d 的时长是 41ms，t 的时长也只有 63ms。再如阳平与上声的末端音高，不能阳平是 271Hz，上声也是 267Hz。当然该系统在教学中的高效运用，还有待进一步开发和完善。

附　录

附录1　汉语二语习得者普通话单音节声母感知实验材料

1. 姓名（name）：（　　　　　）

2. 性别（gender）：（打"√"）男（　　） 女（　　）

3. 年龄（age）：（打"√"）小于15岁（　　）；15～20岁（　　）；21～25岁（　　）；26～30岁（　　）；30岁以上（　　）

4. 文化程度（educational background）：（打"√"）初中（　　）；高中（　　）；大学及以上（　　）

5. 现在班级（class）：（打"√"）初上（　　）；初下（　　）；中上（　　）；中下（　　）；高级（　　）

6. 学习汉语时间（the time of studying Chinese）：（　　　）月

7. 你是华裔吗？（Are you ethnic Chinese?）：（打"√"）是（　　　）；不是（　　　）

b p m f d t n l g k h j q x z c s zh ch sh r

每个音节听两遍，听后写出各个音节的声母。

cuò	huī	bā	liū	niū
fāng	chǎo	suō	lù	sī
chōu	dī	tuán	sōu	mā
dāo	huā	tī	bī	duǎn
fú	zhuī	zuō	nī	luó
bāo	zhè	guī	miàn	shuí
zhōu	tū	lǔ	nài	tōu
bēi	nā	nán	zhī	guā
zhāo	jū	mín	sū	tè
jī	zī	shū	sūn	bīn
xīn	tīng	mī	pāo	mù
xiǎo	zuì	nián	mú	shùn
huò	zū	shuō	nèi	hā

zhēn	kāo	qūn	nuó	fù
fān	biāo	kē	sā	gā
jīn	chā	diē	sǎo	jiǔ
ruò	mān	zǎo	zhū	cī
guò	chēn	zān	suí	nüè
fā	shè	shān	lè	pīn
cūn	dīng	lián	tiāo	dū
jūn	kā	juān	jiāo	kuī
chuī	chuō	tiē	zā	zēn
lüè	pù	féi	shǎo	sè
mǒu	zōu	qiē	bō	cān
qī	xū	gē	dé	bǔ
cuī	lán	lī	quān	qiǎo
duī	bù	cū	chè	kuò
hān	dā	shī	lā	piāo
méi	tuī	jué	nǔ	fēn
zhǔn	pēi	xué	cè	tuō
tā	qiū	zūn	xūn	xiū
rè	rán	nù	cā	xī
chū	gū	cǎo	xiē	diāo
chī	chūn	hē	qué	cēn
kū	pī	duō	zhān	zé
rùn	kuā	zhā	sēn	hū
qīn	rén	gāo	piē	fǒu
ruì	gān	dōu	hǎo	pǔ
kān	pā	shā	hóu	qū
shēn	lài	tāo	nín	lín
kǒu	rù	rǎo	jiē	shōu
pō	biē	chān	róu	
gǒu	sān	zhuō	xuān	

说明：感知测试时，表中各个音节的声母都是空的。

附录 2　汉语二语习得者普通话单音节舌尖前/后塞擦辅音感知实验材料

1. 姓名（name）：（　　　　　）

2. 性别（gender）：（打"√"）男（　　）　　女（　　）

3. 年龄（age）：（打"√"）小于 15 岁（　　）；15～20 岁（　　）；21～25 岁（　　）；26～30 岁（　　）；30 岁以上（　　）

4. 文化程度（educational background）：（打"√"）初中（　　）；高中（　　）；大学及以上（　　）

5. 现在班级（class）：（打"√"）初上（　　）；初下（　　）；中上（　　）；中下（　　）；高级（　　）

6. 学习汉语时间（the time of studying Chinese）：（　　　　）月

7. 你是华裔吗？（Are you ethnic Chinese?）：（打"√"）是（　　　）；不是（　　　）

b　p　m　f　d　t　n　l　g　k　h　j　q　x　z　c　s　zh　ch　sh　r
听后填出每个音节中的声母，每个音节听两遍。

sì	sǔ	cà	shá	zhá	cà	sǐ	cì	sī
cǎ	cǐ	shī	zí	chǎ	zī	zǎ	zǔ	chà
sī	rì	jū	sǎ	zà	zhà	sú	shú	qí
chú	cā	shū	xǐ	shā	qú	cù	rǐ	sā
xù	chà	zhā	zǐ	rú	zhù	shí	jù	cá
jǔ	zhí	cù	cí	zú	rù	chā	zū	xì
cǐ	shí	sá	chǔ	chǔ	zā	shǔ	shà	sí
sà	zhú	xǔ	zú	cì	chá	qū	cí	cǔ
xī	shī	zhī	cī	zhà	zhì	zhī	jí	shù
cǔ	qī	shǐ	chì	sù	shǔ	tí	zhì	qǐ
zī	rú	zá	zì	chú	rí	chì	shí	shà
chī	sū	zhǐ	sà	sá	jǐ	cū	zù	chā
tì	cú	chù	zǐ	chá	chǐ	zù	sū	rǔ
sí	shù	sā	chī	sǔ	shǐ	xú	zhǔ	shú
zhú	zū	zhā	jì	zhǔ	zhū	shǎ	chū	chǐ
qì	qù	zǔ	zhǐ	cī	cā	chū	zá	shá
tā	zhǎ	jī	xí	sù	chí	rū	chù	chí
zhū	sǎ	zí	zà	zhí	zhá	shū	sì	shǎ
cū	shā	sǐ	cú	cá	sú	zì	zhǎ	zhù
tǎ	zā	chǎ	shī	xū	zǎ	jú	cǎ	qǔ

说明：感知测试时，表中各个音节的声母都是空的。

附录3 汉语二语习得者普通话单音节舌尖前/后辅音发音实验材料

1. 姓名（name）：（ ）

2. 性别（gender）：（打"√"）男（ ） 女（ ）

3. 年龄（age）：（打"√"）小于15岁（ ）；15~20岁（ ）；21~25岁（ ）；26~30岁（ ）；30岁以上（ ）

4. 文化程度（educational background）：（打"√"）初中（ ）；高中（ ）；大学及以上（ ）

5. 现在班级（class）：（打"√"）初上（ ）；初下（ ）；中上（ ）；中下（ ）；高级（ ）

6. 学习汉语时间（the time of studying Chinese）：（ ）月

7. 你是华裔吗？（Are you ethnic Chinese?）：（打"√"）是（ ）；不是（ ）

朗读下面的音节。

zá	rì	sǎ	zhǔ	chà	zù	tǎ	zà	chì
zì	sá	rú	chǐ	qī	sū	zí	shù	chù
cà	qǔ	shǐ	shà	zhī	zhù	cì	cū	sà
chù	zhí	jú	zhǔ	cá	zà	zhū	zhì	chú
zhá	shì	shū	xù	zǐ	shǔ	sí	jī	sù
chá	zhū	qù	chí	sù	cǎ	chū	cǎ	shǎ
zǎ	chí	sī	shí	zhā	shú	shǎ	zú	chī
sū	cī	rǔ	sà	shá	chá	sǐ	tí	jí
cú	sì	sì	jù	cí	qú	chā	zhī	chū
zhì	shǔ	cǔ	zú	chǎ	zhǎ	xì	chà	rǔ
sí	jǐ	shǐ	shī	sā	cī	cì	cá	xǔ
zá	qí	xí	qì	chú	cǐ	zhǐ	zū	cū
shū	chī	chǔ	zǔ	zā	rǔ	xū	sú	shì
xú	shí	jǔ	xī	chā	zì	cā	qǐ	cǔ
zā	zhí	tì	cù	cù	cí	rù	zhá	rū
sǔ	sá	cā	sī	zhú	zhǎ	zhā	rù	cà
zǐ	zhà	zhǐ	qū	shī	chǐ	zǔ	zī	shù
sā	shú	cú	chǔ	zù	zhú	shá	sǐ	tā
cǐ	sú	zí	zǎ	xǐ	chì	shā	chǎ	shà
shā	zhà	sǎ	jì	zī	sǔ	jū	zhù	zū

附录4 汉语二语习得者母语单音节辅音发音实验材料

1. 姓名（name）：（　　　　）
2. 性别（gender）：（打"√"）男（　）　女（　）
3. 年龄（age）：（打"√"）小于15岁（　）；15～20岁（　）；21～25岁（　）；26～30岁（　）；30岁以上（　）
4. 文化程度（educational background）：（打"√"）初中（　）；高中（　）；大学及以上（　）
5. 现在班级（class）：（打"√"）初上（　）；初下（　）；中上（　）；中下（　）；高级（　）
6. 学习汉语时间（the time of studying Chinese）：（　　）月
7. 你是华裔吗？（Are you ethnic Chinese?）：（打"√"）是（　　）；不是（　　）

朗读下面的印尼语。

syi	zus	zat	cik	syik
ip	is	us	as	zi
cik	zus	ju	ru	sus
ri	sya	zi	cu	ru
ca	za	syur	syak	zu
za	zip	ra	up	sis
ap	us	ja	cap	ju
us	sa	su	syu	sa
ap	zul	as	ci	zip
is	ji	up	sas	si
ja	syi	is	ji	ra
syu	us	cus	cur	ci
cur	sis	ip	is	sya
zul	syur	sus	syak	cu
ca	zu	cus	si	ri
sas	su	zat	cap	syik

附录5　汉语二语习得者普通话同辅音同元音双音节舌尖前／后辅音感知实验材料

1. 姓名（name）：（　　　　　）

2. 性别（gender）：（打"√"）男（　）　女（　）

3. 年龄（age）：（打"√"）小于15岁（　）；15～20岁（　）；21～25岁（　）；26～30岁（　）；30岁以上（　）

4. 文化程度（educational background）：（打"√"）初中（　）；高中（　）；大学及以上（　）

5. 现在班级（class）：（打"√"）初上（　）；初下（　）；中上（　）；中下（　）；高级（　）

6. 学习汉语时间（the time of studying Chinese）：（　　）月

7. 你是华裔吗？（Are you ethnic Chinese?）：（打"√"）是（　　）；不是（　　）

听两遍，写出下面各个音节的声母。

zhúzhú	zùzù	súsú	càcà	cùcù	cācā
sāsā	cūcū	zūzū	súzì	sháshá	zhīzú
chǐchǐ	shīshī	císù	shúshú	chūshì	sīsī
sásá	chìchì	zǎzǎ	zǔzú	shǐshǐ	lìzú
zhāzhā	jícù	súsū	chàchà	chīchī	sìchù
cící	shàshà	zízí	zhàzhà	jíchǔ	jīsī
zǐzǐ	chūsì	sùshí	cúcú	zhūzhū	sìsì
shǎshǎ	zhùshì	zhìzhì	zīzī	shùzhī	cháchá
sùzhì	zázá	shìshì	cízǔ	sǔsǔ	zìzì
zhīzhī	cǐcǐ	jìshù	chūzhí	zàzà	shǔshǔ
shíshí	zhǔzhǔ	zhǎzhǎ	zhīchū	cīcī	cǎcǎ
chǎchǎ	shāshā	chūchū	sísí	chíchí	zházhá
zhǐzhǐ	chúchú	shūshū	cíqì	shísù	shùzì
shùshù	cǔcǔ	chāchā	zhīzhù	zāzā	chǔchǔ
cìcì	sǎsǎ	zúzú	cìjī	sǐsǐ	sàsà
zhùzhù	zhùcí	sùsù	chùchù	cácá	zhízhí

说明：感知测试时，表中各个音节的声母都是空的。

附录 6　汉语二语习得者普通话同辅音不同元音双音节舌尖前/后辅音感知实验材料

1. 姓名（name）：（　　　　　　）

2. 性别（gender）：（打"√"）男（　）　女（　）

3. 年龄（age）：（打"√"）小于 15 岁（　）；15～20 岁（　）；21～25 岁（　）；26～30 岁（　）；30 岁以上（　）

4. 文化程度（educational background）：（打"√"）初中（　　）；高中（　）；大学及以上（　　）

5. 现在班级（class）：（打"√"）初上（　　）；初下（　）；中上（　）；中下（　）；高级（　）

6. 学习汉语时间（the time of studying Chinese）：（　　　）月

7. 你是华裔吗？（Are you ethnic Chinese?）：（打"√"）是（　　　）；不是（　　　）

听两遍，写出下面每个音节的声母。

chūsì	shīcè	súzì	zìzhā	shìchē
zázī	chūzhí	lìzú	cūcí	zázǔ
shūshì	jícù	sìchù	sùzhì	císù
dàshī	shìshā	zhīzhù	jìshù	chūshì
cūcā	sùsǎ	chūchī	cìjī	sāsī
sùshí	jíchǔ	shīshū	shāshí	zǔzá
jīsī	sùsī	cācù	zhúzhī	cācī
chūchá	cìcù	zhāzhú	cízǔ	cháchǔ
jīchē	shāshù	chīchū	shùzì	zúzī
zhīchū	zázhī	sǎsù	cìcā	shūshā
shùzhī	cíqì	zìzú	sīsú	zìzā
cháchí	zhùzhā	chīchá	zhìzhā	shísù

说明：感知测试时，表中各个音节的声母都是空的。

附录7 汉语二语习得者普通话不同辅音同元音双音节舌尖前/后辅音感知实验材料

1. 姓名（name）：（　　　　　　）

2. 性别（gender）：（打"√"）男（　　）　　女（　　）

3. 年龄（age）：（打"√"）小于 15 岁（　　）；15～20 岁（　　）；21～25 岁（　　）；26～30 岁（　　）；30 岁以上（　　）

4. 文化程度（educational background）：（打"√"）初中（　　）；高中（　　）；大学及以上（　　）

5. 现在班级（class）：（打"√"）初上（　　）；初下（　　）；中上（　　）；中下（　　）；高级（　　）

6. 学习汉语时间（the time of studying Chinese）：（　　　　）月

7. 你是华裔吗?（Are you ethnic Chinese?）：（打"√"）是（　　　）；不是（　　　）

听两遍，写出下面每个音节的声母。

shāzá	chūsù	cūshū	sìcì	zìsù	zhìsǐ
cāzhá	qíchē	shùsù	chācǎo	shīzī	cìjī
chūzhù	zàizhǎo	cǐchí	zásǎ	jícù	zúzhǔ
shìchē	sìshí	sùshí	cùchū	zǎochǎ	shùzì
cāsǎo	súzǔ	cūsú	sǎshā	cūzú	chīsī
shīcí	zhīzhù	zhìcí	chūsì	sāzhá	zhàcài
zhùcí	cìzǐ	cízǔ	sācā	zhùchù	cīsī
shūchū	chīshí	shìchǐ	zìzhì	cíqì	zìcí
zúcū	zhùzú	zǎocāo	chāzá	zhīchí	chūzhí
shàzhá	chàzhá	jīsī	sìchù	chúshù	cūzhú
císhì	zìsī	sùshù	cízhí	sháchā	zhǎosǎn
lìzú	sīzhǐ	zhíshì	záshì	zìsī	shùzhī
sùchù	chìzì	sùzhì	cāchá	zhǎoshǎo	shízhì
chūshì	zhùsù	shǎsǎ	sāchá	jīchǔ	zìshù
zhīchū	shūzhǔ	zhàzá	zhǔcù	chìcí	chásǎ
cāzǎo	zhǎochá	chūzū	chāshā	sǎzá	chūcuò
shǔcuò	shǎcā	zìchí	zūshū	zhīzú	zūchū
cāshā	zīshì	shísì	chízhì	shísù	shūzǔ
súzì	sùcù	sùzhǔ	sīchī	dàshī	zhùshù
zūsù	jìshù	zhùshì	císù	zhìzì	shīcè

说明：感知测试时，表中各个音节的声母都是空的。

附录8 汉语二语习得者普通话同辅音同元音双音节舌尖前/后辅音发音实验材料

1. 姓名（name）：（　　　　　）
2. 性别（gender）：（打"√"）男（　）　女（　）
3. 年龄（age）：（打"√"）小于15岁（　）；15~20岁（　）；21~25岁（　）；26~30岁（　）；30岁以上（　）
4. 文化程度（educational background）：（打"√"）初中（　）；高中（　）；大学及以上（　）
5. 现在班级（class）：（打"√"）初上（　）；初下（　）；中上（　）；中下（　）；高级（　）
6. 学习汉语时间（the time of studying Chinese）：（　　　）月
7. 你是华裔吗？（Are you ethnic Chinese?）：（打"√"）是（　　）；不是（　　）

朗读下面的音节。

shísù	súzì	zhùshì	chìchì	sūsū	lìzú
zǎzǎ	zhūzhū	chīchī	chúchú	jicù	zúzú
shùzhī	sásá	zházhá	jīchǔ	súsú	sùzhì
chūshì	zhīzhù	cǐcǐ	sháshá	chǐchǐ	zìzì
zùzú	càcà	sàsà	cǔcǔ	zhízhí	sǔsǔ
sìchù	zhāzhā	cīcī	sísí	chūchū	zhàzhà
jìshù	cūcū	zhǔzhǔ	chùchù	zázá	cíqì
zhùzhù	shùzì	shǐshǐ	cháchá	císù	shūshū
cúcú	cìcì	zǔzǔ	sāsā	sùsù	cìjī
sǎsǎ	zhìzhì	shāshā	zhúzhú	cācā	sùshí
zhǐzhǐ	shìshì	cǎcǎ	shùshù	zūzū	zízí
cící	zhīzú	sīsī	zāzā	chūsì	shúshú
zàzà	cácá	cízǔ	shǎshǎ	shàshà	chūzhí
shīshī	shǔshǔ	zǐzǐ	cùcù	cháchà	zhùcí
chíchí	zhīzhī	chāchā	shíshí	sǐsǐ	sìsì
jīsī	chǔchǔ	zhǎzhǎ	zīzī	zhīchū	cháchǎ

附录9　汉语二语习得者普通话同辅音不同元音双音节舌尖前／后辅音发音实验材料

1. 姓名（name）：（　　　　　）

2. 性别（gender）：（打"√"）男（　）　女（　）

3. 年龄（age）：（打"√"）小于15岁（　）；15～20岁（　）；21～25岁（　）；26～30岁（　）；30岁以上（　）

4. 文化程度（educational background）：（打"√"）初中（　）；高中（　）；大学及以上（　）

5. 现在班级（class）：（打"√"）初上（　）；初下（　）；中上（　）；中下（　）；高级（　）

6. 学习汉语时间（the time of studying Chinese）：（　　　）月

7. 你是华裔吗？（Are you ethnic Chinese?）：（打"√"）是（　　　）；不是（　　　）

朗读下面的音节。

shāshí	cūcā	cháchí	jìshù	chūshì
zhāzhú	zúzī	sùsī	shùzì	shísù
cācī	sìchù	zhùzhā	jīsī	cháchǔ
jǐchǔ	cìcā	císù	chūchá	zǔzá
cācù	chūsì	sāsī	shīcè	jīchē
sùsǎ	zhīchū	zìzhā	zhìzhā	sùzhì
chīchá	súzì	shūshì	sīsú	lìzú
zìzú	cìcù	chīchū	zhīzhù	shāshù
shūshā	shīshū	sǎsù	shìshā	cūcí
dàshī	zhúzhī	chūchī	chūzhí	shùzhī
zázǔ	cìjī	jícù	cízǔ	cíqì
shìchē	sùshí	zázhī	zìzā	zázī

附录 10 汉语二语习得者普通话不同辅音同元音双音节舌尖前/后辅音发音实验材料

1. 姓名（name）：（　　　　　）

2. 性别（gender）：（打"√"）男（　　） 女（　　）

3. 年龄（age）：（打"√"）小于 15 岁（　　）；15～20 岁（　　）；21～25 岁（　　）；26～30 岁（　　）；30 岁以上（　　）

4. 文化程度（educational background）：（打"√"）初中（　　）；高中（　　）；大学及以上（　　）

5. 现在班级（class）：（打"√"）初上（　　）；初下（　　）；中上（　　）；中下（　　）；高级（　　）

6. 学习汉语时间（the time of studying Chinese）：（　　　）月

7. 你是华裔吗？（Are you ethnic Chinese?）：（打"√"）是（　　　）；不是（　　　）

朗读下面的音节。

cízhí	cíqì	zhùshù	zīshì	shǎcā	zìcí
zhǎochá	shìchē	chūzhù	zhùzú	chūsù	sùzhǔ
shízhì	zhìzì	shīcè	cízǔ	zūchū	zǎochǎ
cūzú	chācǎo	chāzá	zìsù	chìzì	cāzhá
shǔcuò	zìsī	sìshí	chàzhá	zǎocāo	cūshū
zhīchí	cāsǎo	zhīzhù	súzǔ	dàshī	zhǔcù
sācā	zhìsǐ	sìchù	cùchū	sháchā	zhíshì
zhàzá	súzì	zūshū	záshì	sùshí	shīcí
cāzǎo	chūshū	chūsì	sǎshā	cāchá	cìjī
shùzhī	zhǎoshǎo	zìzhì	zūsù	shūzhǔ	sìcì
chìcí	sùchù	zhùshì	chūcuò	zásǎ	zúzhǔ
zìsī	chūzhí	chīshí	zìshù	cizi	shìchǐ
shísù	jìshù	sǎzá	cūzhú	zúcū	sùcù
zhǎosǎn	shāzá	jícù	chízhì	zhùcí	zhīchū
shǎsǎ	zhīzú	sāchá	císhì	chīsī	sùshù
cīsī	shīzī	zàizhǎo	shùzì	shísì	cūsú
sīzhǐ	zhācài	jīchǔ	zhùsù	jīchē	sīchī
chāshā	chúshù	zhìcí	shūchū	shūzǔ	zhùchù
sāzhá	shàzhá	cǐchí	zìchí	cāshā	lìzú
jīsī	císù	shùsù	chūzū	chásǎ	sùzhì

附录 11　汉语二语习得者母语（印尼语）双音节发音实验材料

1. 姓名（name）：（　　　　　　）

2. 性别（gender）：（打"√"）男（　）　女（　）

3. 年龄（age）：（打"√"）小于 15 岁（　）；15～20 岁（　）；21～25 岁（　）；26～30 岁（　）；30 岁以上（　）

4. 文化程度（educational background）：（打"√"）初中（　）；高中（　）；大学及以上（　）

5. 现在班级（class）：（打"√"）初上（　）；初下（　）；中上（　）；中下（　）；高级（　）

6. 学习汉语时间（the time of studying Chinese）：（　　）月

7. 你是华裔吗？（Are you ethnic Chinese?）：（打"√"）是（　　）；不是（　　）

朗读下面的印尼语。

suka	baca	susu	jijik	jejek
zizit	cucur	cicak	asyik	rasa
dahsyat	sasi	suci	cebir	zuhur
susil	lucu	jaja	laci	juju
azas	cicit	sisa	cita	cuma
susul	sejak	uzur	zebra	sama
cik	cocok	cacat	secepat	cuca
jojol	zohor	nasi	caci	zamzam
susah	sosok	sisi	sisurut	sini
zinah	zakar	cucu	zuzu	lesu
sejak	secepat	sasa	sosok	cocok
cuci	Nazi	cece	cici	sassus
sisip	caca	masyuk	cabe	zohor
zebra	jejap	susi	sasar	

附录12 汉语二语习得者普通话单音节舌尖前/后辅音第一次纵向感知实验材料

1. 姓名（name）：（　　　　　　）

2. 性别（gender）：（打"√"）男（　）　女（　）

3. 年龄（age）：（打"√"）小于15岁（　）；15～20岁（　）；21～25岁（　）；26～30岁（　）；30岁以上（　）

4. 文化程度（educational background）：（打"√"）初中（　　）；高中（　）；大学及以上（　）

5. 现在班级（class）：（打"√"）初上（　　）；初下（　）；中上（　）；中下（　）；高级（　）

6. 学习汉语时间（the time of studying Chinese）：（　　）月

7. 你是华裔吗？（Are you ethnic Chinese?）：（打"√"）是（　　）；不是（　　）

b p m f d t n l g k h j q x z c s zh ch sh r

听后填出每个音节中的声母，每个音节听两遍。

chǔ	chǔ	shà	sí	cǐ	shí	sá	zā	shǔ
zú	cì	cí	cǔ	sà	zhú	xǔ	chá	qū
cī	zhà	jí	shù	xī	shī	zhī	zhì	zhī
chì	sù	zhì	qǐ	cǔ	qī	shǐ	shǔ	tí
zì	chú	shí	shà	zī	rú	zá	rí	chì
sà	sá	zù	chā	chī	sū	zhǐ	jǐ	cū
zǐ	chá	sū	rǔ	tì	cú	chù	chǐ	zù
chī	sǔ	zhǔ	shú	sí	shù	sā	shǐ	xú
jì	zhǔ	chū	chǐ	zhú	zū	zhā	zhū	shǎ
zhǐ	cī	zá	shá	qì	qù	zǔ	cā	chū
xí	sù	chù	chí	tā	zhǎ	jī	chí	rū
zà	zhí	sì	shǎ	zhū	sǎ	zí	zhá	shū
cú	cá	zhǎ	zhù	cū	shā	sǐ	sú	zì
shī	xū	cǎ	qǔ	tǎ	zā	chǎ	zǎ	jú
shá	zhá	cì	sī	sì	sǔ	cà	cà	sǐ
zí	chǎ	zǔ	chà	cǎ	cǐ	shī	zī	zǎ
sǎ	zà	shú	qí	sī	rì	jū	zhà	sú
xǐ	shā	rǔ	sā	chú	cā	shū	qú	cù
zǐ	rú	jù	cá	xù	chà	zhā	zhù	shí
cí	zú	zū	xì	jǔ	zhí	cù	rù	chā

说明：感知测试时，表中各个音节的声母都是空的。

附录13　汉语二语习得者普通话单音节舌尖前/后辅音第二次纵向感知实验材料

1. 姓名（name）：（　　　　　）

2. 性别（gender）：（打"√"）男（　）　　女（　）

3. 年龄（age）：（打"√"）小于15岁（　）；15～20岁（　）；21～25岁（　）；26～30岁（　）；30岁以上（　）

4. 文化程度（educational background）：（打"√"）初中（　　）；高中（　）；大学及以上（　）

5. 现在班级（class）：（打"√"）初上（　）；初下（　）；中上（　）；中下（　）；高级（　）

6. 学习汉语时间（the time of studying Chinese）：（　　）月

7. 你是华裔吗？（Are you ethnic Chinese?）：（打"√"）是（　　）；不是（　　）

b　p　m　f　d　t　n　l　g　k　h　j　q　x　z　c　s　zh　ch　sh　r
听后填出每个音节中的声母，每个音节听两遍。

sì	sǔ	cà	shá	zhá	cà	sǐ	cì	sī
cǎ	cǐ	shī	zí	chǎ	zī	zǎ	zǔ	chà
sī	rì	jū	sǎ	zà	zhà	sú	shú	qí
chú	cā	shū	xǐ	shā	qú	cù	rǐ	sā
xù	chà	zhā	zǐ	rú	zhù	shí	jù	cá
jǔ	zhí	cù	cí	zú	rù	chā	zū	xì
cǐ	shí	sá	chǔ	chǔ	zā	shǔ	shà	sí
sà	zhú	xǔ	zú	cì	chá	qū	cí	cǔ
xī	shī	zhī	cī	zhà	zhì	zhī	jí	shù
cǔ	qī	shǐ	chì	sù	shǔ	tí	zhì	qǐ
zī	rú	zá	zì	chú	rí	chì	shí	shà
chī	sū	zhǐ	sà	sá	jǐ	cū	zù	chā
tì	cú	chù	zǐ	chá	chǐ	zù	sū	rǔ
sí	shù	sā	chī	sǔ	shǐ	xú	zhǔ	shú
zhú	zū	zhā	jì	zhǔ	zhū	shǎ	chū	chǐ
qì	qù	zǔ	zhǐ	cī	cā	chū	zá	shá
tā	zhǎ	jī	xí	sù	chí	rū	chù	chí
zhū	sǎ	zí	zà	zhí	zhá	shū	sì	shǎ
cū	shā	sǐ	cú	cá	sú	zì	zhǎ	zhù
tǎ	zā	chǎ	shī	xū	zǎ	jú	cǎ	qǔ

说明：感知测试时，表中各个音节的声母都是空的。

附录 14   汉语二语习得者普通话单音节舌尖前/后辅音第三次纵向感知实验材料

1. 姓名（name）：（   ）

2. 性别（gender）：（打"√"）男（   ）   女（   ）

3. 年龄（age）：（打"√"）小于 15 岁（   ）；15～20 岁（   ）；21～25 岁（   ）；26～30 岁（   ）；30 岁以上（   ）

4. 文化程度（educational background）：（打"√"）初中（   ）；高中（   ）；大学及以上（   ）

5. 现在班级（class）：（打"√"）初上（   ）；初下（   ）；中上（   ）；中下（   ）；高级（   ）

6. 学习汉语时间（the time of studying Chinese）：（   ）月

7. 你是华裔吗？（Are you ethnic Chinese?）：（打"√"）是（   ）；不是（   ）

b p m f d t n l g k h j q x z c s zh ch sh r
听后填出每个音节中的声母，每个音节听两遍。

zhí	sī	cū	zà	shū	cì	zǔ	xú	shǔ
chī	cí	sǎ	cù	zà	zhǎ	chí	qǔ	sù
xǐ	zí	chǔ	zá	shú	chà	zhá	shì	zǔ
zá	rú	cǐ	jù	zú	zā	qī	cú	sú
shǐ	chì	zhí	sà	sá	chù	tí	xǔ	zū
cī	sǔ	sā	cù	chā	xì	cǎ	xū	shī
shú	zhǎ	zì	rì	zù	chù	chū	chà	zhā
zǎ	cǔ	cǐ	xī	shā	cǔ	zhī	cí	shá
rù	zā	sǔ	qí	cā	zǎ	cú	shǎ	qú
cá	zhū	chī	chū	jí	sù	sǐ	cū	zī
zhǐ	cì	cà	shà	zhū	xù	jì	shī	cǎ
shì	jū	sà	cà	zhú	sí	chā	sū	sì
chǐ	shū	zhī	xí	sā	jī	shá	zì	zhà
zhǐ	zhǔ	chá	zhà	chí	zhǔ	zhù	cá	shǔ
rǔ	sǐ	jǔ	chì	shí	qī	rū	sú	zhì
zī	chá	sǎ	zhú	tì	zù	tā	jí	cā
qù	sí	chǐ	rì	chǎ	jǐ	chú	shí	shà
zū	zǐ	shì	tǎ	qì	sū	sī	qǐ	zǐ
jú	chǔ	cī	shù	zí	zhì	qū	zú	sá
chǎ	zhá	shù	zhā	shā	shǎ	zhù	sì	chú

说明：感知测试时，表中各个音节的声母都是空的。

附录 15　汉语二语习得者普通话单音节舌尖前/后辅音第四次纵向感知实验材料

1. 姓名（name）：（　　　　　）

2. 性别（gender）：（打"√"）男（　）　女（　）

3. 年龄（age）：（打"√"）小于 15 岁（　）；15～20 岁（　）；21～25 岁（　）；26～30 岁（　）；30 岁以上（　）

4. 文化程度（educational background）：（打"√"）初中（　　）；高中（　）；大学及以上（　）

5. 现在班级（class）：（打"√"）初上（　　）；初下（　）；中上（　）；中下（　）；高级（　）

6. 学习汉语时间（the time of studying Chinese）：（　　　）月

7. 你是华裔吗？（Are you ethnic Chinese?）：（打"√"）是（　　　）；不是（　　　）

b　p　m　f　d　t　n　l　g　k　h　j　q　x　z　c　s　zh　ch　sh　r
听后填出每个音节中的声母，每个音节听两遍。

xú	cǎ	chá	sǔ	qū	xǐ	sà	zú	cí
cǎ	zà	shà	qí	sǔ	zhù	tí	sí	shú
sū	jù	chú	zhú	zí	cì	zhū	rǔ	chǔ
zí	zù	rú	chǎ	shú	tì	shǔ	chà	zhǎ
zhā	sī	chù	zǎ	xí	cī	cú	zhì	zǐ
cì	zhī	zī	jì	chā	shí	sǎ	jī	cá
zhǎ	cā	chà	qù	jū	sà	zǔ	chī	zhú
chǎ	zhà	zú	zhū	shà	zhǐ	shǔ	zhí	sú
xī	cá	chá	sǎ	jú	cū	sī	chǐ	shā
dā	zhǔ	cā	zǐ	qì	xù	chū	zhǔ	chí
sí	qǐ	shǎ	xǔ	zhá	zā	shù	sù	sì
shǐ	shī	zhā	dì	cù	sū	xū	cà	cí
qī	cà	zhà	zì	sā	zū	shì	sá	shǐ
shá	chì	shí	shá	sǐ	chā	chù	rú	jí
qǔ	xì	zhī	qú	zá	cú	sú	chī	zà
shù	zǔ	sá	chǔ	chū	shī	cū	zì	cī
chí	sù	cǔ	shì	zǎ	cǔ	zhí	zhá	zá
zū	shū	shā	chǐ	zhǐ	zā	cǐ	cǐ	rù
sā	tǎ	zhù	jǔ	jǐ	rì	zù	sì	chú
chì	zhì	qǐ	cù	zī	sǐ	xí	shū	shǎ

说明：感知测试时，表中各个音节的声母都是空的。

附录 16   汉语二语习得者普通话单音节舌尖前/后辅音第五次纵向感知实验材料

1. 姓名（name）：（   ）

2. 性别（gender）：（打"√"）男（   ）   女（   ）

3. 年龄（age）：（打"√"）小于15岁（   ）；15～20岁（   ）；21～25岁（   ）；26～30岁（   ）；30岁以上（   ）

4. 文化程度（educational background）：（打"√"）初中（   ）；高中（   ）；大学及以上（   ）

5. 现在班级（class）：（打"√"）初上（   ）；初下（   ）；中上（   ）；中下（   ）；高级（   ）

6. 学习汉语时间（the time of studying Chinese）：（   ）月

7. 你是华裔吗？（Are you ethnic Chinese?）：（打"√"）是·（   ）；不是（   ）

b p m f d t n l g k h j q x z c s zh ch sh r
听后填出每个音节中的声母，每个音节听两遍。

chā	sú	zù	sū	sì	qì	cī	qí	chì
shā	chà	cí	shá	chǎ	zhī	sá	zhì	zà
zì	tū	zhǔ	zú	cū	jú	zí	zǎ	jū
tì	zì	sá	sí	zhù	dǔ	shī	cù	sí
chī	shì	zā	zá	sǐ	chā	cǐ	chà	zǔ
zhá	xú	xǐ	cǔ	xì	shú	zǐ	zhā	jī
cí	chù	chǎ	dí	cú	sī	cǐ	tǐ	zà
zī	jí	shǔ	sǎ	shà	cǔ	shú	chǔ	sǐ
shà	zā	chá	xǔ	rù	zá	qǐ	zhù	cū
zū	cù	sù	zhī	cī	xū	zǔ	shǐ	zhū
cā	sà	chí	cú	xī	shù	tā	qū	shǎ
zhú	zhū	jù	zhà	zhú	sā	shī	tì	cà
cá	qú	sū	chī	shū	cá	zhá	sǔ	chǔ
qù	zí	chú	zhí	shí	shū	xù	dī	zhì
zù	shǔ	sǔ	cì	zhā	zǎ	zī	zhǔ	cǎ
jì	chǐ	zhǐ	sǎ	sà	zhǎ	chú	chí	chū
chū	sā	jǔ	zhà	cā	xí	zū	zhǎ	cà
jǐ	chù	tǎ	qǔ	zǐ	shá	shì	shǐ	sù
rú	qī	shí	cǎ	sú	tí	chì	zú	shù
shǎ	shā	chǐ	sì	zhí	zhǐ	chá	sī	cì

说明：感知测试时，表中各个音节的声母都是空的。

附录17　汉语二语习得者普通话单音节舌尖前/后辅音第六次纵向感知实验材料

1. 姓名（name）：（　　　　　）

2. 性别（gender）：（打"√"）男（　）　女（　）

3. 年龄（age）：（打"√"）小于15岁（　）；15~20岁（　）；21~25岁（　）；26~30岁（　）；30岁以上（　）

4. 文化程度（educational background）：（打"√"）初中（　）；高中（　）；大学及以上（　）

5. 现在班级（class）：（打"√"）初上（　）；初下（　）；中上（　）；中下（　）；高级（　）

6. 学习汉语时间（the time of studying Chinese）：（　　）月

7. 你是华裔吗？（Are you ethnic Chinese?）：（打"√"）是（　　）；不是（　　）

b　p　m　f　d　t　n　l　g　k　h　j　q　x　z　c　s　zh　ch　sh　r
听后填出每个音节中的声母，每个音节听两遍。

zhǐ	zǎ	shā	shá	xǐ	qù	chù	cì	qú
cì	sǐ	zhū	qǔ	dī	tā	zǔ	chī	zú
xì	chú	shú	chí	xú	sù	rù	zā	cī
shú	sǐ	chī	tì	tǐ	zhǎ	zhā	jù	zhū
zhī	chū	cǎ	shǐ	sú	shā	zù	sú	cú
cā	sī	jū	xí	zhǔ	sá	zhǐ	tí	shì
sū	zhí	sǔ	chū	qǐ	chà	chā	shǎ	zhǎ
sǔ	chá	chǎ	jǔ	jǐ	sī	chí	cǔ	chǐ
shù	zā	sā	tū	sǎ	chá	shǔ	zū	zhí
zhī	sà	zá	sù	cí	zá	cā	shí	cá
cǐ	cù	zhì	chā	zǔ	cú	shà	shà	cū
chà	cǐ	shù	zhà	zhà	zū	qū	zhǔ	jì
shì	shǎ	chì	cū	chú	cǔ	zhù	zà	zí
jí	cī	xù	dí	zì	chǐ	shī	zhá	sì
shá	chù	sǎ	zǎ	shū	zhá	qì	zǐ	cà
jī	shī	chǔ	zí	zhú	shǔ	zhú	tǎ	zī
xǔ	zhù	sí	xī	cà	zī	sì	zì	jú
chǔ	shí	cù	qī	qí	cá	zhā	cí	sí
shǐ	dǔ	zù	zǐ	xū	zà	sà	cǎ	rú
tì	chǎ	shū	sá	chì	zhì	zú	sā	sū

说明：感知测试时，表中各个音节的声母都是空的。

附录18 汉语二语习得者普通话单音节舌尖前／后辅音第七次纵向感知实验材料

1. 姓名（name）：（   ）

2. 性别（gender）：（打"√"）男（ ） 女（ ）

3. 年龄（age）：（打"√"）小于15岁（ ）；15~20岁（ ）；21~25岁（ ）；26~30岁（ ）；30岁以上（ ）

4. 文化程度（educational background）：（打"√"）初中（ ）；高中（ ）；大学及以上（ ）

5. 现在班级（class）：（打"√"）初上（ ）；初下（ ）；中上（ ）；中下（ ）；高级（ ）

6. 学习汉语时间（the time of studying Chinese）：（   ）月

7. 你是华裔吗？（Are you ethnic Chinese?）：（打"√"）是（   ）；不是（   ）

b p m f d t n l g k h j q x z c s zh ch sh r
听后填出每个音节中的声母，每个音节听两遍。

sǐ	zí	zá	qù	chī	cī	sū	sù	sù
dī	jù	zhǐ	cū	jǔ	zhǎ	xí	zā	chǔ
zhǎ	zǔ	zù	zhù	chǎ	cí	shā	chā	cì
cá	sí	qú	sà	cà	shǐ	chà	zhí	shū
sǐ	zhā	shū	zhú	zī	qū	jū	shú	zì
cù	xǐ	zǐ	cī	tū	sǔ	zhí	sā	zhǐ
sà	zà	sǎ	sí	cā	chú	xì	zhǔ	qí
zhì	cǐ	zhū	rù	jí	dú	shǔ	sú	zhú
cū	zhū	chì	sā	zhá	shì	xǔ	zǎ	zǔ
shú	tì	shā	dí	cǔ	shù	jī	shǎ	cá
cú	zhù	shī	zhà	sū	sǔ	chā	zá	zí
tì	zhá	dǔ	shí	cí	cì	shá	tā	chá
shǐ	cú	shá	zù	shì	shí	jì	chú	chí
chū	cù	zhǔ	chǎ	tǐ	cǎ	cǔ	zǐ	sì
zǎ	xù	chǐ	shǔ	zhī	shǎ	chǐ	cà	chù
sá	zhī	chá	sī	zà	qī	cǐ	shà	sì
xú	zú	shà	zā	tí	chī	zū	zhà	sǎ
chǔ	xū	cǎ	chà	zī	sá	sú	zū	chì
shù	zhā	chù	zhì	shī	zú	xī	qǔ	cā
qǐ	sī	chí	tǎ	jú	qì	zì	chū	jǐ

说明：感知测试时，表中各个音节的声母都是空的。

附录 19　汉语二语习得者普通话单音节舌尖前/后辅音第二次纵向发音实验材料

1. 姓名（name）：（　　　　　　）

2. 性别（gender）：（打"√"）男（　）　女（　）

3. 年龄（age）：（打"√"）小于 15 岁（　）；15～20 岁（　）；21～25 岁（　）；26～30 岁（　）；30 岁以上（　）

4. 文化程度（educational background）：（打"√"）初中（　）；高中（　）；大学及以上（　）

5. 现在班级（class）：（打"√"）初上（　）；初下（　）；中上（　）；中下（　）；高级（　）

6. 学习汉语时间（the time of studying Chinese）：（　　）月

7. 你是华裔吗？（Are you ethnic Chinese?）：（打"√"）是（　　）；不是（　　）

朗读下面的音节。

rú	zí	shú	zhù	cì	zà	chī	sǎ	xú
cī	jù	cá	shù	shí	zǐ	sù	shǐ	chí
zī	zǔ	rǔ	jī	xù	rǔ	qī	zhà	cǔ
chá	sí	xì	cù	cú	jǔ	shá	qǔ	tí
cí	zhā	xǐ	sǎ	chù	zhá	shī	sǔ	zǔ
shū	xǐ	zhǔ	shǎ	cà	shù	cī	zū	cù
zhá	zà	qū	tì	cǔ	chì	cū	chù	chǐ
qú	cǐ	zù	chì	jí	sí	qí	cǎ	chū
chā	zhū	cǐ	shǎ	zǐ	sì	chā	xī	sā
sá	tì	jǐ	qù	zhǐ	sà	zá	shá	zú
zí	zhù	jì	cá	zhū	cì	chū	shà	sú
zǎ	zhá	sǔ	shú	shǔ	zí	shā	shū	cā
sí	cú	chú	zhā	jū	rì	sū	xí	chǎ
sā	cù	chǔ	rù	zì	zhì	zhù	tā	cà
sá	xù	chá	chī	zhí	zhī	shì	jù	zú
cí	zhī	chǔ	zhī	zā	zǔ	rū	sī	shú
zhǎ	zú	chǐ	shì	zhà	zā	zhí	jú	zhú
rú	xū	zá	zhì	chà	sū	zhā	zì	zhǎ
cī	zhā	sù	xū	zhū	zù	cū	zà	zǎ
zī	sī	cā	chà	tǎ	cú	chú	sǐ	zhú

附录20　汉语二语习得者普通话单音节舌尖前/后辅音第三次纵向发音实验材料

1. 姓名（name）：（　　　　　）

2. 性别（gender）：（打"√"）男（　　）　女（　　）

3. 年龄（age）：（打"√"）小于15岁（　　）；15~20岁（　　）；21~25岁（　　）；26~30岁（　　）；30岁以上（　　）

4. 文化程度（educational background）：（打"√"）初中（　　）；高中（　　）；大学及以上（　　）

5. 现在班级（class）：（打"√"）初上（　　）；初下（　　）；中上（　　）；中下（　　）；高级（　　）

6. 学习汉语时间（the time of studying Chinese）：（　　　）月

7. 你是华裔吗？（Are you ethnic Chinese?）：（打"√"）是（　　　）；不是（　　　）

朗读下面的音节。

chǎ	xí	sǔ	jī	zú	cū	zī	cù	chā
zhà	rǔ	sā	sǐ	sī	sǎ	zhǐ	shū	zhì
cū	zū	qǐ	zhú	zí	cǔ	zhā	zū	cí
sá	chǔ	qù	xū	zhǎ	zhí	chá	zí	sì
sí	chǐ	xù	sú	qì	zhù	shǐ	sù	cì
zhá	cà	zā	jì	cā	cī	chá	sì	shí
jǔ	shǔ	sà	cú	sī	cí	sù	sà	jú
shú	zhū	zhǔ	shī	chū	cā	zhì	chà	zhǔ
sǎ	rù	shǎ	chì	sā	zà	shí	shà	cù
zhū	cǐ	xǔ	cǎ	zì	chǐ	chī	chà	zī
chī	rū	jǐ	jū	jí	jù	chū	shǐ	qī
zhí	zhá	zǐ	shù	cǐ	cī	zù	cú	qǔ
chǎ	chú	zǎ	chù	zá	qú	rù	shì	shū
zhà	chì	zhǐ	cà	zhù	shā	zā	xǐ	chí
sá	rì	sǐ	rú	zǎ	tì	shú	qí	tǎ
sǔ	zá	xú	shì	zhī	cǎ	cá	tā	chā
chù	sū	sū	sí	zà	zì	shǔ	rǔ	chú
shǎ	zù	shā	shá	zhī	xì	cá	zǔ	zǔ
cǔ	xī	tí	zǐ	zhǎ	shī	chí	sú	zhú
zhā	rǔ	qū	zú	shá	cì	chǔ	shà	shù

附录 21　汉语二语习得者普通话单音节舌尖前/后辅音第四次纵向发音实验材料

1. 姓名（name）：（　　　　　）

2. 性别（gender）：（打"√"）男（　　）　　女（　　）

3. 年龄（age）：（打"√"）小于 15 岁（　　）；15～20 岁（　　）；21～25 岁（　　）；26～30 岁（　　）；30 岁以上（　　）

4. 文化程度（educational background）：（打"√"）初中（　　）；高中（　　）；大学及以上（　　）

5. 现在班级（class）：（打"√"）初上（　　）；初下（　　）；中上（　　）；中下（　　）；高级（　　）

6. 学习汉语时间（the time of studying Chinese）：（　　　）月

7. 你是华裔吗？（Are you ethnic Chinese?）：（打"√"）是（　　　）；不是（　　　）

朗读下面的音节。

zhá	shī	zù	zū	jǐ	zhǎ	shǐ	zhí	shà
cǐ	sá	cū	chǔ	cǎ	xū	xī	shú	xì
sī	cǎ	shú	chá	chà	cǔ	zǔ	chǎ	zhū
rǔ	shá	qū	zá	zá	jí	zà	zí	zhā
sù	chā	zhā	chū	zǔ	cū	zhǔ	qī	zhú
tí	shí	zā	chí	qǔ	cī	zhú	sú	chā
shī	zà	sá	jǔ	xù	jú	zhū	zhù	chá
zù	zhǐ	sà	shí	jù	xǔ	sǎ	sǔ	rù
zhá	cú	chǐ	chà	cá	cà	sā	qì	zǐ
chǐ	chī	sā	chǎ	tì	qí	qú	rì	zhǎ
cā	zhī	cí	shū	shì	zhà	xú	zhù	sì
cǐ	chú	sì	sú	sù	jū	qù	sī	shì
cú	zǎ	zì	cá	zǎ	zhǐ	sí	zǐ	cì
sà	tā	chī	sǎ	zhì	jī	shǎ	cù	shù
sǔ	shā	rū	cù	chì	zū	zhì	qī	sǐ
zhí	zī	zì	cī	shá	chù	shǐ	cì	zhǔ
shù	shǔ	zhà	cǔ	rǔ	rǔ	chí	chū	chú
zhī	shǔ	zī	tǎ	xí	zú	sí	shà	chǔ
shā	chì	cí	zí	rú	xǐ	shū	zā	zú
chù	sū	rù	cà	cā	sū	sí	jì	shǎ

附录22　汉语二语习得者普通话单音节舌尖前/后辅音第五次纵向发音实验材料

1. 姓名（name）：（　　　　　　）
2. 性别（gender）：（打"√"）男（　）　女（　）
3. 年龄（age）：（打"√"）小于15岁（　）；15～20岁（　）；21～25岁（　）；26～30岁（　）；30岁以上（　）
4. 文化程度（educational background）：（打"√"）初中（　）；高中（　）；大学及以上（　）
5. 现在班级（class）：（打"√"）初上（　）；初下（　）；中上（　）；中下（　）；高级（　）
6. 学习汉语时间（the time of studying Chinese）：（　　）月
7. 你是华裔吗？（Are you ethnic Chinese?）：（打"√"）是（　　）；不是（　　）

朗读下面的音节

zhá	zhī	zhì	sí	sú	sì	sí	chà	shǐ
cǐ	shǔ	zhū	xí	sǎ	qú	zhù	chū	shá
sī	cǐ	qǔ	rù	shí	jí	shǎ	sá	jù
rǔ	sù	zhǔ	shù	zǎ	rì	zhū	chí	shì
sù	chà	tì	chā	zā	cú	zhá	tā	sú
tí	zā	zhà	cú	zhǐ	jú	zǐ	cū	zhǐ
shī	zhí	zhǔ	qí	rǔ	zhú	jì	chǎ	chù
zù	chú	sá	sà	jǐ	sū	jū	cū	zhì
zhá	zhǎ	chǐ	chī	zī	qì	chǐ	sī	xù
chǐ	cù	sā	cà	shù	rú	zú	shǐ	zhà
cā	zú	cǎ	cī	cā	sà	sǔ	cí	cù
cǐ	chǎ	sī	shū	xǐ	rǔ	shá	zhā	zì
cú	zhú	qǐ	zū	xī	zǔ	shī	chǔ	chī
sà	chì	cí	cǐ	zǎ	shǎ	shī	zī	chá
sǔ	zhī	shū	shà	sǔ	shǔ	zù	zí	chì
zhí	tǎ	cá	xū	sǐ	qū	zí	shà	sū
shù	chā	tí	sì	cī	cǔ	jǔ	shú	qī
zhī	sā	zhā	zū	chù	cà	shì	zǔ	zì
shā	zhí	xú	cǔ	cì	shā	zà	xì	shú
chù	jī	cá	cǎ	chá	sǎ	chú	xǔ	cā

附录23　汉语二语习得者普通话单音节舌尖前/后辅音第六次纵向发音实验材料

1. 姓名（name）：（　　　　　）

2. 性别（gender）：（打"√"）男（　　）　女（　　）

3. 年龄（age）：（打"√"）小于15岁（　　）；15～20岁（　　）；21～25岁（　　）；26～30岁（　　）；30岁以上（　　）

4. 文化程度（educational background）：（打"√"）初中（　　）；高中（　　）；大学及以上（　　）

5. 现在班级（class）：（打"√"）初上（　　）；初下（　　）；中上（　　）；中下（　　）；高级（　　）

6. 学习汉语时间（the time of studying Chinese）：（　　　　）月

7. 你是华裔吗？（Are you ethnic Chinese?）：（打"√"）是（　　　）；不是（　　　）

朗读下面的音节。

chà	cī	cā	jǐ	cǐ	sà	xù	chī	sí
sì	chǎ	chù	sǔ	cā	sū	sī	sà	zí
zǐ	chá	zù	zhǐ	rù	rǔ	chǐ	zhǔ	jí
chǐ	jū	jì	cǐ	cà	chǔ	shì	zhī	cí
shú	qú	shú	chù	xí	cú	zhà	shǎ	chí
shà	chú	zhǔ	jǔ	shù	sá	shū	sù	sā
zhǐ	xǐ	cì	jù	zú	zhí	tí	shǎ	qí
cū	shū	cù	cǎ	shù	zhì	rǔ	zú	xú
sí	zhú	zī	xǔ	cí	rù	zà	zhī	zá
qǐ	cà	chì	shá	rú	chā	zhǎ	rì	shī
zā	chí	zǔ	zā	shī	sǎ	rū	shà	xì
qū	tǎ	chǎ	zū	zǔ	cá	cū	cá	cǔ
zá	xū	zǐ	chǔ	sì	sī	sú	sá	sū
zhū	zhá	zhù	chì	chú	zì	sù	rǔ	chá
zhā	tā	shá	zù	qì	zhǎ	zhā	zhá	zī
chū	zhì	sā	cǎ	shí	sǐ	zà	qǔ	zhà
shǐ	zì	jú	cù	cī	cú	shǔ	qī	zhí
shí	qù	shā	jī	tì	cǔ	shǐ	zū	chà
shì	zhú	zhū	zǎ	zí	cì	chū	zǎ	xī
chā	shā	chī	sǔ	sǎ	sú	sī	zhù	shǔ

附录24　汉语二语习得者普通话单音节舌尖前/后辅音第七次纵向发音实验材料

1. 姓名（name）：（　　　　　）
2. 性别（gender）：（打"√"）男（　）　女（　）
3. 年龄（age）：（打"√"）小于15岁（　）；15～20岁（　）；21～25岁（　）；26～30岁（　）；30岁以上（　）
4. 文化程度（educational background）：（打"√"）初中（　）；高中（　）；大学及以上（　）
5. 现在班级（class）：（打"√"）初上（　）；初下（　）；中上（　）；中下（　）；高级（　）
6. 学习汉语时间（the time of studying Chinese）：（　　　）月
7. 你是华裔吗？（Are you ethnic Chinese?）：（打"√"）是（　　）；不是（　　）

朗读下面的音节。

sǐ	sá	zí	zhǐ	rú	cǎ	zù	shǎ	cì
chí	chù	qù	zà	zī	tā	shà	chī	rì
zhǎ	shà	chì	cǐ	chá	chǐ	cǐ	zhù	cá
zà	shù	rǔ	shì	shú	shā	cī	zǎ	chū
xū	shǐ	sī	sù	chà	chú	jú	zí	zhǔ
zā	shá	sǔ	shā	zhí	sā	qǔ	shǔ	zī
zá	sǎ	xǐ	chá	sǔ	sí	zhú	rù	jì
xù	cù	sí	zì	chǔ	zhà	chī	xú	sú
shī	jū	jí	qǐ	rū	rǔ	shì	zǔ	zù
cǔ	zhú	cú	sù	sì	zhī	shú	cà	zhǎ
chǐ	jǐ	chù	cù	chā	xī	zhá	zā	qú
chǎ	cǎ	zhā	chú	zhū	cā	tǎ	chū	zǐ
shū	chí	shǐ	zú	sì	sà	shá	cī	shǎ
zǎ	chǎ	cà	qī	cǔ	zhì	cì	zì	qū
sū	jǔ	shí	chā	rǔ	tí	xì	chǔ	chà
zhí	zǐ	sū	sú	zhá	shí	cū	shù	shǔ
zhù	zhā	shū	sá	zá	qì	cá	qí	chì
sà	cí	cā	rù	zhà	xí	shī	jī	sī
cí	jù	zú	xǔ	sǐ	zhǔ	zhū	cú	zhǐ
tì	cū	zū	zhī	zū	sā	zhì	zǔ	sǎ

附录25　汉语二语习得者普通话双音节声调感知实验材料

1．姓名（name）：（　　　　　　）

2．性别（gender）：（打"√"）男（　　）　女（　　）

3．年龄（age）：（打"√"）小于15岁（　　）；15～20岁（　　）；21～25岁（　　）；26～30岁（　　）；30岁以上（　　）

4．文化程度（educational background）：（打"√"）初中（　　）；高中（　　）；大学及以上（　　）

5．现在班级（class）：（打"√"）初上（　　）；初下（　　）；中上（　　）；中下（　　）；高级（　　）

6．学习汉语时间（the time of studying Chinese）：（　　　　）月

7．你是华裔吗？（Are you ethnic Chinese?）：（打"√"）是（　　　）；不是（　　　）

每个音节听两遍，写出每个音节的声调。

běifāng	wàngjì	miànqián	hépíng	cídiǎn
chángchéng	xiǎoxīn	pǐnzhǒng	jiāotōng	dānxīn
chéngshì	zhǐyào	qiánjìn	jīnglǐ	dìdiǎn
chūntiān	zhuǎnbiàn	shàngkè	lǚxíng	fángjiān
dàibiǎo	bàomíng	sīxiǎng	měiyuán	gōngzī
děngjí	chǎnshēng	xiānghù	niánqīng	jiǎnchá
fāngfǎ	chéngjì	zhǐhǎo	pǔtōng	jìnxíng
gōngkè	chǔlǐ	zhòngdiǎn	shàngbān	liánhé
jímáng	dàxué	bāngmáng	shǒubiǎo	měihǎo
jǐnzhāng	dāngshí	cǎodì	xiānhuā	nénglì
kǎoshì	fāmíng	chēzhàn	zhàopiàn	pòhuài
méiyǒu	gāngcái	chūjí	zhōngwǔ	shāngpǐn
nánfāng	hùxiāng	cóngqián	bànfǎ	shíxiàn
píngguǒ	jiàoshī	dànshì	běnlǐng	xíguàn
qùnián	jīnglì	dìqū	chángqī	xùnliàn
shípǐn	mǎshàng	gǎnqíng	chōngfèn	zhìshǎo

说明：感知测试时，表中各个音节的声调都是空的。

附录26 汉语二语习得者普通话双音节轻声感知实验材料

1. 姓名（name）：（   ）

2. 性别（gender）：（打"√"）男（   ）   女（   ）

3. 年龄（age）：（打"√"）小于15岁（   ）；15～20岁（   ）；21～25岁（   ）；26～30岁（   ）；30岁以上（   ）

4. 文化程度（educational background）：（打"√"）初中（   ）；高中（   ）；大学及以上（   ）

5. 现在班级（class）：（打"√"）初上（   ）；初下（   ）；中上（   ）；中下（   ）；高级（   ）

6. 学习汉语时间（the time of studying Chinese）：（   ）月

7. 你是华裔吗？（Are you ethnic Chinese?）：（打"√"）是（   ）；不是（   ）

每个音节听两遍，写出每个音节的声调。

shíhou	sǎngzi	shìa	zìjué	zhùxia
时候	嗓子	是啊	自觉	住下
juéde	shǎoa	gètou	dìtú	zhème
觉得	少啊	个头	地图	这么
qīngchu	gǔtou	qùne	duìba	hàomǎ
清楚	骨头	去呢	对吧	号码
dìdao	nǐne	guòlai	sāngè	zhīchí
地道	你呢	过来	三个	支持
cōngming	qǐlai	chūqu	yòngzhe	fúhé
聪明	起来	出去	用着	符合
nàge	zǒuqu	xiězhe	kuàiya	xuǎnjǔ
那个	走去	写着	快呀	选举
shìma	chóngdié	hǎoma	shénme	huòzhě
是吗	重叠	好吗	什么	或者
suànle	jiějué	zǎole	pīpíng	fēngjǐng
算了	解决	早了	批评	风景
qùguo	yǔyán	dìdi	qiánbian	chéngyǔ
去过	语言	弟弟	前边	成语
dōngbian	chuángxia	xièxie	xiàbian	rúguǒ
东边	床下	谢谢	下边	如果

（续上表）

zuǒbian	zhuōshang	tóngzhì	shuíya	lǚguǎn
左边	桌上	同志	谁呀	旅馆
hēiya	xiǎngxiang	pàngzi	xǐhuan	huìshang
黑呀	想想	胖子	喜欢	会上
měiya	nǐmen	shuōguo	shèshī	xuéguo
美呀	你们	说过	设施	学过
wǎnshang	yìsi	māma	jìngzhēng	pópo
晚上	意思	妈妈	竞争	婆婆
dǐxia	quēdiǎn	tīngting	yuēhuì	wánwan
底下	缺点	听听	约会	玩玩
wǒde	shàngqu	tāmen	zīzhù	zánmen
我的	上去	他们	资助	咱们
hǎoba	zhǎoguo	chēzi	xuéfèi	lóngzi
好吧	找过	车子	学费	笼子
qiángshang	nǎinai	duōa	juéduì	xínga
墙上	奶奶	多啊	绝对	行啊
gàosu	yātou	lùhuà	huílai	chūlai
告诉	丫头	绿化	回来	出来
náqu	shūne	tāde	sījī	nínde
拿去	书呢	他的	司机	您的
zěnme	shǒuxù	chība	xīnxiān	láiba
怎么	手续	吃吧	新鲜	来吧
duōme	yǔzhòu	dǎsuàn	jiéhūn	xiāngxia
多么	宇宙	打算	结婚	乡下
yǒude	shítou	zhēngzhe	nóngcūn	xiězhe
有的	石头	争着	农村	写着
yuèliang	qiánne	kāima	qǔxiāo	chéngma
月亮	钱呢	开吗	取消	成吗
nǎge	rènao	cūle	dǔchē	hóngle
哪个	热闹	粗了	堵车	红了

说明：感知测试时，表中各个音节的声调都是空的。

附录27　汉语二语习得者普通话双音节轻声发音实验材料

1. 姓名（name）：（　　　　　　）
2. 性别（gender）：（打"√"）男（　　）　女（　　）
3. 年龄（age）：（打"√"）小于15岁（　　）；15～20岁（　　）；21～25岁（　　）；26～30岁（　　）；30岁以上（　　）
4. 文化程度（educational background）：（打"√"）初中（　　）；高中（　　）；大学及以上（　　）
5. 现在班级（class）：（打"√"）初上（　　）；初下（　　）；中上（　　）；中下（　　）；高级（　　）
6. 学习汉语时间（the time of studying Chinese）：（　　　）月
7. 你是华裔吗？（Are you ethnic Chinese?）：（打"√"）是（　　　）；不是（　　　）

朗读下面的双音节组合。

tāde	sījī	nínde	shìma	chóngdié
他的	司机	您的	是吗	重叠
chība	xīnxiān	láiba	suànle	jiějué
吃吧	新鲜	来吧	算了	解决
dǎsuàn	jiéhūn	xiāngxia	qùguo	yǔyán
打算	结婚	乡下	去过	语言
zhēngzhe	nóngcūn	xiězhe	dōngbian	chuángxia
争着	农村	写着	东边	床下
kāima	qǔxiāo	chéngma	zuǒbian	zhuōshang
开吗	取消	成吗	左边	桌上
cūle	dǔchē	hóngle	hēiya	xiǎngxiang
粗了	堵车	红了	黑呀	想想
shuōguo	shèshī	xuéguo	měiya	nǐmen
说过	设施	学过	美呀	你们
māma	jìngzhēng	pópo	shíhou	sǎngzi
妈妈	竞争	婆婆	时候	嗓子
tīngting	yuēhuì	wánwan	juéde	shǎoa
听听	约会	玩玩	觉得	少啊
tāmen	zīzhù	zánmen	qīngchu	gǔtou
他们	资助	咱们	清楚	骨头

（续上表）

chēzi	xuéfèi	lóngzi	dìdao	nǐne
车子	学费	笼子	地道	你呢
duōa	juéduì	xínga	cōngming	qǐlai
多啊	绝对	行啊	聪明	起来
lǜhuà	huílai	chūlai	nàge	zǒuqu
绿化	回来	出来	那个	走去
xiězhe	kuàiya	xuǎnjǔ	gàosu	yātou
写着	快呀	选举	告诉	丫头
hǎoma	shénme	huòzhě	náqu	shūne
好吗	什么	或者	拿去	书呢
zǎole	pīpíng	fēngjǐng	zěnme	shǒuxù
早了	批评	风景	怎么	手续
dìdi	qiánbian	chéngyǔ	duōme	yǔzhòu
弟弟	前边	成语	多么	宇宙
xièxie	xiàbian	rúguǒ	yǒude	shítou
谢谢	下边	如果	有的	石头
tóngzhì	shuíya	lǚguǎn	yuèliang	qiánne
同志	谁呀	旅馆	月亮	钱呢
pàngzi	xǐhuan	huìshang	nǎge	rènao
胖子	喜欢	会上	哪个	热闹
shìa	zìjué	zhùxia	wǎnshang	yìsi
是啊	自觉	住下	晚上	意思
gètou	dìtú	zhème	dǐxia	quēdiǎn
个头	地图	这么	底下	缺点
qùne	duìba	hàomǎ	wǒde	shàngqu
去呢	对吧	号码	我的	上去
guòlai	sāngè	zhīchí	hǎoba	zhǎoguo
过来	三个	支持	好吧	找过
chūqu	yòngzhe	fúhé	qiángshang	nǎinai
出去	用着	符合	墙上	奶奶

附录 28 汉语二语习得者普通话双音节上上连读调发音实验材料

1. 姓名（name）：（   ）

2. 性别（gender）：（打"√"）男（ ）   女（ ）

3. 年龄（age）：（打"√"）小于 15 岁（ ）；15～20 岁（ ）；21～25 岁（ ）；26～30 岁（ ）；30 岁以上（ ）

4. 文化程度（educational background）：（打"√"）初中（ ）；高中（ ）；大学及以上（ ）

5. 现在班级（class）：（打"√"）初上（ ）；初下（ ）；中上（ ）；中下（ ）；高级（ ）

6. 学习汉语时间（the time of studying Chinese）：（   ）月

7. 你是华裔吗？（Are you ethnic Chinese?）：（打"√"）是（   ）；不是（   ）

朗读下面的双音节组合。

wǔdǎo	xuǎnjǔ	yǎnjiǎng	miǎnqiǎng	nǎifěn
舞蹈	选举	演讲	勉强	奶粉
kǒuyǔ	shǒubiǎo	zǎodiǎn	lǐngdǎo	kěyǐ
口语	手表	早点	领导	可以
shuǐguǒ	guǎngchǎng	gǎnjǐn	zǒngtǒng	běnlǐng
水果	广场	赶紧	总统	本领
lǐxiǎng	pǎomǎ	tiěbǐ	zhǔnxǔ	běihǎi
理想	跑马	铁笔	准许	北海

参考文献

［1］ ADJEMAIN C. On the nature of interlanguage systems. Language learning, 1976 （26）: pp. 297 − 320.

［2］ ALLEN L S, RICHEY M F, CHAI Y M & GORSKI R A. Sex differences in the corpus callosum of the living human being. Journal of neurosdence, 1991 （11）: pp. 933 − 942.

［3］ BERENT I, PERFETTIC A. A rose is a reez: the two-cycles model of phonology assembly in reading English. Psychological review, 1995 （102）: pp. 146 − 184.

［4］ BEST C T, ANN R BRADLOW, SUSAN GUION-ANDERSON & LINDA POLKA. Using the lens of phonetic experience to resolve phonological forms. Journal of phonetics, 2011 （39）: pp. 4, 453 − 455.

［5］ BEST C T, GERALD W MCROBERTS & NOMATHEMBA N SITHOLE. The phonological basis of perceptual loss for non-native contrasts: maintenance of discrimination among Zulu clicks by English speaking adults and infants. Journal of experimental psychology: human perception and performance, 1988, 14 （3）: pp. 345 − 360.

［6］ BEST C T. The emergence of native-language phonological influences in infants: a perceptual assimilation model. Haskins laboratories status report on speech research, 1991, SR − 107/108, pp. 1 − 30.

［7］ BEST C T. A direct-realist view of cross-language speech perceptions. In STRANGE W （Eds.）. Speech perception and linguistic experience: theoretical and methodological issues. Timonium: New York Press. 1995: pp. 171 − 204.

［8］ BLADON R A W & AL-BAMEMI A. Coarticulation resistance in English/l/. Journal of phonetics, 1976, 4 （2）: pp. 137 − 150.

［9］ BROSE LOW E, CHEN S & WANG C. The emergence of the unmarked in second language phonology. Studies in second language acquisition, 1998 （20）: pp. 261 − 280.

［10］ BRYANT P E, MACLEAN M, BRADLEY L L, et al. Rhyme and

alliteration, phoneme detection, and learning to read. Developmental psychology, 1990, 26 (3): pp. 429 – 438.

[11] FRIES C C. Teaching and learning English as a foreign language. Ann Arbor: University of Michigan Press, 1945: p. 29.

[12] CHANG YUEH-CHIN. Taiwan mandarin vowels: an acoustic investigation. Tsing Hua journal of Chinese studies. New series, 1998 (3): pp. 255 – 274.

[13] CHEN M J, LAU L L & YUNG Y F. Development of component skills in reading Chinese. International journal of psychology, 1993 (28): pp. 418 – 507.

[14] CHEN Q. Toward a sequential approach for tonal error analysis. Journal of the Chinese language teachers association, 1997 (1): pp. 21 – 39.

[15] COMEAU L, CORMIER P, GRANDMAISON E, et al. A longitudinal study of phonological processing skills in children learning to read in a second language. Journal of educational psychology, 1999, 91 (1): pp. 29 – 43.

[16] CONBOY BARBARA T & PATRICIA K KUHL. Impact of second-language experience in infancy: brain measures of first-and second-language speech perception. Developmental science, 2011, 14 (2): pp. 242 – 248.

[17] CORDER S P. The significance of learner's errors. International review of applied linguistics, 1967 (4): pp. 161 – 169.

[18] CORDER S P. Language-learner language. In RICHARD J C (ed). Understanding second and foreign language learning: issues and approaches. Newbury House, Rowley, Mass. 1978: pp. 71 – 92.

[19] DANILOFF R & HAMMARBERG R. On defining coarticulation. Journal of speeeh and hearing research, 1973 (11): pp. 239 – 248.

[20] DIRVEN R & VERSPOOR M. Cognitive exploration of language and linguistics. Amsterdam: John Benjamins, 1998: p. 108.

[21] ECKMAN F & IVERSON G. Sonority and markedness among onset clusters in the interlanguage of ESL learners. Second language research, 1993, 9 (3): pp. 234 – 252.

[22] ECKMAN F & IVERSON G. The role of native language phonology in the production of L2 contrasts. Studies in second language acquisition, 2013, 35 (1): pp. 67 – 92.

[23] ECKMAN F. On the naturalness of interlanguage phonological rules. Language learning, 1981, 31 (1): pp. 195 – 221.

[24] ECKMAN F. Typological markedness and second language phonology. In HANSEN EDWARDS J & M ZAMPINI (eds.). Phonology and second language

acquisition. Amsterdam: John Benjamin Publishing Company, 2008: pp. 95 – 115.

[25] ECKMAN F R. Markedness and the contrastive analysis hypothesis. Language learning, 1977, 27 (2): pp. 315 – 330.

[26] ECKMAN F R. The structural conformity hypothesis and the acquisition of consonants clusters in the interlanguage of ESL learners. Studies in second language acquisition, 1991, 13 (1): pp. 23 – 41.

[27] EIMAS P D, SIQUELAND E R, JUSCZYK P, et al. Speech perception in infants. Science, 1971, 171 (3968): pp. 303 – 306.

[28] ELLIS R. Understanding second language acquisition. Oxford: Oxford University Press, 1999.

[29] ERICSDOTTER C. Modeling lingual coarticulation in coronal stops. Master Thesis, Department of Linguistics, Stockholm University. 1999.

[30] FARNETANI E & RECASENS D. Anticipatory consonant-to-vowel coarticulation in the production of VCV sequences in Italian. Language and speech, 1993 (36): pp. 279 – 302.

[31] FARNETANI E. V-C-V lingual coarticulation and its spatio-temporal domain. In HARDEASTLE W J & MAREHAL A (eds.). Speech production and speeeh modeling. Dordreeht: Kluwer Academic Publishers. 1990: pp. 93 – 130.

[32] FERRAND L, SEGUI J & GRAINGER J. Masked priming of word and picture naming: the role of syllabic units. Journal of memory and language, 1996, 35 (5): pp. 708 – 723.

[33] FLEGE J E. Production and perception of a novel second language phonetic contrast. Journal of acoustical society of America, 1993, 93 (3): pp. 1589 – 1608.

[34] FLEGE J E. The phonological basis of foreign accent: a hypothesis. TESOL quarterly, 1981, 15 (4): pp. 443 – 455.

[35] FLEGE J E. Two procedures for training a novel second-language phonetic contrast. Applied psycholinguistics. 1995, 16 (4): pp. 425 – 442.

[36] FLEGE J E. The production of "new" and "similar" phones in a foreign language: evidence for the effect of equivalence classification. Journal of phonetics, 1987 (15): pp. 47 – 65.

[37] FLEGE J E. The relation between L2 production and perception. In proceedings of ICPhS99 (SanFrancisco), 1999: pp. 1273 – 1276.

[38] FLETCHER S G. Seeing speech in real time. IEEE Spectrum, 1982 (19): pp. 42 – 45.

[39] FON J, CHIANG W-Y & CHEUNG H. Production and perception of two

dipping tones（T2 and T3）in Taiwan Mandarin. Journal of Chinese linguistics，2004，32（2）：pp. 249 - 277.

［40］FOWLER C & SALTZMAN E. Coordination and coarticulation in speech production. Language and speech，1993（36）：pp. 171 - 195.

［41］FOWLER C. Coarticulation and theories of extrinsic timing. Journal of phonetics，1980（8）：pp. 113 - 133.

［42］FROST R. Toward a strong phonological theory of visual word recognition：true issues and false trails. Psychological bulletin，1998，123（1）：pp. 71 - 99.

［43］GOLESTANI N & ZATORRE R J. Individual differences in the acquisition of second language phonology. Brain & language，2009，109（2 - 3）：pp. 55 - 67.

［44］HALLÉ P A，CHANG Y & BEST C T. Identification and discrimination of Mandarin Chinese tones by Mandarin Chinese vs. French listeners，Journal of phonetics，2004，32（3）：pp. 395 - 421.

［45］HAMMARBERG R. The methaphysics of coarticulation. Journal of phonetics，1976（4）：pp. 353 - 363.

［46］HARDCASTLE W J & MACHAL A. Eur-accor：amulti-lingual articulatory and acoustic database. ICSLP90，Japan：Kobe，1990（2）：pp. 458 - 461.

［47］HAZAN V，SENNEMA A，IBA M & FAULKNER A. Effect of audiovisual perceptual training on the perception and production of consonants by Japanese learners of English. Speech communication，2005，47（3）：pp. 360 - 378.

［48］HO C S-H & BRYANT P. Learning to read Chinese beyond the logographic phase. Reading research quarterly，1997，32（3）：pp. 276 - 289.

［49］HO C S-H，BRYANT P. Development of phonological awareness of Chinese children in Hong Kong. Journal of psycholinguistic research，1997，26（1）：pp. 109 - 126.

［50］JAKOBSON R，FANT G & HALLE M. Preliminaries to speech analysis，the distinctive features and their correlates. Acoustic laboratory，technical report. Cambridge，MA，USA：MIT. 1952（13）：pp. 3 - 8.

［51］JONGMAN A & MOORE C. The role of language experience in speaker and rate normalization processes. Proceedings of the 6th International Conference on Spoken Language Processing，2000（1）：pp. 62 - 65.

［52］KELLERMAN E. Transfer and non transfer：where are we now? Studies in second language acquisition，1979，2（1）：pp. 37 - 57.

［53］KIRILOFF C. On the auditory perception of tones in Mandarin. Phonetica，1996，20（2 - 4）：pp. 63 - 67.

［54］KITAWAKI N, HONDA M & ITOH K. Speech-quality assessment methods for speech-coding systems. IEEE communications magazine. 1984, 22 (10): pp. 26 – 33.

［55］KOMAKI R & CHOI Y. Effects of native language on the perception of American English /r/ and /l/: a comparison between Korean and Japanese. In Proceedings of ICPhS 99 (San Francisco), 1999: pp. 1429 – 1432.

［56］KTH PERKELL J S. Articulatory processes. In HARDCASTLE W J & LAVER J (eds.). The handbook of phonetic sciences. Oxford: Blackwell Publisher, 1997: pp. 333 – 370.

［57］KUEHN D P & MOLL K L. A cineradiographic study of VC and CV articulatory velocities. Journal of phonetics, 1976 (4): pp. 303 – 320.

［58］KUHL P K. Psychoacoustics and speech perception: internal standards, perceptual anchors, and prototypes. In WERNER L A & RUBEL E W (eds.). Developmental psychoacoustics. Washington, D. C. : American Psychological Association, 1992: pp. 293 – 332.

［59］KUHL, PATRICIA K, BARBARA T CONBOY, SHARON COFFEY-CORINA, DENISE PADDEN, MARITZA RIVERA-GAXIOLA & TOBEY NELSON. Phonetic learning as a pathway to language: new data and native language magnet theory expanded (NLM-e). Philosophical transactions of the Royal Society B: biological sciences, 2008, 363 (1493): pp. 979 – 1000.

［60］KUHL, PATRICIA K. Human adults and human infants show a "perceptual magnet effect" for the prototypes of speech categories, monkeys do not. Perception & psychophysics, 1991, 50 (2): pp. 93 – 107.

［61］KUHL P K & IVERSON P. Linguistic experience and the "perceptual magnet effect". In STRANGE W. Speech perception and linguistic experience: issues in cross-language research. Timonium, M. D. : New York Press, 1995: pp. 121 – 154.

［62］LADO R. Linguistics across cultures. Ann Arbor: University of Michigan Press, 1957: p. 2.

［63］LAM K H & Au O C. Objective speech measure for Chinese in wireless environment. Proc 1995 IEEE ICASSPC. 1995: pp. 277 – 280.

［64］LARSEN-FREEMAN D & MICHAEL H. An introduction to second language acquisition research. Boston: Addison Wesley Publishing Company, 1989. (第二语言习得研究概况). 北京: 外语教学与研究出版社, 2000.

［65］LEVELT W J M, ROELOFS A & MEYER A S. A theory of lexical access in speech production. Behavioral and brain sciences, 1999, 22 (1): pp. 1 – 75.

［66］ LI AIJUN & XIA WANG. A contrastive investigation of standard Mandarin and accented Mandarin. Proceedings of Eurospeech. Geniva. 2003: pp. 317 – 319.

［67］ LI H, SHU H, MCBRIDE-CHANG C, LIU H Y & PENG H. Chinese children's character recognition: Visuo-orthographic, phonological processing and morphological skills. Journal of research in reading, 2012, 35 (3): pp. 287 – 307.

［68］ LIBERMAN A M, HARRIS K S, HOFFMAN H S, GRIFFITH B C. The discrimination of speech sounds within and cross phoneme boundaries. Journal of experimental psychology, 1957, 54 (5): pp. 358 – 368.

［69］ LINDBLOM B. Economy of speech gestures. In MACNEILAGE P F (ed.). The production of speeeh. New York: Springer Verlag, 1983: pp. 217 – 245.

［70］ LOGAN J S, LIVELY S E & PISONI D B. Training Japanese listeners to identify English /r/ and /1/: a first report. Journal of the acoustical society of America, 1991, 89 (2): pp. 874 – 886.

［71］ M W艾森克, M T基恩. 认知心理学. 上海: 华东师范大学出版社, 2004: 459 – 479.

［72］ MAJOR R C. Further evidence for the similarity dissimilarity rate hypothesis. In LEATHER J & JAMES A (Eds.). New sounds 97: processing of the third international symposium on the acquisition of second language speech. Klagenfurt, Austria: University of Klagenfurt, 1997.

［73］ MAJOR R C. The ontogeny model: evidence from L2 acquisition of Spanish r. Language learning 1986, 36 (4): pp. 453 – 504.

［74］ MAJOR R C & KIM E. The similarity Differential Rate Hypothesis. Language learning, 1999, 49 (Supplement): pp. 151 – 183.

［75］ MARSONO. Fonetic. Yogyakarta: Gadjah Mada University Press, 1999: pp. 61 – 98.

［76］ MATTOCK K & BURNHAM D. Chinese and English infants' tone perception: evidence for perceptual reorganization. Infancy, 2006, 10 (3): pp. 241 – 265.

［77］ MILLER J D. Auditory-Perceptual. interpretation of the vowel. The journal of the acoustical society of America. 1989, 85 (5): pp. 2114 – 2134.

［78］ MIRACLE W C. Tone production of American students of Chinese: a preliminary acoustic study. Journal of the Chinese language teachers association, New York: Springer Verlag, 1989, 24 (3): pp. 49 – 65.

［79］ NEMSER W. Approximative systems of foreign language learners. International review of applied linguistics, 1971, 9 (2): pp. 115 – 123.

［80］ OHMAN S. Coarticulation in VCV utterances: spectrographic measurements. Journal of acoustic society of America, 1966 (39): pp. 151 – 168.

［81］ OXFORD R L. Instructional implications of gender differences in language learning styles and strategies. Applied language learning, 1993 (4): pp. 65 – 94.

［82］ PERFETTI C A, TAN L H. The time course of graphic phonological, and semantic activation in Chinese character identification. Journal of experimental psychology: learning, memory, and cognition, 1998 (24): pp. 101 – 118.

［83］ PIKE, KENNETH L. The intonation of American English. Ann Arbor: The University of Michigan Press, 1945.

［84］ RACK J, HULME C, SNOWLINGM J & WIGHTMAN J. The role of phonology in young children learning to read words: The direct-mapping hypothesis. Journal of experimental child psychology, 1994 (57): pp. 42 – 71.

［85］ RECASENS D. V-to-C coarticulation in Catalan VCV sequences: an articulatory and acoustical study. Journal of phonetics, 1984 (12): pp. 61 – 74.

［86］ RECASENS D, P ALLARÈS M D & FONTDEVILA J. A model of lingual coarticulation based on articulatory constraints. Acoustic society of America journal, 1997, 102 (1): pp. 544 – 561.

［87］ ROD ELLIS. Understanding second language acquisition. Oxford: Oxford University Press, 1985. 上海: 上海外语教育出版社, 1999: 19 – 98, 215 – 283.

［88］ SELINKER L. Interlanguage. International review of applied linguistics, 1972, 10 (3): pp. 209 – 230.

［89］ SHEN S X. Toward a register approach in teaching Mandarin tones. Journal of the Chinese language teachers association, 1989, 25 (3): pp. 27 – 48.

［90］ STRANGE W & SHAFERV L. Speech perception in second language learners: the re-education of selective perception. In HANSEN EDWARDS J G & ZAMPINI M L (eds.). Phonology and second language acquisition. Philadelphia: John Benjamins, 2008: pp. 153 – 191.

［91］ STRANGE W. Automatic selective perception (ASP) of first and second language speech: a working model. Journal of phonetics, 2011, 39 (4): pp. 456 – 466.

［92］ STRANGE W, HISAGI M, AKAHANE –YAMADA R & KUBOR. Cross-language perceptual similarity predicts categorial discrimination of American vowels by native Japanese listeners. Journal of acoustical society of America, 2011, 130 (4): pp. 226 – 231.

［93］ TREHUB S E. The discrimination of foreign speech contrasts by infants and adults. Child development, 1976, 47 (2): pp. 467 - 472.

[94] TSAN HUANG. Language-specificity in auditory perception of Chinese tones, Master's thesis of The Ohio State University, 2004.

[95] VOICER W D. Diagnostic acceptability measure for speech communication system. Proc IEEE ICASSP, 1997: pp. 204 - 207.

[96] WAGNER R K & TORGESEN J K. The nature of phonological processing and its causal role in the acquisition of reading skill. Psychological bulletin, 1987 (2): pp. 192 - 212.

[97] WAGNER R K, TORGESEN J K, RASHOTTE C A, HECHT S A, BARKER T A, BURGESS S R, JOHN DONAHUE & TAMARA GARON. Changing relation between phonological processing abilities and word-level reading as children develop from beginning to skilled readers: a 5-year longitudinal study. Developmental psychology, 1997 (33): pp. 468 - 479.

[98] WANG X & MUNRO M T. The perception of English tense lax vowel pairs by native Mandarin speakers: the effect of training on attention to temporal and spectral cues. In Proceedings of ICPhS 99 (San Francisco), 1999: pp. 125 - 129.

[99] WANG Y, JONGMAN A & SERENO J A. Acoustic and perceptual evaluation of Mandarin tone productions before and after perceptual training. Journal of the acoustical society of America, 2003, 113 (2): pp. 1033 - 1043.

[100] WAUGER P K, TORGESEN J K. The nature of phonological processing and it's causal role in the acquisition of reading skills. Psychological bulletin. 1987 (101): pp. 192 - 2122.

[101] WANG S, SEKEY A, GERSHO A. An objective measure for predicting subjective quality of speech coders. IEEE journal on selected areas in communications, 1992, 10 (5): pp. 819 - 829.

[102] WERKER J F, GILBERT J H V, HUMPHREY K & TEES R C. Developmental aspects of cross language speech perception. Child development, 1981, 52 (1): pp. 349 - 355.

[103] WILLIAM S-Y WANG. Phonological features of tone. International journal of American linguistics, 1967, 33 (2). 又载石锋. 语音学探微, 北京: 北京大学出版社, 1990: 204.

[104] XU Y, GANDOUR J & FRANCIS A. Effects of language experience and stimulus complexity on the categorical perception of pitch direction. Journal of the acoustical society of America, 2006, 120 (2): pp. 1063 - 1074.

[105] 包双喜. 浅谈蒙古族学生的汉字读音. 汉语学习, 1989 (6).

［106］鲍怀翘，郑玉玲．普通话动态腭位图数据统计分析初探．//第五届现代语音学学术会议论文集——新世纪的现代语音学．北京：清华大学出版社，2001.

［107］鲍怀翘，郑玉玲．普通话动态腭位研究．南京师范大学文学院学报，2011（3）.

［108］蔡整莹，曹文，泰国学生汉语语音偏误分析．世界汉语教学，2002（2）.

［109］曹文．汉语平调的声调感知研究．中国语文，2010（6）.

［110］曹剑芬．普通话轻声音节特性分析．应用声学，1986（4）.

［111］曾自卫．印尼华裔学生普通话塞音、塞擦音知觉实验研究．桂林：广西师范大学，2015.

［112］陈嘉猷，鲍怀翘，郑玉玲．普通话中塞音、塞擦音噪音起始时间（VOT）初探．声学技术，2002增刊.

［113］陈珺，孙莎琪．韩国学生双音节词语声调听辨能力测试研究．长江学术，2012（2）.

［114］陈默，王建勤．汉语作为第二语言的汉语双字组声调发展研究．云南师范大学学报（对外汉语教学与研究版），2010（7）.

［115］陈默．韩国留学生汉语句子停延习得的实验分析．暨南大学华文学院学报，2007（2）.

［116］陈宝国，王立新，彭聃龄．汉字识别中形音义激活时间进程的研究．心理学报，2003（5）.

［117］陈凡凡，周小兵．韩国学生汉语主要韵母的发音－知觉的实验研究．对外汉语研究，2005（1）.

［118］陈娟文，李爱军，王霞．上海普通话和普通话词重音的差异．第六届全国现代语音学学术会议论文集．天津：天津师范大学出版社，2003.

［119］陈默，王建勤．汉语作为第二语言的口语产出韵律边界特征的个案研究．汉语学习，2008（4）.

［120］陈延河．试析印尼学生习得汉语（普通话）语音之难易．//第四届东南亚华文教学研讨会（泰国）论文集，2001.

［121］陈植藩．利用朝鲜语的汉字音分辨 zhi chi shi 和 z c s. 汉语学习，1980（5）.

［122］程棠．对外汉语语音教学中的几个问题．语言教学与研究，1996（3）.

［123］程相文．对外汉语教材的创新．语言文字应用，2001（4）.

［124］冯丽萍，胡秀梅．零起点韩国学生阳平二字组声调格局研究．汉语学习，2005（4）.

［125］单韵鸣．老挝学生语音偏误分析及与泰国学生的比较．云南师范大学学报（对外汉语教学与研究版），2006（2）．

［126］邓丹，石锋．普通话双音节韵律词的音高分析．南开语言学刊．2008（2）．

［127］邓丹．跨语言语音相似度与日本学习者汉语/ts//tʂ//tɕ/三组辅音的感知和产出研究．世界汉语教学，2014（3）．

［128］董琳莉．印尼华裔学生学习普通话语音的难点及其克服办法．汕头大学学报（人文科学版），1997（2）．

［129］董玉国．对日本学生鼻韵母音的教学．世界汉语教学，1997（4）．

［130］傅氏梅，张维佳．越南留学生的汉语声母偏误分析．世界汉语教学，2004（2）．

［131］桂诗春．应用语言学．长沙：湖南教育出版社，1988．

［132］高立群，高小丽．不同母语外国留学生汉语语音意识发展研究．云南师范大学学报（对外汉语教学与研究版），2005（3）．

［133］高美淑．汉韩塞音/塞擦音的对比实验研究．汉语学习，2001（4）．

［134］高名凯，石安石．语言学概论．北京：中华书局，1987．

［135］高彦德，李国强，郭旭．外国人学习与使用汉语情况调查报告．北京：北京语言学院出版社，1993．

［136］顾红娟．西班牙语语音快速突破．北京：北京语言大学出版社，2008．

［137］关键．声调教学改革初探．语言教学与研究，2000（4）．

［138］桂明超．美国英语语调对美国学生学习汉语普通话声调的干扰．杨吉春，译．世界汉语教学，2000（1）．

［139］郭熙．华文教育概论．北京：商务印书馆，2006．

［140］郭锦桴．汉语声调语调阐要与探索．北京：北京语言学院出版社，1993．

［141］胡晓研．韩国学生汉语中介语语音模式分析．汉语学习，2007（1）．

［142］华超，林春．谈谈语音教学．语言教学与研究，1987（2）．

［143］贾琳，王建勤．视觉加工对英语母语者汉语声调感知的影响．世界汉语教学，2013（4）．

［144］贾楠楠．印尼零基础汉语学习者元音习得情况调查研究．西安：西安外国语大学，2016．

［145］江新．对外汉语教学的心理学探索．北京：教育科学出版社，2007．

［146］江新．第二语言习得的研究方法．语言文字应用，1999（2）．

［147］蒋以亮．语流教学初探．语言教学与研究，1998（4）．

［148］蒋印莲．泰国人学习汉语普通话语音难点辨析．//第五届国际汉语教学讨论会论文选．北京：北京大学出版社，1997.

［149］金定元．洋腔洋调探源——汉英音位系统对比研究．语言教学与研究，1986（4）.

［150］卡佳（DANILCHENKO EKATERINA）．俄罗斯留学生汉语语音习得偏误及教学策略．哈尔滨：哈尔滨师范大学，2016.

［151］孔江平．论语言发声．北京：中央民族大学出版社，2001.

［152］李爱军．普通话对话中韵律特征的声学表现．中国语文，2002（6）.

［153］李爱军，王霞，殷治纲．汉语普通话和地方普通话的对比研究．//第六届全国现代语音学学术会议论文集．天津：天津师范大学，2003.

［154］李爱军．友好语音的声学分析．中国语文，2005（5）.

［155］李爱军，祖漪清，李洋，孟昭鹏．汉语普通话篇章语速模式初探．声学技术，2007（4）.

［156］李爱军，张利刚，李洋，孟昭鹏，王霞．汉语口语对话中姿态与语音信息关系初探．清华大学学报（自然科学版），2008（S1）.

［157］李爱军，史如深，张钊．普通话婴幼儿语言输入语言中动词和名词的韵律特征．中国语文，2011（5）.

［158］李丹丹，周小兵．韩国学生学习汉语普通话声母的知觉 - 发音关系．汉语教学学刊，2005（1）.

［159］李红印．泰国学生汉语学习的语音偏误．世界汉语教学，1995（2）.

［160］李林，董逸飞．汉语塞音的知觉分辨线索：母语者与第二语言学习者的差异．心理研究，2014（1）.

［161］李嵬，祝华，Barbara Dodd，姜涛，彭聃龄，舒华．说普通话儿童的语音习得．心理学报，2000（2）.

［162］李晓朋．母语为英语的留学生汉语二语学习的语调韵律偏误研究．南京：南京师范大学，2012.

［163］李晓琪．汉语国际推广中的教材建设．世界汉语教学，2007（3）.

［164］李子殿．汉语二字调图样分析及其在合成语言中的应用．声学学报，1985（2）.

［165］梁敏和．印度尼西亚语三百句．北京：北京大学出版社，1995.

［166］梁之安．汉语普通话中声调的听觉辨认依据．生理学报，1963（2）.

［167］林焘，王理嘉．语音学教程．北京：北京大学出版社，1992.

［168］林焘，王士元．声调感知问题．中国语言学报，1984（2）.//林涛语言学论文集．北京：商务印书馆，2001：142 - 155.

［169］林焘．探讨北京话轻音性质的初步实验．语言学论丛．北京：商务印

书馆，1983（10）.

[170] 林焘. 语音研究和对外汉语教学. 世界汉语教学，1996（3）.

[171] 林茂灿，颜景助. 北京话轻声的声学性质. 方言，1980（3）.

[172] 林茂灿，颜景助，孙国华. 北京话两字组正常重音的初步实验. 方言，1984（1）.

[173] 林茂灿. 普通话轻声与轻重音. 语言教学与研究，1990（3）.

[174] 林茂灿. 普通话声调的声学特性与其知觉征兆. 中国语文，1988（3）.

[175] 林涛，王理嘉. 语音学教程. 北京：北京大学出版社，1992.

[176] 林奕高，王功平. 印尼留学生习得汉语塞音和塞擦音实验研究. 语言教学与研究，2005（4）.

[177] 林玉婷. 印尼语汉语语音比较及汉语语音教学. 石家庄：河北师范大学，2006.

[178] 刘婧. 越南学生学习汉语的语音偏误分析. 文学界（理论版），2012（4）.

[179] 刘艺. 日韩学生的汉语声调分析. 世界汉语教学，1998（1）.

[180] 刘明章. 双语教学中的语音对比及其应用. 延边大学学报（社会科学版），1986（1）.

[181] 刘珣. 对外汉语教育学引论. 北京：华语教学出版社，2001.

[182] 刘颂浩. 对 9 名日本学生误读现象的分析. 语言教学与研究，1999（2）.

[183] 刘苏乔，齐冲. 法国学生学习汉语辅音中的一些问题. 语言文字应用，2004（4）.

[184] 柳芭（PONOMAREVA LIUBOV）. 俄罗斯留学生汉语语音偏误分析及教学对策. 哈尔滨：哈尔滨师范大学，2015.

[185] 卢屋. 现代汉语音节的数量与构成分布. 语言教学与研究，2001（6）.

[186] 鲁健骥. 中介语理论与外国人学习汉语的语音偏误分析. 语言教学与研究，1984（3）.

[187] 陆俭明. 卷首语. 语言文字应用，1999（1）.

[188] 陆经生. 汉语和西班牙语语音对比——兼析各自作为外语学习的语音难点. 外国语（上海外国语学院学报），1991（6）.

[189] 路继伦，王嘉龄. 关于轻声的界定. 当代语言学，2005（2）.

[190] 罗常培，王均. 普通语音学纲要：修订本. 北京：商务印书馆，2002.

[191] 吕必松. 对外汉语教学概论（讲义）. 1996.

[192] 马洪海. 朝汉双语声母对应规律初探. 天津师大学报（社会科学

版），1992（2）．

［193］马燕华．初级汉语水平留学生的普通话声调误区．北京师范大学学报（社会科学版），1994（3）．

［194］马燕华．中级汉语水平日韩留学生汉语语音听辨范畴的异同．北京师范大学学报（社科版），1999（6）．

［195］毛世桢，叶军．对外汉语教学语音测试研究．北京：中国社会科学出版社，2002．

［196］梅丽．日本学习者习得普通话卷舌声母的语音变异研究．世界汉语教学，2005（1）．

［197］米凯乐．怎样教英语为母语的学生学会汉语的辅音．世界汉语教学，1990（4）．

［198］倪彦，王晓葵．英语国家学生学习汉语语音难点分析．汉语学习，1992（2）．

［199］倪伟曼，林明贤．关于印尼华裔学生汉语语音的调查及相应的教学对策．华侨大学学报，2000（2）．

［200］潘成．中国—拉丁美洲经贸关系探析．国际贸易，2014（2）．

［201］齐士钤、张家騄．汉语普通话辅音音长分析．声学学报，1982（1）．

［202］秦琴，刘伟．语音加工能力对二语短语动词隐性习得的影响．外语教学与研究，2016（2）．

［203］裘珊珊．日本留学生汉语陈述句核心重音的韵律表现．北京：北京语言大学，2007．

［204］冉启斌．汉语普通话清擦音的声学空间分析．//第八届中国语音学学术会议暨庆贺吴宗济先生百岁华诞语音科学前沿问题国际研讨会摘要．北京：中国社会科学院语言研究所，2008．

［205］冉启斌，刘晨宁，石锋．汉语普通话塞音送气、不送气的听辨范畴．南开语言学刊，2014（2）．

［206］任远．对罗马尼亚学生的汉语语音教学琐谈．语言教学与研究，1984（2）．

［207］萨丕尔．语言论．北京：商务印书馆，1983．

［208］涩谷周二．日本学生汉语学习难点和重点的调查报告．汉语学习，2005（1）．

［209］申东月，伏学凤．汉日辅音系统对比及汉语语音教学．语言文字应用，2006（S2）．

［210］沈晓楠，林茂灿．汉语普通话声调的协同发音．国外语言学，1992（2）．

［211］沈晓楠．关于美国人学习汉语声调．世界汉语教学，1989（3）．

［212］盛炎．语言教学原理．重庆：重庆出版社，1996.

［213］施光亨．对阿拉伯学生进行汉语语音教学的几个问题．语言教学与研究，1980（2）.

［214］施家炜．国内汉语第二语言习得研究二十年．语言教学与研究，2006（1）.

［215］石锋，温宝莹．中日学生元音发音中的母语迁移现象．南开语言学刊，2005（4）.

［216］石锋．语音丛稿．北京：北京语言学院出版社，1994.

［217］石锋．中美学生汉语塞音时值对比分析．语言教学与研究，1986（4）.

［218］石锋．语音学探微．北京：北京大学出版社，1990.

［219］石锋，廖荣容．中美学生汉语塞音时值对比分析．语言教学与研究，1986（4）.

［220］石锋，冉启斌．普通话上声的本质是低平调——对《汉语平调的声调感知研究》的再分析．中国语文，2011（6）.

［221］司玉英．普通话儿童语音习得的个案研究．当代语言学，2006（1）.

［222］苏新春．关于《现代汉语词典》词汇计量研究的思考．世界汉语教学，2001（4）.

［223］孙德金．美国英语语调对美国学生学习汉语普通话声调的干扰．//对外汉语语音及语音教学研究．北京：商务印书馆，2006.

［224］孙晓琪．对外汉语教学研究．北京：商务印书馆，2006.

［225］陶红印．泰国学生汉语学习的语音偏误．世界汉语教学，1995（2）.

［226］田靓．留学生汉语语音意识发展及其与语音记忆的关系．北京：北京语言文化大学，2003.

［227］田园．从日本留学生的汉语声调偏误分析谈对日学生声调教学．天津：天津师范大学，2003.

［228］王宇．韩国学生在汉语学习中常出现的语音问与中韩语音的差异．首都师范大学学报（社会科学版）（增刊），2000（3）.

［229］王力．现代汉语语音分析中的几个问题．中国语文，1979（4）.

［230］王安红，具旼炯．语音同化与韩国学生汉语普通话声母偏误分析．世界汉语教学，2014（4）.

［231］王安红．音系认知同化与对韩汉语辅音声母教学．汉语学习，2015（5）.

［232］王德春，吴本虎，王德林．神经语言学．上海：上海外语教育出版社，1997.

［233］王功平．留学生普通话单音节辅音偏误实验研究．语言教学与研究，

2008（5）.

［234］王功平. 印尼汉语学习者普通话舌尖前/后辅音习得研究. 广州：中山大学，2009.

［235］王功平. 印尼华裔留学生汉语普通话双音节上上连读调偏误实验研究. 暨南大学华文学院学报，2004（4）.

［236］王功平. 印尼留学生普通话舌尖前/后辅音发音偏误实验研究. 华文教学与研究，2011（4）.

［237］王功平. 西班牙语区留学生普通话双音节声调感知实验研究. 华文教学与研究，2015（3）.

［238］王建勤. 汉语作为第二语言的习得研究. 北京：北京语言文化大学出版社，1997.

［239］王建勤. 汉语作为第二语言的学习者语言系统研究. 北京：商务印书馆，2006.

［240］王魁京. 汉语作为第二语言学习中的句子的语调、语气理解问题. 北京师范大学学报（社会科学版），1996（6）.

［241］王理嘉.《汉语拼音方案》与世界汉语语音教学. 世界汉语教学，2005（2）.

［242］王玲娟. 对外汉语初级阶段语音感教学研究. 重庆大学学报（社会科学版），2003（3）.

［243］王茂林，孙玉卿. 印尼华裔留学生汉语三合元音韵母偏误分析. 世界汉语教学，2007（1）.

［244］王若江. 韩国学生汉语简单句韵律研究. 北京：北京大学，2013.

［245］王秀珍. 韩国人学汉语的语音难点和偏误分析. 世界汉语教学，1996（4）.

［246］王彦承. 汉日语音对比与对日汉语语音教学. 汉语学习，1990（6）.

［247］王燕燕. 菲律宾华裔学生汉语语音的调查与分析. 世界汉语教学，1997（3）.

［248］王又民. 匈牙利学生汉语双音词声调标注量化分析. 世界汉语教学，1998（2）.

［249］王幼敏. 日本人学汉语中的声调语调问题. 华东师范大学学报，1998（2）.

［250］王韫佳. 汉语语音研究与汉语语音教学接口的若干问题.//对外汉语论丛：第2集. 上海：上海外语教育出版社，2002.

［251］王韫佳，上官雪娜. 日本学习者对汉语普通话不送气/送气辅音的加工. 世界汉语教学，2004（3）.

[252] 王韫佳，邓丹．日本学习者对汉语普通话"相似元音"和"陌生元音"的习得．世界汉语教学，2009（2）．

[253] 王韫佳，李美京．2010 调型和调阶对 T2 平和 T3 声知觉的作用．心理学报，2010，（9）．

[254] 王韫佳，李美京．2011 韩语母语者对普通话 T2 平和 T3 声的知觉．语言教学与研究，2011（1）．

[255] 王韫佳．第二语言语音习得研究的基本方法和思路．汉语学习，2003（2）．

[256] 王韫佳．韩国、日本学生感知汉语普通话高元音的初步考察．语言教学与研究，2001（6）．

[257] 王韫佳．汉语语音研究与汉语语音教学接口中的若干问题．对外汉语教学论丛．上海：上海外语教育出版社，2002（2）．

[258] 王韫佳．轻声音高琐议．世界汉语教学，1996（3）．

[259] 王韫佳．日本学习者感知和产生普通话鼻音韵母的实验研究．世界汉语教学，2002（2）．

[260] 王韫佳．也谈美国人学习汉语声调．语言教学与研究，1995（3）．

[261] 王韫佳．音高和时长在普通话轻声知觉中的作用．声学学报（中文版），2004（5）．

[262] 王璇，于水源．汉语塞音的送气特性与其 VOT 关系的实验分析．第八届中国语音学学术会议暨庆祝吴宗济先生百岁华诞语音科学前沿问题国际研讨会．

[263] 王志刚，倪传斌，王际平，孟姜．外国留学生汉语学习目的研究．世界汉语教学，2004（3）．

[264] 温宝莹，冉启斌，石锋．德国学生习得汉语塞音声母的初步分析．云南师范大学学报（对外汉语教学与研究版），2009（4）．

[265] 温大琳．标准西班牙语语音．北京：外语教学与研究出版社，2008．

[266] 文秋芳，王立非．影响外语学习策略系统运行的各种因素评述．外语与外语教学，2004（9）．

[267] 吴门吉，胡明光．越南学生汉语声调偏误溯因．世界汉语教学，2004（2）．

[268] 吴宗济，林茂灿．实验语音学概要．北京：高等教育出版社，1989．

[269] 吴宗济．汉语普通话单音节语图册．北京：中国社会科学出版社，1986．

[270] 吴宗济．普通话语句中的声调变化．中国语文，1982（6）．

[271] 席洁，姜薇，张林军，舒华．汉语语音范畴性知觉及其发展．心理学报，2009（7）．

［272］谢小丽．日本学习者舌尖后音的产生和发展过程．//周小兵，朱其智主编．对外汉语教学习得研究．北京：北京大学出版社，2006.

［273］徐世荣．双音节词的音量分析．语言教学与研究，1982（2）.

［274］徐世荣．抓住声调教学这一环——突破朝鲜族学汉语的难点．汉语学习，1980（5）.

［275］杨娜．越南人学汉语常见语音偏误分析．云南师范大学学报，2005（1）.

［276］杨惠元．汉语听力教学法．北京：北京语言文化大学出版社，1996.

［277］杨顺安，普通话音节间的协同调音现象及其模拟．中文信息学报，1989（4）.

［278］杨玉芳，金凌娟．塞辅音和声调知觉问题．心理学报，1988（3）.

［279］杨玉芳．辅音特征和声调识别中的耳优势．心理学报，1991（2）.

［280］杨玉芳．言语知觉研究．应用声学，1997（3）.

［281］杨玉芳，方至．普通话送气和不送气塞音的音位界限及其范畴知觉．//全国第五届心理学学术会议文摘选集．1984.

［282］叶蜚声，徐通锵．语言学纲要．北京：北京大学出版社，1997.

［283］易洪川．从现代汉字字音看现代汉语语音的几个特点．语言教学与研究，2001（5）.

［284］游旭群．实验心理学．北京：中国医药科技出版社，2005.

［285］于辉．朝汉齿龈擦音的实验对比分析．汉语学习，2008（3）.

［286］余维．日、汉语音对比分析与汉语语音教学．语言教学与研究，1995（4）.

［287］袁家骅．汉语方言概要．北京：语文出版社，1960.

［288］张娟．美国留学生汉语陈述句核心重音的韵律表现研究．北京：北京语言大学，2009.

［289］张冬红．留学生汉语语音意识发展及教学实验研究．北京：北京语言大学，2006.

［290］张家骁．言语知觉反映论．中国科学，1978（5）.

［291］张家骁，齐士钤，吕士楠．汉语辅音知觉结构初探．心理学报，1981（1）.

［292］张家骁．汉语普通话区别特征系统．声学学报（中文版），2005（6）.

［293］张家骁．汉语普通话区别特征系统树状图．声学学报（中文版），2006（3）.

［294］张林军．日本留学生汉语声调的范畴化知觉．语言教学与研究，2010（3）.

［295］张清芳，杨玉芳．汉语词汇产生中词汇选择和音韵编码之间的交互作用．心理学报，2006（4）．

［296］赵金铭．从对外汉语教学到汉语国际推广（代序）．// 孙德金主编．对外汉语语音及语言教学研究．北京：商务印书馆，2006．

［297］赵金铭．对外汉语教学概论．北京：商务印书馆，2004．

［298］赵金铭．语音研究与对外汉语教学．北京：北京语言文化大学出版社，1997．

［299］赵元任．语言问题．北京：商务印书馆，1980．

［300］赵元任．赵元任语言学论文集．北京：商务印书馆，2002．

［301］中国社会科学院，澳大利亚人文学院．中国语言地图集．香港：朗文出版（远东）有限公司，1987，B16a．

［302］周宝芯．泰国、印尼学习者汉语韵律习得研究．南京：南京师范大学，2014．

［303］周换琴．浅谈对斯瓦希利语学生的汉语语音教学．语言教学与研究，1982（1）．

［304］周小兵，李海鸥．对外汉语教学入门．广州：中山大学出版社，2004．

［305］周小兵．第二语言教学论．河北：河北教育出版社，1996．

［306］周小兵．学习难度的测定和考察．世界汉语教学，2004（1）．

［307］周小兵．遵循客观规律，降低汉语学习和使用难度．世界汉语教学，2007（3）．

［308］朱川．汉日语音对比实验研究（二）．语言教学与研究，1981（4）．

［309］朱川．外国学生汉语语音学习对策．北京：语文出版社，1997．

［310］朱永平．第二语言习得难度的预测及教学策略．语言教学与研究，2004（4）．

后　记

　　谨以此书的出版作为自己绵薄的心意感谢谆谆教导过我的诸位恩师，鼎力支持过我的学校领导，包容相携的同学和同事。

　　拙著是我主持的国家教育部人文社科青年基金项目"留学生普通话口语语音习得实验研究"（项目编号：07JC740008）成果和博士学位论文的综合结晶。在此首先要感谢我的博士导师周小兵教授。博士毕业至今，弹指一挥，时隔七年有余，但是周老师活跃开阔的研究视野，与时俱进的研究理念，兼蓄并包的研究方法，严谨至臻的治学态度，诲人不倦的红烛精神，累累等身的研究硕果，时时刻刻都鞭策着我在学术小径上砥砺前行。正是周老师的悉心指导，使我在博士二年级时有了申报国家教育部人文社科青年基金项目的勇气和信心，并在全国高校教师的激烈竞争中如愿以偿。

　　本书的写作基础和动力之源更要追溯至硕士阶段的学习。硕士研究生学习能够拜读于暨南大学彭小川教授门下真是倍感三生荣幸！德艺双馨的彭老师，同时也是一位切实将学术研究和课堂教学完美结合，两方面并驾齐驱的资深教授。彭老师不仅学术研究成果丰硕，而且教学方法和教学效果深受博士、硕士、本科、进修等各级各类学生和学员的盛赞。我天生愚钝，衷心感谢彭老师的科学点化才得以略有长进，并在硕士学位论文选题和研究过程中有了语音研究的萌芽。

　　读硕士研究生的第三年，我有幸被学校派往中国社会科学院语言研究所语音研究室进修，更有机会拜读于语音研究室李爱军主任门下，从而真正步入了实验语音研究的殿堂。李老师将扎实的计算机技术和独厚的语音天赋完美融合，做到了语言（语音）研究与信息技术研究的有效对接，堪称国内外实验语音研究的领军研究员。实验语音研究所需的各种软件使用、仪器操作、实验设计等诸多偏理工科的知识技能和基本功，都得益于李老师的手把手指教，在此唯有深表感激！

　　拙著能有与读者见面的机会，尤其要感谢暨南大学华文学院院长邵宜教授、副院长曾毅平教授，华文教育研究院院长助理杨万兵博士等诸位领导的鼎力支持！同时感谢暨南大学出版社李战总编等领导和黄少君等工作人员的大力协助！

　　项目研究和本书的写作过程，还得到了暨南大学华文学院、北京华文学院郭熙教授，中山大学李炜教授，上海师范大学齐沪扬教授，华南师范大学方小燕教授等的指教，在此一并谢忱。

暨南大学华文学院的张礼副教授、王衍军教授、刘晓梅副教授、匡小荣副教授、师玉梅副教授、梅丽博士、金颖博士、常芳清老师、吴晓明老师、马仲文老师、陈昭玲老师、李玉军老师、刘丽宁老师、张述娟老师、张凤芝老师、林晓红老师、林晓婷老师、刘峰老师、陈建用老师、李周老师、魏捷老师、刘锈鸿老师、李倩老师等为我开展感知实验和发音实验选择被试提供了大力支持和帮助，在此一并深表感谢！

衷心感谢同门的兄弟姐妹们，在上课讨论、沙龙切磋以及毕业离校后书信、信息交流中的各项有益建议。特别是干红梅博士、洪炜博士、黄露阳博士、张舸博士、彭淑莉博士、刘瑜博士、何清强博士、喻燕博士、张鹏博士、张静静博士为本书相关内容的修改完善，提供了宝贵的建议；同时特别感谢洪炜博士、李冰博士、彭臻博士协助我完成了录音的初次审音工作。

暨南大学华文学院的印尼留学生研究生陈光和陈凤莲，本科生李康儒和赖杜娟等同学抽出宝贵时间，协助我制作印尼语等其他语种的录音语料、审听被试的相关母语发音，在此表示衷心感谢。同时也感谢所有参加本项目研究和本书写作的全体留学生被试。由于名单众多，在此不一一详列。

多年来，远隔千里的父亲和兄长等家人，给予了我诸多理解和支持，让我无挂前行，谨以此书表示衷心感谢！

暨南大学华文学院　王功平

2016 年 9 月 9 日于广州观山苑